大学创意写作系列教材

创意思维与写作

CHUANGYI SIWEI YU XIEZUO

陈晓辉　主编

中国教育出版传媒集团
高等教育出版社·北京

内容简介

本书为大学通识教育教材。

本书共12章，分为创意思维理论，创意思维训练方法和创意写作操作指导三部分。第一部分主要介绍创意思维的相关理论，第二部分介绍创意思维训练的各类方法，第三部分借助10种思维训练方法对写作过程中的各环节进行分析，并围绕例文进行写作操演。本书将理论知识与实操训练相结合，便于学生更好地理解创意思维，并将创意思维应用于创意写作中。

本书既可作为大学创意写作课程的教材，也可供社会读者阅读参考。

图书在版编目(CIP)数据

创意思维与写作/陈晓辉主编. —北京：高等教育出版社，2023.11

ISBN 978-7-04-061212-7

Ⅰ. ①创… Ⅱ. ①陈… Ⅲ. ①汉语—写作—高等学校—教材 Ⅳ. ①H15

中国国家版本馆CIP数据核字(2023)第184555号

策划编辑 张晶晶 **责任编辑** 张晶晶 叶也琦 吴培栋 **封面设计** 张文豪 **责任印制** 高忠富

出版发行	高等教育出版社	**网　　址**	http://www.hep.edu.cn
社　　址	北京市西城区德外大街4号		http://www.hep.com.cn
邮政编码	100120	**网上订购**	http://www.hepmall.com.cn
印　　刷	上海叶大印务发展有限公司		http://www.hepmall.com
开　　本	787mm×1092mm 1/16		http://www.hepmall.cn
印　　张	17		
字　　数	310千字	**版　　次**	2023年11月第1版
购书热线	010-58581118	**印　　次**	2023年11月第1次印刷
咨询电话	400-810-0598	**定　　价**	38.00元

物 料 号 61212-00

前　言

十多年前，当国内学界在纠结作为学科概念的 creative writing 该翻译为“创意写作”还是“创造性写作”的时候，就已经埋下了讨论思维问题的种子，而当尘埃落定，creative writing 被大多数学者和高校翻译为“创意写作”的时候，创意思维也随之成为创意写作与传统写作学区分的重要指标，以至于“创意第一性，写作第二性”被视作创意写作奉行的根砥和宗旨。这是因为思维总是以一种自觉而不自知的方式决定着我们的言行，而我们目前的文科教育，强于知识传授，弱于知识使用，忽视知识生产原动力的开发，体现在写作学领域，便是对创意思维及其训练的忽视。有鉴于此，编写组试图编写一本《创意思维与写作》教材，希望能够与时俱进，以习近平新时代中国特色社会主义思想和党的二十大精神为指导，立足国家经济社会的发展需求和创意写作学科的人才培养目标，把立德树人作为检验教学效果的标准，结合新文科建设理念，深刻把握创意写作教育发展规律，培养出服务中国式现代化建设的新时代人才，为构建中国特色、中国风格、中国气派的学科体系、学术体系、话语体系尽绵薄之力。

本教材的总体思路是：立足创意写作学科视野，打破教育学、心理学、生理学、脑科学、神经学、社会学、哲学和文学之间的边界，打破作为艺术的文学和作为商品的文学之间的藩篱，以创意写作中的思维激发和训练问题为导向，以创意写作创作常识和创意思维理论批判为基础，以务实的思维训练方法和有效的创作指导为旨归，融创意思维理论研究、思维训练方法和写作实践指导于一体，强调教材的普适性、学术性、针对性和有效性，竭力满足初学者和提高者、创意写作专业学生、教师及社会爱好者等不同受众的不同愿望和不同层次的需求，服务于职业教育、本科和研究生教育的实践，建构一个中国化的创意思维理论与实训体系。

依据上述思路编写，本教材具有以下特色：

1. 创新性。根据笔者目前掌握的资料，国内创意写作学科还没有以此题目和内容出版的教材，本书有助于填补这一学科领域的空白。与此同时，本教材拒绝思维的一般性定义，尝试以“思维的可操作性定义”为基础，重新界定思维、创意思维，并突破性地以创作的核心过程为经，以贯穿整个创作过程的 6 种创意思维类型、12 种创意思维训练方法为纬，经纬交织，结合经典案例，构建了一个比较独特的理论研究和实操指导相结合的思维训练模式，弥补创意写作教材建设在这一方面的不足。

2. 问题性。本教材着力解决创意写作教学中理论教学与实际操作不符、思维激发与训练不足的难题，借此落实创意写作注重上游训练的教学理想和写作观念。故此，教材结合创意写作所特有的系统性思维训练方法，在兼具理论性的同时，对标经典案例进行具体细致的实操指导，激发学生的想象力与创造力，推动教育理念和教学方法创新。在创意思维的体系化训练过程中，培养学生的创新意识和认知能力，在具体细致的实操指导中，培养学生的写作习惯和动笔能力，从而解决教学和学习中存在的关键问题，满足创意写作学科的建设需要。

3. 体系性。本教材试图通过创意思维理论向思维类型的转换、创意思维类型向思维训练方法的转化、创意思维训练方法向写作实操指导的转换，打造两个体系：一个是以思维理论、创意思维理论与类型、创意思维训练方法论为核心的研究体系；一个是以创意思维运用的经典案例分析、模块步骤和要点归纳，以及创意思维运用的逐步操作为核心的实训体系。在此基础上，本教材将研究体系与实训体系相结合，将思维激发和写作实践相结合，整体打造了一个创意写作学科的创意思维训练体系。

4. 实践性。需要特别说明的是，本教材自主设计了创作题目，并通过 12 种创意思维训练方法的具体运用，贯通整个写作过程。每种训练方法统一采用“案例分析”“操作要点”“写作指导”三个步骤，通过讨论创意思维训练在文学创作中的使用情况，概括该思维训练方法的操作要点，对感受、选材、故事架构、人物设置、写作观念、外部结构、叙事方式、文学修辞、整体风格、修改完善等环节作出切实的过程展示和符合写作规律的操演示范。此外，为配合有针对性的创意思维训练，检验教学效果，编写组专门创作了中篇小说《一桩事先张扬的绑架案》，并将写作的整个过程进行细致拆分，结合教材中涉及的思维理论进行讲解，旨在使学生通过学习思维训练方法后能够真实有效地创作出具有一定水准的作品。

需要特别说明的是，我们在理论部分论述了创意思维训练的 12 种方法，但在具体实训部分，只采用了 10 种方法。这是因为我们在教材中一直强调思维训练方法的使用有两个特征：

1. 对创意思维训练方法的使用是一种根据创作阶段的实际需要作出的综合选择，并不要求与本教材中介绍的 12 种方法在数量和次序上一一对应，比如由于各个环节有主要方法，在第 3 至 11 章里，我们根据需要选择 9

个方法作为主要方法，3 个方法作为辅助方法。这是为了灵活应对一些创作的具体情况，让训练方法和写作实操更贴近，能容纳更多的创作可能性。

2. 即使是被选择的训练方法，也不过是创作者基于当时的语境所做的个人化的最优选择，这即是说，这种选择并非唯一选择，其他人在其他情境之下，也可以根据自己的理解和需求自由选择，适度搭配。所有的选择都只有示范作用，而不是唯一标准。可以说，教材列举的“具体环节—主要方法—辅助搭配”的对应关系可以满足初学者的写作需求，在此基础上，强调对方法的灵活取用，或者多方法融合，可以满足非初学者的需求。

另外，编写组在理论概述部分论述了创作实训部分采用的 10 种创意思维训练方法中的 9 种。唯有第 12 章“整体思维法”并未在前文论述中出现。这是因为整体思维可以被理解为一种统合各种事物、各种创意思维训练的思维意识和思维方式，并不是一种具体的思维训练操作方法。它建立在各种具体思维训练方法之上，在作品修改过程中针对作品出现的各种问题，整合各种具体思维训练方法，整体观照，从不同面向、不同角度、不同层次寻求处理问题最优解的思维意识和思考方式。因此，在前文介绍具体训练方法的时候，就没有对它作出具体解释。特此说明。

编　者

2023 年 10 月

拓展阅读资源

1. 陈晓辉：《创意写作与文学人才培养体系建设》

2. 陈晓辉：《中国化的创意写作学科体系猜想》

3. 陈晓辉：《创意写作、互联网与反精神贫困的一种可能性》

4. 陈晓辉：《中国化创意写作的版图、边界和际遇》

目　　录

第一章　绪　　论

本章提要：本章我们将通过介绍“思维”概念的发展及各学科对思维的定义，厘清思维的概念，结合创意写作学科明确创意写作视野下的创意思维概念，归纳出创意思维的六种类型，以此指导写作实践，展开思维训练。

人是思维的动物，思维是人的机能。不管有没有接受过思维训练，每个人都有思维，都在思考。思维一直存在，但大多数人却“日用其道而不自知”。思维是人类心脑的产物，也是人类日常生活、文化学习、社会实践中不可或缺的一环。思维虽然看不见、摸不着，但它实实在在地在我们看待世界、思考问题、解决问题的各个阶段发挥着作用。人类任何重大的、创造性的文明成果，都是思维变化引发的结果，可以说“思维才是力量”。① 正因如此，有人提出应该将人类的知识和智慧分为自然科学、社会科学和思维科学。

然而，对于大多数人来讲，不经过刻意的专业训练，其思维能力总是很难达到最优的状态。所以，无论是谁，都需要学习怎样拥有更具批判性、创造性的思维，学习怎样让自己的思维在操作中更具有连贯性和有效性。这种夙愿与创意写作的精神特质和培养理念高度吻合。

创意写作是人的精神实践活动，同样受到思维的指导和制约，二者有着密不可分的关联。创意写作强调“创意第一性，写作第二性”，即强调创意写作教育教学的关键在于改善人的思维方式和思维能力。在创意写作中，创意的生成无疑高度依赖于创作主体的思维能力。

其实，创意写作与传统写作学的主要区别之一就在于它在注重写作理论与实践的同时，更加重视创意思维的激发与训练。从学科本身以及写作过程来看，创意思维激发是一种上游训练，而写作理论与创作实践是一种中下游训练，创意写作更重视创意思维的养成；从教育教学的角度来看，“改变

① 钱旭红：《大学思维：批判与创造》，华东师范大学出版社 2020 年版，第 7 页。

思维才是改变一切的源头”,①教授创意思维的方法及其在创作中的有效运用是创意写作教学的核心。究其原因,创意思维是作家写作能力培养中更深层的动因,是作家竭力求成的根本能力。只有具备了创意思维,创作者才能够真正实现写作的创造性转化和创新性发展,毕竟“人是会思考的动物”,内因决定外因。然而,什么是创意思维?创意思维都有什么特征,又有哪些类型?这就得先从思维的概念谈起。

第一节 思维的概念与特征

概念是人们将物体、人物、事件、情绪或观念在头脑中加以抽象和归类后所形成的命名或定义,同时概念也是思维最基本的存在形式。斯滕伯格认为,“思维很重要的一个部分是概念的形成,对头脑中的观念的组织和归类。”②在对思维理论的探讨中,不仅需要对其他相关概念作出界定,更需要对最核心的概念——思维本身作出分类和界定。这样才便于我们确定清晰的讨论对象和研究范围,也便于受众及时掌握本书的内容及其意涵。

一、思维的发展

在中国古代,孔子讲“学而不思则罔,思而不学则殆”,强调“思考”在学习、生活中的重要性,有意思的是,孔子却质疑“再思”,《论语·公冶长》中写道:“季文子三思而后行。子闻之曰:‘再,斯可矣。’”有一种解释认为,孔子虽然承认“思”的作用,但反对过多的“思”,或者说反对只“思”不“行”,“学”与“思”相互支持,共同发展才是正途。这对今天的创意思维训练有很重要的启发意义,思维训练不能只是一种精致的理论,更应该切实指导我们的创作实践,使我们创作出满意的作品。这在韩愈的名言“行成于思”中得到了回响。

孟子在《孟子·告子》中讲,“心之官则思,思则得之,不思则不得也。此天之所与我者。先立乎其大者,则其小者弗能夺也。此为大人而已矣。”言下之意是说,心具备思考的能力,思考会有所得,不思考就什么也得不到。这是上天特意赋予我们人类的能力。所以,首先要把心这个身体的重要部分构建起来,其他次要部分就不会被引入迷途,这样便可以成为君子了。孟

① 黎甜:《结构化思维》,文化发展出版社2019年版,第10页。

② [美]斯滕伯格、威廉姆斯:《教育心理学》,张厚粲译,北京:中国轻工业出版社2003年版,第275页。

子把“思”作为上天赋予人类的特殊能力，不但认为只有“思”才能有所收获，而且将它与人的成长紧密结合起来。

“思维”二字合用，最早见于《汉书·张汤传》：“使专精神，忧念天下，思惟得失”。其中所载“思惟”一词同“思维”，是个动词，具有考量、考虑、思忖的意思。后来的《东观汉记》中，也有“朝廷愍悼，思惟咎徵，博访其故”的说法，其中的“思惟”与《张汤传》中的“思惟”意同。值得一提的是，唐李德裕《与黠戛斯书》中提到“每欲思维先恩好意，不更疑惑，便是明诚。”这里的“思维”则是思念、想起的意思。显然，在中国的古文典籍中虽然对“思维”常有不同的论述，但大多是将“思维”作为一个动词使用，并未将其当作一个蕴含复杂内涵的科学概念深入研究，未能理性地梳理、推究其内在的构成步骤和运行逻辑。究其原因，是中国的思维理论发展和“道”“气”“自然”等理论一样，重使用，轻定义，人们对它多是一种顿悟式的理解，不太注重科学准确的解读，故其意涵因人而异，因时而变。从这个意义上来讲，虽然思维一词在中国有漫长的过去，但对这个语词的讨论却只有较短的历史，遑论对它作适合当下语境的科学界定和理论深究。近代以来，当我们将“思维”定义为“在概念表象之上的分析、综合、判断、推理等认知活动的过程”时，实际上是在“西学东渐”的过程中借用了西方有关思维的界定。今天我们所强调的思维概念，在某种程度上是按照西方的界定来理解和使用的。

西方对思维的讨论要早得多，并且明确提出了思维的概念。古希腊时期，爱利亚学派的创始人巴门尼德提出“思维和存在是同一的”观点，第一次确认了思维的客观存在以及它与意识之间的关系。柏拉图不仅承认“思维是灵魂的自我谈话”，而且认识到思维是可以养成、优化的，主张通过学习几何的方式锻炼思维。亚里士多德开始尝试对思维进行内容区分和真伪判断，提出“思维和感觉不同，它包含了正确和不正确”，并认为“思维不属于没有理性的动物”，暗含着把思维当成人的特权的意思。如果说亚里士多德开启了对思维与其他事物的外部区分的话，那么笛卡尔则开始了对思维的内部区分。他明确指出思维存在不同的类型，并简单区分了形象思维和逻辑思维。他认为“想起一个人……或者一个天使”属于形象思维，“我想要，我害怕，我肯定，我否定”属于逻辑思维。

由于认知水平的限制，19 世纪前人们对思维的研究主要停留在思辨和理论层面，讨论的范围主要集中在哲学领域。19 世纪以来，心理学家冯特首先在实验室中研究人的感觉、直觉、意识等心理学现象，自此思维研究从哲学转入心理学范畴。1860 年代，法国医生布洛卡通过解剖尸体发现“布洛卡区”，确证了人的语言意识和大脑有关，从此又将思维研究从心理学转入生理学范畴。

20世纪以来，随着观测手段和认知水平的逐渐进步，思维的生理学研究逐渐从宏观走向微观，科学界进一步关注神经系统、大脑机能对思维的影响。20世纪初，巴普洛夫提出条件反射理论和高级神经活动类型说，认为思维是一种“高级的定向工具”，揭示了兴奋和抑制过程中两条基本的高级神经活动规律；20世纪70年代，奈德·赫曼提出了全脑四象限优势理论和“赫曼全脑优势测评工具”，指出思维具有不同的形式，认为这些思维形式能够通过学习而改变；20世纪后期美国神经心理学家罗杰·斯佩里用割裂脑实验证明大脑两半球功能的不对称性，用技术手段实证了左右脑功能的差异，进一步细化了思维研究。

如今，在全球化背景下，中西方有关思维的研究成果融汇合流，对人类开拓思维认知，构建美好生活起到了关键作用。

二、思维的定义

各个学科对思维都有一定的界定，在繁多的界定中很难得出一个统一的令人信服的答案。那么，到底什么是“思维”呢？

（一）思维在中文语境下的定义

思维在中国古文中也作“思惟”。“思”字最早见于金文“[illegible]”，由上部的“囟”和下部的“心”组成，“囟”像小儿的脑盖，指婴儿头顶骨未长拢合缝的地方，“心”像孩子的心脏，二者合起来表示“考虑”“思想”“思念”。显然，古人把大脑和心灵都当作思维的器官。“维”，形声字。从糸，表示丝绳，有捆绑的作用。《说文解字》中说“维，车盖系也”，表示它是牵引车盖的绳子。“维”既包含边界、疆域的意思，也指事物得以保持其有机秩序的规范、机制。“思”“维”合一，常用来指代思考、思索或是想念等行为。这表明古人早就认为思维是心脑活动的产物，对思维的认知具有朦胧的生理学、心理学意识，认为“思维形象就是：快乐的小鸟在心田上自由飞翔”。[①] 当然，这也暗含了思维也有一定的边界，需要受到一点约束之意。

（二）思维在西方语境下的定义

英语中的思维通常用thinking一词指代。如果对英语语境中思维的词源系统加以追溯，不难发现，在词源学中，thinking的词汇原型think来自古英语的pencan、thencan一词，有“想象”的意思，也有“使自己外现出来”的意思。这个意思和今天大家将思维理解为一种理性思考活动的尝试有所不

---

① 钱旭红：《大学思维：批判与创造》，华东师范大学出版社2020年版，第12页。

同。但如果进一步推演溯源，古英语中的 thencan 取自原始日耳曼语(Proto-Germanic)中的 thankjan 一词，有“思考”的意思。而 thankjan 一词来自原始印欧语(Proto-Indo-European)中的 PIE * teng，PIE * teng 可能进一步来自 PIE * ten，词源同 extend、tentative，意思是延伸，延长，作为一种比喻用法，思维即是展开想象的翅膀。这不仅解释了思维本来就有的理性思考活动的意涵，也解释了思维的媒介性特质，特别是凸显了思维在当下因过于强调理性而被弱化的想象力。

很明显，与中文语境下思维的含义类似，西方语境中的思维也有思考、考虑的意思。在今天中西方过于强调思维的理性特征的同时，思维的感性、浪漫的气质逐渐被遮蔽了，其暗藏的想象、虚构、猜测等成分需要重新被发现并委以重任。无论是在创意写作的视域中，还是在竭力强调创造性、原创性的当代社会，对思维中想象力的开发，都是思维研究和思维训练的重要维度。

(三) 思维的一般性定义

通过以上对思维在中西方语境中定义的考察，参照《辞海》《汉语大词典》《现代汉语词典》《英汉百科知识词典》《牛津词源学词典》等辞书的释义，结合哲学、心理学、生理学、物理学、社会学、教育学中对思维的界定阐释，我们能够概括出思维的一般性定义：

(1) 性质：思维是人心脑的机能；

(2) 特征：思维是一种经过人脑系统加工处理过的理性认识，是精神认识的高级阶段，具有间接性、概括性；

(3) 定义：作为名词，指人心脑活动中精神意识的现象、过程和产物；作为动词，指精神意识活动中思考、考虑、想念的动作和行为。

上述定义已经得到中外广大学人的基本认同，形成了有关思维概念的一般性认识，似乎当下不需要再为概念的界定费心劳力，但问题在于，这种一般性的界定，能让我们得到什么独特的认识？在人人强调思维重要性的情况下，又如何利用这些定义指导有效的思维训练，进而指导我们在日常生活、学习和工作中的批判性反思和创造性发展呢？有鉴于此，为切实解决问题，特别是帮助我们更好地指导创意写作视域中的创意思维训练，我们将对思维进行可操作性定义。

(四) 思维的可操作性定义

考虑到思维培养的重点在于养成人们的批判性思维和创造性思维，以便提升他们解决实际问题的能力，所以在尊重并承认思维的一般性定义后，我们对思维所下的操作性定义是：

思维是具有完善理性认知能力的人借助一定的媒介，灵活、有效地运用知识和经验解决现实问题的能力。

在这个定义中，一旦我们承认思维的“黑箱”特质，就必须要找到外显思维的媒介语言，结合思考者自身已有的文化知识和生活经验，对事物、概念、问题等进行分类、筛选、排序，做出预测，并对有限的信息和数据进行分析、评价、类比、推论，得出结论，以解决现实存在的问题或指导自己以后的行动。这个定义包含下面几个方面的特征：

1. 思维的过程性

思维是一个能够分模块、按步骤、依程序进行的清晰的运行过程。思维的目的是解决实际问题，因此在对思维的训练中，需要一个能够被理性认知，并逐步实施的具体过程。只有这样，思维能力才能通过一个可行的、具备操作性的方式方法予以训练提升。

作为心脑活动的思维，是多个脑区协同作用的结果，它不仅拥有完整的运作动线，还会因变量影响而产生变化，比如特定的注意力和情绪状态可对思维的过程和结果产生特异性影响。从心理学对思维的研究来看，更能窥见其复杂性和多面性。思维虽然主要是一个内在的（而且可能是非行为的）过程，但它又是由外部事件激起的，整个过程能够形成一个合理、完整的闭环：个体接收到客观世界带来的感官刺激，在内心转化成可理解的形式和符号，如果有需要或存在某种目的，还可以进一步加工再造，产生先前并不曾有的符号。

这种过程性在物理学思维中有所提及，在化学思维中得到进一步证实。长期以来，化学家在运用化学思维认识和解决化学问题时，逐渐形成一套科学、稳定的程序和环节，并凝练出一种强有力的认识世界的价值观。思维的过程性，不但让探讨如何进行思维训练变得必要，而且也让我们有条件、有信心实施对思维训练的具体操作。

2. 思维的媒介性

思维是人的心脑活动，呈现出浓重的“黑箱”性质，只有借助语言媒介才能外显出来。维特根斯坦曾言：“我的语言的界限意味着我的世界之界限。”[①]在语言哲学看来，不仅人是语言性的存在，社会也是由语言建构的，语言是思维的家园，决定了思维的深度和广度。思维凭借语言的外显功能，才能真正获得被外界认识、接纳的可能性。

---

① ［奥］维特根斯坦：《汉译世界学术名著丛书（一）逻辑哲学论》，郭英译，商务印书馆 1985 年版，第 79 页。

思维的语言媒介具有多样性，它可以是文字语言，也可以是图像语言、声音语言，还可以是一套程式语言、动作语言，等等。每个人在思维的时候，都有可能采用其中的一种或者几种思维语言对其进行呈现。

3. 思维的综合性

从某种意义上说，思维是人的一种本质性特征和根本性力量。是否拥有深刻而睿智的思维能力，是一个人成熟与否的标志。思维能够切实指导人类的各项实践活动，解决各个领域所面对的实际问题。

也正因此，思维已成为一个研究和实践的热门话题，来自哲学、心理学、脑科学、逻辑学、计算机科学、文学、社会学、教育学等的研究者，从性质、生心理基础、关系建构、程序性、想象力、实操性等方面阐释了思维的不同面向，将思维打造成了一个拥有丰富内涵的综合性存在。这种综合性，让思维能够积极拥抱任何学科、任何专业、任何事业，以其开放的胸怀，博大的精神助力他们创新性发展、创造性转化。

第二节　创意思维的概念与特征

根据前文的讨论，思维是具有完善思维能力的人借助一定的媒介，灵活、有效地运用知识和经验解决现实问题的能力。在人的成长中，最需要掌握的思维之一便是创意思维(creative thinking)。创意思维是创意写作的根本命脉，也是落实创意写作工坊制教学、思维教学的关键所在，其重要性不言而喻。那么，什么是创意思维呢？它与文学思维有何关联？又有哪些特征？本节的主要内容就是对这些问题的回答。

一、什么是创意思维

创意思维代表着创意写作最为重视的独特性，创意思维的养成代表着创意写作最为内在的教育教学目的，创意思维训练则决定着创意思维在创意写作中的最终实现。

作为一种文学思维，创意思维首先是一种创造性思维，虽然人们在进行阐释、批评时也会表露出这种思维，但它更多地被应用于文学创作中。问题在于，当创意写作将审美性、生产性和工具性三种领域的写作都当成自己的目标任务时，就意味着当下社会中存在的所有写作形式都应被纳入其中，无论是传统文学中的诗歌、小说、戏剧、散文，还是网络文学、剧本杀、非虚构作品、脱口秀、串联词、策划案、广告软文等都在创意写作的视野范围，受创意思维的影响。如果再承认创意写作的开放性、生长性特征，以后可能出现的创作形式也会得到创意写作的青睐，甚至在创意思维的指引下，创意写作会不断地主动探寻新的创作可能性。这就意味着，作为创意写作的内在动力，创意思维是随着创意写作边界的变化而涉猎不同的领域和学科的。这使得创意思维的范畴远远大于传统的文学思维。反过来讲，创意思维是一种新型的文学思维，能够表征并含括所有领域、类型的创造性文字生产活动的思维形式。

创意思维主要对应文学创作思维。传统的文学创作思维指创作者借助语言媒介生成文学作品，实现人脑对世界艺术性反映的意识活动过程。与传统的文学创作思维一样，创意思维也是以创作成果为导向的创造性艺术生产活动，包含创作理念形成，内孕构思定型，外化表达完成，创作问题解决，写作冲动完成等思维环节。但传统的文学创作思维中强调的语言媒介实则是文字语言。它是在以文字语言为媒介来完成的线性叙事。与此不同，创意写作包含一切创造性的文字生产，在当下这个信息时代、图像时代，它在生产性写作或者大的 IP 打造开发中总会或多或少的呈现出一种语言媒介的跨界综合现象，因此创意思维中涉及的语言媒介是以文字语言为主，又包含图像、声音、影像等其他符号形式的语言媒介，表现出非常突出的互媒性(intermediality)的特征，不仅包含不同语言之间的媒介转换、媒介结合，还包含在不同语言形式之间构成媒介参照。

除了更大的覆盖面、更多元的语言媒介，创意思维对创造性的强调，也与传统的文学创作思维有些不同。创造性是创意写作的灵魂，也是创意思维全力探寻、培养的核心智慧。创造性不是无中生有，而是“选取旧事物，对之进行混合、变动、打破或构造，使之成为新事物”。[①] 也即是说，所谓的创造性就是普通人在日常生活中为了解决问题，立足现有基础推陈出新的一种智慧和能力。究其实，创造性是生产作品的能力，这些作品既新颖(也就是具有原创性、不可预期性)，又适当(也就是符合用途，符合目标所给予的限制)。创意思维的活跃与否与创造性的强弱成正比关系，它们最终都会在作品中得到彰显。如果要将其放置在文学创作中，那么创造性就会督促创意思维在文字语言的线性叙事过程中使用非线性的方式方法来突破现有创作方式的限囿，提升作品的新颖性和多元性。

综上所述，所谓的创意思维是指创作者以文字语言为主，其他语言媒介为辅，创造性地贯通于材料收集、整合提炼、孕育构思形象表达等写作全过

① [美]加里·R·卡比，[美]杰弗里·R·古德帕斯特：《思维：批判性和创造性思维的跨学科研究》，韩广忠译，中国人民大学出版社 2010 年版，第 132 页。

程，竭力为创作文艺作品服务的思维形式。创意思维也可翻译为“创造性思维”，但为了和本书所属的创意写作范畴保持一致，并和以往各学科所谓的创造性思维区分开来，本书一律采用“创意思维”这一命名。

二、创意思维与传统的文学思维的关系

创意写作是为了回应文学创作、文学批评、文学教育中出现的问题，特别是文学之所以为文学的本质性变化而萌生的，两者之间有异常紧密的联系。从中西方创意写作的发展过程来看，这种紧密联系依然是一以贯之的，包含所有传统文学形式的文学创作都天然地成为创意写作的创作内容，无论在西方，还是中国，当我们在谈论创意写作的时候，人们都认为我们是在谈论文学。而且，与自然科学重在求真、社会科学重在求善相异，文学重在求美，创意写作也把求美作为自己艺术追求的核心目标，二者在与自然科学、社会科学的差异上具有高度的统一性。在某种程度上，说创意写作就是文学也无可厚非。

然而，需要注意的是，在社会发展的过程中，传统的文学概念表现出一定的滞后性，不能表明文学领域出现的一些新情况、新现象。创意写作与文学的概念之间呈现出一种不对称、不平衡的关系。一是创意写作将写作分为审美性阅读文本写作、生产性创意文本写作和工具性功能文本写作三种领域，含括了所有创造性的文字生产活动，但当下传统的观念仍然认为文学主要还是指由精英作家创作的经典文本，或者称之为纯文学创作、精英文学创作，有时候连网络文学等大众文学样式也不接受，更遑论游戏策划、故事架构、场景搭建、公文写作等这些创造性的文字工作，以至于今天创意写作概念的指代范围远远大于传统文学概念。二是与文学一样，虽然创意写作也有史论研究、基于创作论的文学批评，但创意写作的史论研究和文学批评不是终端产品，而是中间产品，是为创作实践来服务的。也就是说，创意写作更在意的是各式各样的创作实践，它才是创意写作追求的最中心的任务。比如每个人都会阅读，但在传统文学领域，读者都是像批评家一样，针对文学的世界、作者、读者、文本这四极来阅读的，除了获得审美体验之外，他撰写的文学批评文章就是终端产品，但在创意写作中，读者需要像作家一样阅读，设身处地地琢磨作家创作的意图、方法、过程，思考同等情形下创作的其他可能性，并以此为基础，形构自己的创作指导原则。文学批评是为下一步的创作实践服务的，甚至可以说在文学批评结束的时候，创意写作才真正开始。从这个角度讲，创意写作更接近各式各样的文学创作。

鉴于创意写作与文学的关联性，我们可以认为创意思维与传统的文学思维是同一种思维，但因为创意写作的内涵范围更大，创意思维的适用范围也就更广博。与此同时，由于它把创作实践当成终极目标，它在外延方面也就更接近文学创作思维。文学思维是创作者在创作活动和文学批评中的具体运思行为，它所概括的不仅是一种或多种形式的思维方式，包括创作思维、阐释思维、鉴赏思维、批评思维等，而且是一个在创作活动和文学批评中整体的、动态的思维运作过程。创意写作视域中的创意思维，自然也基本符合这种界定，但创意思维的重点聚焦在文学创作思维，它"是在写作活动中逐渐形成的，适应写作活动需要的一种表现思维，是为人的心理内容寻求、发现或创造内在语言物化形式的思维过程"①，创意思维关涉创作者从观察、感受、构思、谋篇布局、落笔、修改、发布等一系列完整的创作环节，旨在输出作品。其他思维形式要在这一过程中为创作思维服务。

由此可见，创意写作脱胎于文学，与文学紧密相关，但在发展过程中，随着创意写作概念内涵和外延的拓展以及传统文学、创作、作品、作家概念的固定化，它们之间的差异性也就逐渐显示了出来。这就导致创意思维与文学思维具有同一性的同时又呈现出差异性。

三、创意思维的特征

创意思维可以帮助人们突破固有的思维形式，在写作过程中创造出新事物、新形象。创意写作视野下的创意思维具备以下几个特征：

（一）创造性

与一般思维活动相比，创意思维最突出的特征是创造性。如上文所述，创造性是指创作主体根据已有的知识和经验整合新元素、新观念、新思想、新技法的智慧。根据斯滕博格的说法，创造性是一种让自己的创作成果变得新颖而又实用的工作能力。在创意写作活动中，不论是构思剧情还是创造人物，都需要创造大量的新成果，这些成果的出现与创意思维的创造性有着分不开的联系。为了创造出新形象，构思出新情节，创意思维必须要善于在原有的经验和材料上另辟蹊径，不拘一格地在原有的归纳、整理、总结、分析的基础上，充分把握审美客体的共性，结合个性，冲破原有的思维定式。当我们利用创意思维为创意写作服务时，必然要敢于突破常规思维，用新颖独特的创意思维，创造出新的事物，让作品呈现出别具一格的特点。

① 段建军，李伟：《新编写作思维学教程》，复旦大学出版社 2008 年版，第 47 页。

中国传统文学关于孙悟空、唐僧等人物形象的塑造，大多与吴承恩《西游记》中的人物塑造保持一致。但是在网络文学《悟空传》中，作者今何在却将孙悟空塑造成双重形象，一面是在失忆迷茫的境况下，按部就班赚取功德取经的悟空；另一面则是放荡不羁的妖界王者齐天大圣，他有本性的迷失，也有对宿命的怀疑，是一个寻找“自我”的反叛者。唐僧在吴承恩笔下是一个虔诚的信徒，吃斋念佛，心慈面善却又懦弱怕死，而今何在笔下的玄奘，同样是一个信徒，却对取经一事充满怀疑，甚至发出“我要这天，再遮不住我眼，要这地，再埋不了我心，要这众生，都明白我意，要那诸佛，都烟消云散”这样振聋发聩的呐喊。

（二）贯通性

创意思维与创意写作的关系十分密切，它贯穿于写作的各个过程，从素材积累到艺术构思，再到艺术表现，甚至到最后的修改环节，每一个过程都需要创意思维参与其中。在积累阶段，作家往往通过有意或无意的观察和体验来获得文学创作的素材。虽然客观事物多种多样，但作家的精力十分有限，创意思维能帮助作家在丰富的客观事物中找到恰当的创作素材。不同的作家在面对同一事物时，由于自身的审美经验、思维形式、创作目的等的不同，其感受也不尽相同，而创意思维可以帮助作家找到事物独特的审美特点，选择恰当的材料。甚至对一些作家自身都不曾留意的经验，会因为创意思维的参与进行“记忆”，因为这种“记忆”其实是作家受此前的人生经历和思考惯性影响而产生的选择性记忆。这一点，在写作的构思阶段会有极其显著的表现。

构思阶段是创意思维最活跃的阶段。在构思时，作家会面临大量的素材底本，作家大脑的潜意识和显意识里也会存储着丰富的经验和记忆，优秀的创意思维可以帮助作家更好地归类和筛选这些已有的创作素材，并通过诸如发散、创造的形式，为作家提供灵感。同样，好的创意思维也可以通过其独特的创造性，帮助作家对素材进行加工和改造，以创出别具一格、兼具共性和个性的独特艺术形象。创意思维体现在作家创作的每一个阶段，培养创意写作人才的关键，就是培养创意思维。优秀的创意思维可以修改作家固有的思维形式，帮助作家更好地产生灵感、拓展思路、捕捉素材、表达思想。

（三）互媒性

思维具有媒介性。作为思维的两大主要形式之一的创意思维更是如此。创意思维是为创意写作服务的，而创意写作离不开创意思维的指引，也离不开语言符号的外显，创意思维和语言符号密切相关、不可分割。创作者想要将头脑中的构思和想法表达出来形成作品，就必须在创意思维的指导下借助语言符号来完成。某种程度上讲，创意写作就是创作者在创意思维的指导下，用独特的文学语言将其思想成果转化成文艺作品的过程。在这一过程中，创作者不仅要借助反讽、隐喻、夸张等不同的文学修辞让自己的语言更加优美、凝练、富有韵味，还需要采用调整时序、拓展空间、设置情境等不同的叙事方式形成自己的叙事模式，更需要选取适合自己的文体，统筹使用叙事、抒情、描写、议论等多种表达方式，贴切地表现对象特点以形成独特的文风。不论是莎士比亚转换自如、修辞多样的戏剧语言，还是李白奔放热情、赋予想象的诗歌语言，又或者汪曾祺恬静自然、充满智慧的散文语言，莫不如此。

需要注意的是，如前文所言，由于跨媒体创作扩大了创意写作的内涵，创意写作在分体写作时往往呈现出复合型特征，导致它具有更加明显的跨媒介写作特质。故而，创意思维的媒介不仅仅是文字语言，还包含图像、声音、影音等其他非文字语言媒介形式，具有非常典型的互媒性特征。这种互媒性思维通过文字媒介和非文字媒介之间的相互转换或者相互结合，在各种媒介之间构建相互参照的体系，形成文字与音乐、绘画、摄影、动漫、电影、广告，或者应用文与审美文学、印刷术与文学等多媒性的建构，模糊文学与非文学的界限，进一步地扩展创意写作的界域性和包容性。

（四）想象性

不管是中国的思维概念，还是西方的思维概念，其最初的词源中都暗藏着想象的意涵。这不仅在文学、艺术中有所体现，而且在物理学、社会学、化学等学科中都有很突出的表现。只不过在社会逐渐制度化、科层化的分化过程中，我们过多地强调思维的学理性、逻辑性，以至于将想象性放在了一个被弱化、忽视的位置。今天，在以创造性为根本的创意写作的创意思维中，想象性就成为非常重要的特征。

早在古罗马时期，斐罗斯屈拉特就提出想象是艺术家按照自己的创作意图，以过去的生活经历为基础，在意识中再现或改造记忆中的表象，从而创造出艺术形象的心理过程。今天看来，想象是指创作者基于原有的材料和经验，根据对世界的艺术把握来综合和改造知觉表象，从而创造新的存在形象或模型的意识能力和思维过程。这种思维过程的物态化活动结果就是艺术作品。在面临剧情构思、人物创造、意象选择、修辞比喻等创意写作的各个具体过程时，我们都需要想象的参与。想象的本质在于创造出新的形象，在于能到达自己理想的高度。

我们还要注意到创意思维中想象的一些其他特征。第一，想象基于对日常经验的积累和模仿。想象要求创作者首先要有丰富的生活经验，在日常生活中自觉或不自觉地去观察、体验和积累。黑格尔认为想象“首先是掌握现实及其形象的资禀和敏感，这种资禀和敏感通过常在注意的听觉和视觉，把现实世界的丰富多彩的图形印入心灵里。此外，这种创造活动还要靠牢固的记忆力，能把这种多样图形的花花世界记住。从这方面看，艺术家就不能凭借自己制造的幻想，而是要从肤浅的‘理想’转入现实。”①可见，想象需要丰富的日常经验和累积记忆。在有了一定积累之后，创作者可以通过创意思维，将原有的素材和形象通过主体的情感和审美关照，创造出蕴含主体思想的独特事物。李白的“应是天仙狂醉，乱把白云揉碎”就是经由自己独特的创意思维，将纷纷扬扬的雪花通过想象写成被狂醉的天仙揉碎的白云，为诗歌赋予了独特而迷人的浪漫风格。这也进一步验证了想象力是可以后天培养、习得的。第二，想象是富于行动的。萨特对想象理论的重大发展在于他认为想象是一种否定和超越现实世界的行动能力。他认为，想象的世界是自在与自为统一的世界，即美和艺术的世界。人应该立足现实，凭借其想象行动起来，争取更大的自由与更多的存在，这样才能超越现实世界，达到美和艺术的境界。在萨特那里，想象是一种活动，其结果是创造出一个非实在的对象。对以作品创作为导向的创意写作而言，将想象理解为一种行动，更有助于创意思维的实现。

第三节　创意思维的分类

创意写作的目的是培养创意写作人才，培养创意写作人才的关键，就是培养创意思维。然而，现有的创意思维理论纷繁复杂，不利于具体操作。为了更好地培养创意思维，指导写作实践，展开创意思维训练，我们首先要对创意思维进行分类。

一、常见的思维分类

在日常生活和学习中，我们经常听到有各种各样的思维形式，比如创造性思维、发散思维、形象思维、逻辑思维、灵感思维……仔细比对，不难发现以上思维形式，不过是按照不同标准对思维分类的结果，且各分类之间存在大量交叉重复的现象。学界不同版本的教材和专著对思维分类的差异的实质是分类标准的差别。

---

① ［德］黑格尔：《美学（第一卷）》，商务印书馆2020年版，第357页。

韩永昌以不同的分类标准对思维进行区分：根据解决问题的不同性质，可将思维分为动作思维、形象思维和理论思维；根据思维的创造性程度，可把思维分为习惯性思维和创造性思维；根据思维活动的指向，可把思维分为对外思维和内省思维；根据语言工具的不同，可把思维分为母语思维和外语思维；按照思维遵循的逻辑规则，又可把思维分为直觉思维和分析思维。① 这种分类确定了二元分类的范式，成为主流的思维分类法。很多学者都依此分类，莫雷在《心理学》中根据思维中介的不同，把思维划分为直觉动作思维、具体形象思维和抽象逻辑思维；根据思维目标的不同方向，将思维划分为聚合思维和发散思维；根据思维执行方案的不同，将思维划分为常规思维和创造性思维。②

与心理学家不同，作为自然科学家，钱学森创造性地提出，除抽象（逻辑）思维之外，还有形象（直感）思维和灵感（顿悟）思维，所以思维学又可以细分为抽象（逻辑）思维学、形象（直感）思维学和灵感（顿悟）思维学三个组成部分，③揭示了思维的跨学科、跨界域特征，也开创了一种三元分类法。赵仲牧则认为现有的二分法或三分法不能概括所有思维种类，应当另起炉灶，故将思维分成原始—神话思维、审美—艺术思维、思辨—分析思维、体悟—直觉思维、计量—运算思维、日常—综合思维，④打造了思维分类的独特体系。苏富忠以思维的要素为标准，把思维分为主体型思维、逻辑规律型思维、根据型思维、目的型思维、工具型思维、思路型思维、成果型思维、状态型思维、行为型思维、环境型思维、品质型思维共 11 个要素类型。⑤ 跟这种分类与分化的分类方式相异，阿恩海姆提倡一种整体分类法。在《视觉思维》一书中，阿恩海姆站在一名格式塔心理学家的立场，对“感性与理性、感知与思维、艺术与科学的分裂/分类”做了一种批判式的解读，认为“由于这种分裂，艺术家把自己封闭在象牙塔内，清高孤傲，自成一统；科学家不问艺术，教育家忽略艺术，所有正规中学和大学都把艺术作为可有可无的东西，整个社会都把艺术当成生活的点缀品。”⑥阿恩海姆认为“感知，尤其是视知觉，具有思维的一切本领。”⑦思维在他的笔下，成为一个不用区分的、格式塔式的“整体性存在”。在他看来，“人们看到一切形象（不管是知觉形象，还

① 韩永昌：《心理学（第五版）》，华东师范大学出版社 2009 年版，第 91—92 页。
② 莫雷：《心理学（公共课）》，北京师范大学出版社 2014 年版，第 56 页。
③ 钱学森：《关于思维科学》，自然杂志，1983(08)第 563—567，572—640 页。
④ 赵仲牧：《赵仲牧文集》，云南大学出版社 2014 年版，第 134—135 页。
⑤ 苏富忠：《思维分类体系概论》，哈尔滨学院学报（社会科学），2001(01)，第 31—42 页。
⑥ ［美］鲁道夫·阿恩海姆：《视觉思维》，滕守尧译，光明日报出版社 1986 年版，第 27 页。
⑦ ⑥，第 28 页。

是内心意象），就有了抽象活动，而每当人们思考一个问题时，都有某种具体形象作为出发点或基础”①，抽象与形象总是以“意象”的形式汇聚在思维中，证明“任何思维，尤其是创造性思维，都是通过意象进行的”。② 由此可见，阿恩海姆以意象为中心，弥合了各种分化式的分类造成的割裂，显得很有特色。

综观以上分类，大多精确地指代了思维的不同面向，有利于解决实际的问题。但其缺点也是明显的，譬如韩永昌、莫雷、钱学森等人的二分法、三分法这种非此即彼的分类稍显刻板，且分类标准本身界限模糊，再加上分类标准过于多样，显得有些杂乱。而赵仲牧、苏富忠以要素等为标准的分类方法，不仅分类边界不够清晰，而且因类型太多显得繁琐，难以操作。阿恩海姆的整体思维方式抓住了文艺创作的思维核心，但很难概括所有的思维现象，显得不够全面。

很明显，在任何具体的创作活动当中，思维都是一个具体的、综合的、不可或缺的存在。我们只能用更恰当的分类要求，更系统地划分思维类型，以便更有效地开展思维活动。根据前文对思维和思维分类的讨论，我们在对思维进行分类时，务必遵循以下几点原则：

1. 分类标准统一

依照不同标准进行多角度划分，极易在追求全面的同时，导致各分类之间的冗杂和赘余，陷入类型这一形式化的怪圈，而忽略了借助分类来有力展开思维训练这一最终目的。因此，在对思维分类时，必须根据统一的标准进行，避免类型交叉而导致分类之间的含混，影响后期思维训练的实操。就好比我们对人群进行分类时，要么以性别为标准划分，要么以肤色为标准划分，切不可将肤色和性别两个标准交叉使用，以免造成不必要的麻烦。

2. 类型边界清晰

在思维分类的实际工作中，我们还应该注意思维分类的边界，尽量使各种思维类型之间没有遗漏和重叠现象，就好比数学中的全集与子集的概念，比如全集 I 为{1,2,3}，它的非空真子集为{1}、{2}、{3}、{1,2}、{1,3}、{2,3}、{1,2,3}，我们在思维分类中要做的，就是尽量不重复，不遗漏地从思维这一“全集”中找出它所有的“非空真子集”。

3. 适用范围广泛

随着对思维认识的不断深入和思维科学的发展，我们在对思维进行分

① ［美］鲁道夫·阿恩海姆：《视觉思维》，滕守尧译，光明日报出版社 1986 年版，第 29 页。
② 同①。

类的时候也要充分考虑主体与客体的相互关系，既要考虑思维活动发生的主体，也要兼顾思维活动的对象。因为分类的目的，是为了更好地指导实践，因此在对思维进行分类时，要保证我们所分的类别能够尽可能地覆盖并适用于思维活动涉及的所有情况。

二、创意思维的分类

作为思维的主要类型，创意思维的分类也必然会遵循思维的三个分类原则，但创意思维毕竟是一种独特的思维形式，而且是为创意写作提供服务的，因此也会有自己的分类原则。

（一）创意思维的分类原则

如上文所说，创意思维能够指导创意写作的创作实践，解决创作中创造力不足以及过程黑箱化等问题，所以我们分类的总体思路要奉行实用主义原则，强调创意思维的类型对于创作行为、行动和实践的实际指导和创新作用。按照这个思路，结合思维分类标准统一、边界清晰、使用广泛的原则，在对创意思维进行分类时，我们要遵循问题性、过程性、实操性和创新性这四个原则。

1. 问题性

既然对创意思维的分类是为了服务写作实践，我们就应以解决创意写作中的实际问题为主要目标。这些实际问题一是要创作者能够构建多样化的思维类型，并将其转化成恰当的创意思维训练方法；二是要能够找到恰当的创意思维训练方法，切实指导创作过程中的选材、故事架构、人物设定等具体操作问题，输出作品。

2. 过程性

我们对创意思维的分类，还要重点考虑过程性。创意思维并非一个死板的概念，而是一个贯穿创意写作的、持续的、动态的理性操作过程。由于创作环节各不相同，需要的创意思维类型和思维训练方法也就有所不同，所以对创意思维类型的划分要能够涵盖并展示整个创意写作的具体操作过程。

3. 实践性

对创意思维的研究不能只停留在理论层面，它最终要和实际的创意写作实践相关联。这就提醒我们在对创意思维分类时要将实践性作为分类的一个基本原则，确保采用的不同思维训练方法具备普遍性和操作性，使得整个创意思维训练的全过程具备可观测、可重复、可操作的特点。当将它应用到最广泛的创作活动中时，创作者能够依据创意思维的指导，按照思维训练的方法予以操作，创作出完整的文本。

4. 创新性

除了要充分考虑这些种类能否真正落实到实际的创意写作过程中，我们还要考虑这种分类方式能否真正打破文学成规的镣铐限制，走出传统的窠臼，此处的创新性主要指的是这种分类既不是按二元、三元或各类要素划分的，也不是一种整体性分类，而是力图另辟蹊径，作出与以前不尽相同的类型划分。

（二）创意思维的六种类型

从上述四个原则出发，本书兼顾创意写作的感受、选材、故事构思、人物设定、观念形成、结构表达、叙事方式、文学修辞、整体风格和修改完善等环节，总结出以下六种创意思维类型：直观形象思维、抽象逻辑思维、宏观整体思维、微观个体思维、发散求异思维、聚合求同思维。下面我们对这六种创意思维类型作逐一介绍。

1. 直观形象思维

直观形象思维指的是人们通过自己的感受、体验直接取舍事物的表象和外观来思考、表达、解决问题的思维方式。具有直观形象思维的人认为客观世界是由一个个实体构成的，实体的可见性才是最真实的存在，因此直观形象思维的核心是依附客观具体的形象，把一般的、概念的、理性的、抽象的东西以一种特殊的、具体的、感性的、具象的事物予以形象表达。从这个角度来看，直观形象思维带有一定的本能性质，其思维起点是那些能为人类的视觉、听觉、嗅觉、味觉、触觉等感知觉所能直接感知的图形、图像、图式和形象化的符号。它也是一种一对多的发散思维，由一般到特殊，一个本质可以对应多个外在形象，它强调实例化和具象化，也强调非逻辑性和想象力，有时通过跳跃式的捏合，有时通过“无中生有”的编排，可以创造出一个个生动的、从未有过的新形象。

创意思维中的直观形象思维是文学艺术常用的思维类型之一，指的是在创意写作的分体写作实践中，创作主体通过模仿、组合、移植、虚构、联想和想象等一系列方式方法，借用一定的艺术形式、创作技巧和文学语言，在原有的经验和素材基础上融入个人复杂独特的情感和经验，审美化、创造性地进行加工、改造、整合和创新，从而塑造出独具一格的新故事、新形象的思维方式。在创意写作中，直观形象思维是帮助创作者把抽象的写作观念具象化，把宽泛的理论概念实例化的根本方法，它的实现要经过“确定高层元素、确定特殊化的方面、找出这个方面的元素”三个阶段，即作者先要大体确定创作中着力要表达的主观意图和写作观念；其次是找到自己熟悉的、能够承载创作者意图、观念的基本面向和具体维度;最后是进一步在面向、维度上找到具体形象的书写载体,切实彰显创作者的意图观念。

直观形象思维的逻辑起点是形象观念,其最大的特点就是形象性,形象性和人类情感密切关联,既没有不含任何情感的具体形象,也没有无法形象化的丰富情感。直观形象思维的根本任务就是凸显事物的形象性。它加工改造的对象是客观的人、事、物等“象”。它通过比兴、想象和虚构等手段,情绪饱满地创造出生动可感,并能够反映事物普遍规律的文学意象和艺术形象,以此反映生活,塑造典型,表达意绪。这在文学作品中人物刻画上体现得最为突出,古典小说《红楼梦》中就不乏对直观形象思维的运用,例如在第三回《金陵城起复贾雨村　荣国府收养林黛玉》中对王熙凤外貌、神态的描写,就是运用直观形象思维思考的结果。文中通过对王熙凤“与众不同”的打扮和“丹凤眼”“吊梢眉”“粉面含春”等直观可感的美好形象,使得读者可以从文字中直接体会到王熙凤八面玲珑的外向型人物性格和光鲜外表下隐藏的独立人格。

直观形象思维的优势在于其学习成本较低,每一位创作者在日常生活中都时常会接触到具体的事物,产生感觉、直觉,他们只要通过简单的训练就可以将这种感觉、直觉转化成语言符号,而且因为人类先验的共通感,这些饱含日常生活经验的语言文字很容易引起读者的同理心,与之同频共振。同样的,这种思维方式也存在着一定的弊端,譬如创作者在面对没有经历过的体验和感受时,其表达往往很难特别真实,容易出现表述不准确的情况,从而导致在阅读的过程中,读者对作者塑造的形象难以产生具体可感的理解和认识,自然无法引起共鸣。

2. 抽象逻辑思维

抽象是人们在现实世界中发现一定事物、状态或过程之间总是存在某些相似性之后,进而以其相似性为依据,把它们集中、概括、抽离出来而作为这些事物的本质特征的思维活动。而逻辑是一种推理的形式原则,意味着人们通过概念、界定、判断、推理、论证等方式来理解、排序和区分客观世界的思维过程。它既表明了一种说明次序,也表明了一种需要通过归纳分类,然后完成总结概括的思维规律。若将二者的意涵加以整合,那么抽象逻辑思维指的就是人们在社会实践中通过大量的现象、实例,对事物的共性加以分析、综合、比较、提炼,抽取出事物的本质属性,使其认识从感性的具体实例进入抽象的一般规定,形成科学的理论和概念,并凭借理论规律和抽象概念对事物的本质和客观世界的实质进行反映的思维类型。

与直观形象思维不同,抽象逻辑思维的核心是依据具有关联性、相似性、共性的许多客观具体的形象，通过理性认识，在特殊的、具体的、感性的、具象的事物中探寻一般的、概念的、理性的、抽象的自然规律和内在本质。从这个角度讲，抽象逻辑思维超越了感官印象和直观体验，更注重抽象归纳、理性认识和逻辑推理等能力的参与。它是一种多对一的收敛思维，多个感性具象只能对应一个本质，由特殊到一般，强调逻辑性、概括性和科学性，步步为营地在逻辑推理中概括提炼多个形象之间的本质关系，从现有的知识或前提中得出经得起验证的新知识或新结论。

创意思维中的抽象逻辑思维指的是在创意写作的分体写作实践中，创作主体通过思维导图、名理分析、数量总结等方式方法，运用分析归纳、演绎推理、论证判断等理性形式进行意图设置、材料整理，以帮助其创作高质量作品的思维方式。这就意味着我们不仅要能看到驳杂繁多的写作材料之间相互关联的要素，继而推导其他创作的理论和观念，还要能够将创作素材和问题逐步分解成更小更细、更易于操作的部分，依次系统地解决问题，灵活机动地完成创作目标。抽象逻辑思维可以通过观察积累原始材料，分析总结素材整体呈现的层次特性，提炼概括一般性的、高层次的规律结构，在与人的交流或写作实践中检查修正自己的理论这四个主要环节，服务创意写作。

抽象逻辑思维在创意写作的日常实践中使用得非常频繁。比如作家在生活中面临着大量零碎的生活经验，如果这些生活经验不经过抽象逻辑思维的整理归纳和分类选择，就很难直接应用于实际创作。所以，当我们对已有素材进行整理分析归纳，利用写作大纲、思维导图等形式对文章结构和谋篇布局进行创造性规划，或者试图挖掘和明确文章的主题立意和写作观念时，实际上都是在利用抽象逻辑思维规范我们的创意写作过程。此外，抽象逻辑思维还赋予了作品独特的艺术魅力，最显著的代表就是推理小说和悬疑小说。作家在创作这类作品时，势必会采用抽象逻辑思维编织小说中的种种疑点和线索，建构其神秘的“悬疑世界”。抽象逻辑思维还可以补充和丰富文学作品。鲁迅在他的杂文中就常常应用到抽象逻辑思维，例如在《中国人失掉自信力了吗》一文中，鲁迅就从中国人“信地”“信物”“信国联”推理出中国人只有“他信力”，继而得出“自信力其实是早就失掉了”①的结论。

抽象逻辑思维有助于提升作品的思想深度和语言结构，是创意写作不可或缺的思维类型。但由于抽象逻辑的思维结果是抽象的、理论的、远离具体实例的东西，不注重源自现实生活的写作实践，有时会使创作者对理论过

---

①　鲁迅：《鲁迅全集 第六卷》，人民文学出版社 1981 年版，第 117 页。

度依赖，丧失了文学作品应有的形象性、生动性，需要创作者在使用时有所警惕。

3. 宏观整体思维

作为一个物理名词，宏观通常用来描述那些不涉及分子、原子、电子等内部结构，庞大到能用肉眼测量和观察的事物。引申到人文社科领域，宏观指的是从大的方面、全局视角、总体思考社会现象和规律的思维方式。作为哲学名词，整体一般用来描述世界万事万物按照一定的形式结构和自然规律组织成有机统一的体系的情形，进而在社会科学中形成一种强调相互联系、辩证转化、总体观照的系统思维方式。统合以上两个词汇的核心意涵所形成的宏观整体思维事实上指的是一种将所判断的对象作为一个统体，从长时段、全局性、旁观者的视角来整体综合考虑对象与世界、社会的普遍联系以及对象自身内部的构成要素、组织结构、总体风貌，以形构“天人合一”的总体效果的思维类型。

宏观整体思维的核心在于思考者能够从具体的事项中抽离出来，以全知视角自上而下，化整为零，统筹兼顾整体与部分、外部与内部之间的关联和影响，致力于从不同角度、不同方位，系统全面地考虑所涉事项的主要格局、所有关联、整体功能和行为结果。也就是说，具有宏观整体思维的人，能够通过分析事物之间的普遍联系，辩证推导各要素之间的相互作用，预知事情发生后的可能结果。从这个角度讲，宏观整体思维不但体现出宏大的、全面的、普遍联系的、整体的特征，更体现出有远见、有战略眼光、预测能力和布局手段的前瞻性特征。

在创意写作实践中，宏观整体思维指的是创作主体立足于整个作品的全知视角，充分把握人物、情节、意象等多方面结构，进而对作品进行整体性的规划和创作，以达到自己对文章立意、布局结构和整体风格的目标化追求的思维类型。宏观整体思维要求创作者具备整体、全局的眼光，充分把握创作的各个环节和部分。在实际创作中，宏观整体思维还要求创作者充分把握整体与部分、部分与部分之间的关系，妥善安排各个部分的比例和结构，并在对全局了解和掌握的基础上为作品提供独特的立意和整体性风格。在创意写作中，我们可以通过把握创作对象的总体情况，设置所要达成的终极目标，确立表达意图、情节结构、角色人物和文体格调等，最终通过修改完善，统合各要素之间的支持和制约因素，将之打造成相互滋养、相互支持的文学整体。

莫言的《檀香刑》就充分体现了宏观整体思维。莫言将《檀香刑》的整体结构分成《凤头部》《猪肚部》和《豹尾部》三个部分，开头的《凤头部》不仅剧情夺目、引人入胜，其中的《眉娘浪语》《赵甲狂言》《小甲傻话》《钱丁恨声》几章，更是分别采用眉娘、赵甲、赵小甲、钱丁的个人视角和声音叙述；《猪肚部》情节扎实、排列紧凑，巧妙衔接了前文的紧张剧情；最后的《豹尾部》又重新启用人物的独白和个人视角，分为《赵甲道白》《眉娘诉说》《孙丙说戏》《小甲放歌》《知县绝唱》五章，与小说开头遥相呼应，体现出明显的总体设计感。可以说，正是莫言的宏观整体思维造就了《檀香刑》这本奇书，《檀香刑》也因此成为宏观整体思维的优秀代表。

宏观整体思维擅长从大处着眼，系统化地处理作品结构、写作观念、故事情节等问题，是保证创意写作顺利完成的关键之一。但宏观整体思维毕竟是一种创作者在作品背后付出的努力，并不能直接通过文字呈现，读者在作品中需要仔细甄别、剥离才能深切感受到创作者的思维过程。同时，它也无法形象、深刻地彰显作品中的催人泪下、发人警醒的独特细节。

4. 微观个体思维

作为物理名词，微观与宏观相对，一般指空间线度非常小的分子、原子和各种基本粒子水平以下的现象，涉及它们的结构或机制的内部世界。引申到人文社科领域，指的是从相对微小的方面，局部考量，关注细节的思维方式。作为生物学名词，个体指的是那些能够独立设定对象的单个生物体。引申到社会学中，个体与群体相对，指的是处在一定社会关系中，以自己为中心，能够独立存在，在身份地位、能力作用上能够与他人相区别的生命体。将微观和个体的定义结合组成的微观个体思维统指那些将思考的对象作为独立的个体，从小范围、瞬间体验、关注局部、个人视角来单独考量个体与世界、个体与他人的相互关系以及个体的存在方式、自我与本我的关系的一种特立独行、不从众的思维类型。

微观个体思维是个体头脑的机能，其核心在于以个体有限、单一的视角介入事件或问题之中，自下而上地分解任务，独立组织，综合思考，试图从细微的个人化理解中涌现自己高度特异性的理解和认识。这即是说，具有微观个体思维的人，看重的是从自己可以掌控的个人化角度出发，独自思考、辨识对象的内涵和外延，切实解决当下最为紧迫、棘手的现实问题。从这一点来看，微观个体思维彰显出较为突出的个人代入、局部控制、底层突现、独自进行的个人化、差异化特征。更重要的是，它的务实高效和可操控性，使其呈现出在丰富细节、塑造典型方面的实效性。

在创意写作实践中，微观个体思维是指创作主体立足一时一地，着眼于作品中的某个部分，以点带面，以小显大，向着作品的内部、小处和深处精确进发，用出人意料的个体化、独异化视角、构思和技法去打造某个引人入胜的细节、印象深刻的场景、过目不忘的人物特征等方面的内容。微观个体思维要求创作者具有独到的见识和眼光,将注意力浓缩于某一个特殊的节点和面向,关注作品中的各个微小部分,深挖作品的细节和内涵,着眼于细微之处的塑造。在实际创作中,微观个体思维要求创作者以务实的态度对待创作中的具体问题,通过自己不与人同的表达技巧和写作方式,精心设计特殊场景,聚焦具体事件,锤炼感人细节,丰富人物性格,破解普遍性问题,构筑作品的主体化格局,让宏观整体思维的战略性布局和前瞻性设定能够落到实处。在创意写作中,创作者需要长期养成自己独特的文艺素养,有能力在作品中发现能够进一步深挖的节点,找到与众不同的观测角度、方法、见解和表现形式,实现创作意图。

在现有的文学作品中,不乏对微观个体思维的运用。有的作家喜欢把目光投向作品中的小人物、小配角,从小处着手,用极具辨识度的言行动作,将他们塑造成有血有肉的圆形人物,譬如《儒林外史》中严监生临死之前,伸着两根手指头,死活不咽气的情景,在塑造出经典人物形象的同时,也成为文学作品中的典型场景。还有一些作家,将精力放在不被人关注的细枝末节或独特领域,创新写作技法,深挖作品内涵,从而创作出独具生命力的作品。比如普鲁斯特的《追忆似水年华》,整部作品都没有中心人物,只是以作为叙述者"我"为主体,借此穿插大量的人物事件,剖析"我"的生活经历和内心活动,将叙述者的所见所闻、所想所感融为一体,构成一部七大卷的皇皇巨著。

微观个体思维聚焦细微之处,借助个人不会重合的独异性特征,将重点放在塑造典型化的细节上,切实增加了作品的生动性、趣味性和深刻性,作用巨大。但因个体差异而造成的独异性特点,无法拒斥社会意识的制约和影响,而且和个体的偶然状态密切相关,具有较强的随机性,需要创作个体时时警醒修正。

5. 发散求异思维

发散要求人们在思维过程中尽可能地沿着各种不同的方向和角度扩展变化,使观念能够辐射、扩散到可能到达的各个方面,甚至探寻不可预知的那些方面,最终产生多种创造的可能性。而求异重在强调人们在思考时能够注重思考对象与其他事物之间的差异,找到该对象的独特性质,其实质是一种求新求变的思维意识。将两者结合得到的,发散求异思维指的是思考者从一个目标出发,以新颖独特的思索方式沿着各种不同的发展路径和方向去辐射、去扩散、去追寻,探求事物创新性发展和问题创造性解决的多种思路、多种方法、多种可能性的思维类型。

发散求异思维的核心在于立足于一个基本的出发点，通过鼓励不加约束的、随意自由的无差别、无方向、无阶差的联想、想象，甚至幻想，在不同事物、不相关联的事物之间建立联系，力图获得一种非固化的、不曾出现的思考结果。也就是说，因为发散求异思维强调不拘一格，灵活多变、指向多元，所以具有此种思维的人都能够克服头脑中僵化的思维框架和思维方式，触类旁通，举一反三，随物赋形，不受基本功能的固着限制，也不受思维定式的强力约束，因而能够产生一种超越常规的、新异多变的构思和结果，呈现出较强的创新性、创造性。从这一点来看，发散求异思维能够创造更多有待填充的空白和不定点，使作品具有明显的艺术气质和浪漫色彩。

在创意写作实践中，发散求异思维指的是创作主体根据自己的生命经验，选择一个视角、一种方式、一种理解，以现实生活中具体的事件或者真实的情绪为出发点，通过多维度、多方位的思考尝试和反复试错，重新组织、编排已有的创作素材、结构方式和写作底本，创造出两种及以上表达内容的创意思维形式。此时，创作者并不遵循固有的逻辑思维或线性思维，而是展现出新颖多变的散射状的扩散形式，充分激发创作者的创造力和想象力，将其积累的素材通过形式化的语言媒介，创造出丰富的思想文化作品。在创意写作中，发散求异思维可以通过精心选择思考的基点，创意的自由发散，寻求稳定的差异，质疑创意和差异的可靠性，形成有效的思想观念五个步骤予以实现。

发散求异思维是最受创作者欢迎的思维类型，在发散求异思想的指导下形成的成功的作品甚多。过去的创意写作对创意思维的研究也主要集中在发散求异思维这一方向，我们常听到的头脑风暴法、思维导图法、曼陀罗法等都是针对发散求异思维提出的思维训练方法。这一思维类型在意识流小说如福克纳《喧哗与骚动》、伍尔夫《墙上的斑点》中有突出表现，而在那些神话故事、童话故事和科幻作品如《山海经》《爱丽丝漫游奇境记》《阿凡达》中，发散求异思维有更加显著的表现。

发散求异思维力主多元发散，求新求变，体现出高度的自由性、灵活性、多变性等特点，是促使文艺作品的思想艺术创新的重要保障。需要警惕的是这类思维的有效性和效率很难保证，这就需要建立一种带有反思质疑的元认知模式的思维组织方式。另外，发散求异思维需要创作者确立一个思维的基点，也需要他具有多元思考的能力，这就要求创作者不仅要有精准的判断力，也要有敏锐的感受力、顿悟力。

6. 聚合求同思维

聚合求同思维是一种便于在复杂环境中形成结论的思维类型。聚合要求人们能够将分离的、散乱的东西聚拢、联结在一起。求同要求人们能够暂时搁置差异,找到共同属性,追求相同点。以此观照聚合求同思维,它指的是人们基于事物之间的相互关联和相同点,出于汇同这些关联和相同点的目的,从已有的、散乱的、复杂的信息集群中产生确定的逻辑结论,从现成的、大量的、多元的资料海洋中寻求同一的正确答案的一种有明确方向、有条理程序、有内聚力量的思维类型。

聚合求同思维具有一种把广阔的思路、多样的观点,向内汇聚成一个焦点和结果的能力,体现的是一种收敛型、集中型、求同型的思维方式。其核心在于人们能向同一个方向思考,从众多可能性的现象、线索、信息中,迅速做出选择和判断,得出比较确定的结论。也就是说,虽然世上的事物千变万化,人间的事情千头万绪,但只要人们采用聚合求同思维,由材料到事实,由感性到理性,由现象到本质,通过抽象与概括、归纳与演绎、比较与类比、定性与定量等方法,就能在纷繁多变的世界中找到恰当的、合适的解决方案,得出有效的结论。

创意写作中的聚合求同思维是指创作主体根据自己既有的文艺知识、个人经历和创作经验,通过重新检视已有的大量创作素材和底本,激发出强烈的创作冲动和创作愿望,并以此为前提,在一系列具体的创作环节和过程中不断优化、筛选、凝练,形成新的意义、技法和形象,最终创作出自己满意的、能体现出创作者最初的创作冲动和创作意图的作品的创意思维类型。换句话说,创意写作其实是一个创作者以创作出成熟的作品为目标,在不同的材料与意念中不断摘取、选择、取舍,最终聚向这个目标的过程。在创意写作中,聚合求同思维贯穿创作的整个过程。聚合求同思维的创作实现分以下几个步骤:一是确定聚焦目标,二是在不同材料中寻求同一性,三是提取选择,形成新的思路、观点和方法,四是借用恰当的语言媒介将之表达出来,写成作品。

在创意写作中,聚合求同思维不仅体现在题材、文体、结构、叙事方式、语言风格等方面的选择上,也体现在人物形象的塑造上,最典型的莫过于鲁迅先生"杂取种种,合成一个"的典型人物观。他曾说,"人物的模特儿,没有专用过一个人,往往嘴在浙江,脸在北京,衣服在山西,是一个拼凑起来的角色"。这种"拼凑起来"的方式,实则是创作者在驳杂繁多的创作素材中聚焦创作目的,辨别材料异同,选择相互关联的共同要素,聚合塑造成一个典型人物的创作方式,体现的就是聚合求同思维。众所周知,阿 Q 就是这一思维类型主导下创作出来的经典文学形象。高尔基也说过,一个作家要从几十个商人、官吏、工人身上抽取最有代表性的特点、嗜好、姿势、习惯、信仰、谈吐，分离出最自然的特征，再把它们综合、概括到一个商人、官吏与工人的身上，从而形成“文学的典型”。他所言及的方法，与鲁迅的人物观机杼相类，深受聚合求同思维的影响。

聚合求同思维的优点是可以通过整合既有的素材、底本等思维成果，选择出当前情况下的最优解，是文学创作中一种相对稳妥的思维类型，但与此同时，这种思维模式也受到主体创作经验、思维能力、选择手段的影响和现有素材类型、数量和范围的制约。

以上是我们在创意写作的视野下，依照写作实操训练的具体要求，对创意思维进行的分类。这六种思维类型关系紧密，互有交叉，代表了创意写作范畴中创意思维的主要类型。更重要的是，当它们组合在一起时，可以共同构建成一个能够涵盖创意思维所有面向，能够有效渗入创意写作的每一个具体环节，并通过最为重要的二元自然交融转变，将之转化为“三元思维”。[①] 这样，六种思维类型及其变体就具有了更强的适用性、指导性和操作性。

直观形象思维继承自传统文学思维中的形象思维，填充了创意写作中有关人物、场景、环境、情感等有关形象部分的思维过程，可以帮助创作者更好地构思和表现文学创作中有关形象的部分。抽象逻辑思维重视理性分析和逻辑推理在创意写作中的参与，涉及写作中叙事方式的展开、材料的选择等方面，可以帮助创作者处理意义表达、结构安排的条理和层次。宏观整体思维为作品的整体观念、整体结构、整体风格等提供了保障，可以帮助创作者以全局眼光整体把握作品的思想、风格和走向。微观个体思维关注创作的细微之处，为创作者精细化地刻画人物性格特征，设置动人心魄的细节等提供支持。发散求异思维可以通过摆脱思维定式的方式，激发创作者的灵感和创造力，填补创意写作中有关想象联想和灵感虚构的部分。聚合求同思维可以在多种选择的情况下，凝心聚力，为创作者采取最合适的创作选择提供重要辅助。由此看来，这六种思维类型各有所长，也有各自管辖和负责的主要区域，当它们合在一起后，就能涵盖创意思维的丰富内涵和创意写作的不同面向，能满足创意写作不同阶段的实际创作需求。

需要进一步说明的是，六种思维类型的应用范围难免互有交叉。在创意写作具体实践过程中，这些创意思维不仅对应地存在于创意写作的各个阶段，而且创作者在素材的选择、作品的构思和最终的艺术表现中也并非只会选用其中一种创意思维，而是会综合运用多种创意思维类型，通过他们之

---

① 钱旭红：《大学思维：批判与创造》，华东师范大学出版社 2020 年版，第 17 页。

间的相互联系，取长补短，相互扶持，共同作用，为创作提供创意、思路和指引，从而构思、创作出令人满意的文艺作品。

思考与练习

1. 你对“思维”还能提供什么样的定义？请讲明给出这一定义的理由。

2. 本书针对创意思维进行的六种类型的划分是否合理？如果合理，请进一步阐释它们之间的关系。如果不合理，请谈谈理由，并提出自己的划分方式。

3. 在创意写作领域中，创意思维的想象力指的是什么？请查找相关文献，写一篇小论文。

第二章　创意思维训练

本章提要：本章我们将明确创意思维训练方法的定义及创意思维训练方法与创意思维类型的对应关系，针对创意思维的六种不同类型，提出包括树状导图法、逆向思考法、宫格发散法等在内的十二种创意思维训练方法。

"写作是反映社会生活的复杂思维过程"①，写作从来都离不开思维活动的参与，甚至可以说写作就是在书写思维。"思维，是我们解读事实的起点，是产生行为的源头，是决定结果的根本。"②创意写作的关键在于创意思维的激发、训练和运用，创意思维是创意写作的灵魂所在，统领着创意写作实践的全过程。如同思维一样，创意思维并非是天生的、一成不变的，而是可以通过后天的实践训练来培养、习得的。创意思维贯穿创意写作的整个操作过程，是一个关涉感受、构思、谋篇、布局、落笔、修改、发布等一系列创作环节，旨在输出文学作品的整体性思维过程。因此，培养创意写作能力，首先应当培养创意思维，创意思维训练则是培养创意思维的必经之路。

在第一章中，我们已明确了创意思维的定义，解决了思维"是什么"的问题，并将它分成了直观形象思维、抽象逻辑思维、宏观整体思维、微观个体思维、发散求异思维、聚合求同思维六种类型。但是，由于缺乏明确的指向性和实操性，这六种思维类型并不能直接当成训练方法。在创意写作的创意思维教学过程中存在着三重转换：创意思维理论向创意思维类型的转换是第一重，创意思维类型向创意思维训练方法的转换是第二重，创意思维训练方法向具体写作操作步骤的转换是第三重。我们在第一章已经完成了第一重转换，因而本章将实现第二重转换，解决思维"能够怎样"的问题，主要聚焦探讨与六种创意思维类型对应的十二种创意思维训练方法及其主要特征

① 覃可霖：《写作思维学》，广西人民出版社2002年版，第249页。

② 黎甜：《结构化思维》，文化发展出版社2019年版，第11页。

和功能。在此，我们要明确以下几个问题：创意思维类型与训练的关联在哪里？什么是创意思维训练方法？创意思维训练的主要方法有哪些？

第一节　创意思维训练方法概述

艾尔弗雷德·怀特海说过，教育的目的是激发和引导人们走向自我发展的道路，但在实现这个目的之前，教育首先"是教人们如何运用知识的艺术"。① 就我们的创意思维教育而言，其核心是让学生掌握思维训练的方法，并以此为指导，引领他们完成创意写作的作品输出。下面，我们从什么是创意思维训练方法说起。

一、创意思维类型与创意思维训练的关系

创意思维理论是创意写作学科培养学生创意思维的理论基础，创意思维训练旨在寻找一种通过训练提升创意思维能力的实践路径。只有掌握了创意思维理论，创意思维训练才有理论依据和实践基础。然而，如前文所述，创意思维理论是一个非常繁复的整体，无法应用同一种方法进行整体性训练，而且创意思维本身又具有"黑箱"性质，不能直接操作，需要借助一定的外化方法予以完成，因此我们将其分成六种不同的思维类型，以便设计更有针对性、更加科学和有效的训练方法，以保证创意思维的训练落到实处。从这个角度讲，创意思维类型是创意思维理论的分化和细化，创意思维训练是对创意思维类型的外显和实现，其目的都是完成对创意思维理论有效性的支持和验证，最终实现创意写作"创意第一性，写作第二性"的教育理想。

毋庸置疑的是，创意思维训练也不过是一个意图和理念，仍然需要进一步寻找恰当的、具体的操作方式，将其演化为一个个实用的、分步骤的、可操作的训练方法。这样才能真正地贯彻落实创意思维训练。

二、创意思维训练方法的定义

康德认为哲学的任务不在于研究存在或客体，而在于研究我们认识客体的方式。普罗普也曾说："问题不在材料的数量，在于研究的方法。"②莫莱蒂(Moretti Franco)更是清晰地表明"方法就是全部"。无论是提出"认识客体的方式"，还是直接强调方法，都体现出人们对方法重要性的一种集体

---

① [英]怀特海：《教育的目的》，庄莲平、王立中译，文汇出版社2012年版，第6页。

② [俄]弗拉基米尔·普罗普：《故事形态学》，贾放译，中华书局2006年版，第2页。

共识。

根据胡经之、王岳川先生的考证,“西文中的‘方法’一词,来源于希腊文 μεταδος,这个词由‘沿着’(μετα)和‘道路’(αδος)两个词组合而成,其意为沿着某条道路前行。这是古代哲人对方法的素朴直观把握。而在现代意义上来理解的‘方法’,则是指从实践上、理论上把握现实,从而达到某种目的的途径、手段和方式的总和。方法的本质在于,它一方面是联结主客体的中介,同时,它不仅是一个中介物,而且可以作为独立存在的研究对象,即超越这一中介,达到对本体的把握。”[①]从以上论述可以看出,方法是人们实现特定目的的手段或途径,是主体接近、达到或改变客体的工具、媒介和载体。

依照上文对方法的论述,我们拟将创意思维训练方法定义为:在创意写作中,创作者某一特定思维类型和思维方式的具体操作手段与实施方法。创意思维训练方法既是彰显创意写作中创作者思维创新、写法创新的重要方式,也是落实创意思维训练理念的具体实操方式。如果说创意思维是一种可培养、可习得的能力和智慧,那么,创意思维训练方法就是激发、打开创意思维奥秘的钥匙和妙药。

创意思维训练方法涉及创意写作的选材、构思、表达等各个阶段,通过一系列科学有效的创意思维训练方法,切实地指导写作实践,可以激发创作者在素材选择、人物设定、情节构思、风格打造、策略制定等多种创意写作场景时的想象力和创造力,打破创作者原有的思维定式,为创作者提供更多的思考方向和写作策略,起到优化创意思维、提升写作技巧、培养创新能力的重要作用。创意思维训练方法就像程序的算法、滑轮的轴承,可以帮助创作者充分认识写作过程,发挥自身优势,调动创意思维,完成写作实践。

三、创意思维训练中的两种对应关系

创意思维训练方法的根本目的在于培养创作者的创意思维。在创意思维训练中,存在两种对应关系:

(一)创意思维类型与训练方法的对应

前文说过,创意思维的六种类型是创意思维理论的分层和分化,其目的在于帮助人们通过具体的创意思维训练方法落实创意思维理论和能力的不同面向。换言之,在创意思维类型和创意思维训练方法之间存在着一定的对应关系。这主要体现在每个创意思维类型亟须凸显的核心思维能力与每种训练方法刻意强化实现的思维能力的对应关系上。

---

① 胡经之、王岳川:《文艺学美学方法论》,北京大学出版社 1994 年版,第 2 页。

六种类型的创意思维在创意思维能力层面都具有其独特的核心表征。直观形象思维最大的特点就是形象性，与其密切关联的是创作者的赋形能力，即将自己所要表达的人物、主题、思想等具象化、清晰化、形象化的思维能力。抽象逻辑思维注重理性认识和逻辑参与，核心是培养思维的分析推理能力，注重思考的逻辑性和严密性。宏观整体思维要求创作者具备整体性视野、全局性眼光，核心是养成自上而下的统筹思维能力。微观个体思维着眼于作品中各个部分、细节的形象化凸显，核心是掌握对细节具体化、生动化的思维能力。发散求异思维期冀充分激发创作者的灵感和想象力，核心是多维思考的发散思维能力。聚合求同思维试图在众多复杂凌乱的选项中选出最恰当、最合适的方案，核心是多中取优的整合思维能力。

毫无疑问，创意思维训练方法的目标就是培养和训练这些不同类型中的核心思维能力，达到培养相应类型创意思维的目的。因此，本书通过考察和分析既往创意写作训练方法，结合心理学、社会学等其他学科的相关经验，最终确定了十二种创意思维训练方法。具体如表 2－1 所示。

表 2－1　创意思维训练方法

头脑风暴法	发散思维的一种，强调围绕某个核心尽可能地展开天马行空的想象，分为直接头脑风暴和质疑头脑风暴两个环节
宫格发散法	发散思维的一种，也称曼陀罗法，以九宫格最中间的格子内容为核心，从不同面向向外进行关联性扩充发散
树状导图法	也称心智图/思维导图法，不同于宫格发散法的多面向延伸，树状导图法更关注框架关系和线性延伸
逆向思考法	类似于反向头脑风暴法，强调通过悖反常理来开拓创新
归比演绎法	强调通过归纳总结和推理溯因的方式来类比演绎出想要的结果
维度追问法	包含“七何”检讨法(5w2h)，也可根据实际情况具体设定 5w2h 内容
引申象征法	注重核心点的引申和含义深化
实践转换法	通过实践的方式主动接受外界事物的刺激，激发创作动力
黑箱灰箱法	通过黑箱/灰箱两极的输入端和输出端来向内确定黑箱/灰箱内容
特征期待法	结合对事物属性的期待，对现有内容不断优化以接近或抵达预期
强制关联法	通过在不同事物或结构之间强制构建联系来生成多种可能性
排列组合法	按照不同的顺序，对素材或各部分内容进行排列重组并从中择优

每一种具体的创意思维训练方法都有自己的思维类型指向，且许多方法指向的并不是某个单一思维训练类型，综合地看，它们都能够被六种思维类型覆盖。其中，实践转换法善于在现实生活实践中发现创作素材，认识生活规律，体验生活实际并将其转化成创作中的人物形象，而宫格发散法、树状导图法则能够以直观形象的图表形式，清楚地呈现逻辑与思路，此三者均可以表征直观形象思维；排列组合法、引申象征法、逆向思考法和强制关联法注重理性认识和逻辑参与，核心能力是分析推理能力，注重思考的逻辑性和严密性，能够通过分析实际情况，另辟蹊径解决创意写作中创造性不足的问题，可以表征抽象逻辑思维；维度追问法、黑箱灰箱法、强制关联法、树状导图法因为特别突出的整体建构特征，便于协助创作者在创作中的统筹协调和想象推理，丰富作品的内容表现，可以表征宏观整体思维；当然，维度追问法也和特征期待法一样，适合对故事细节、人物细微的动作、神态等的捕捉，提升作品的生动性，表征微观个体思维；头脑风暴法、宫格发散法、树状导图法、逆向思考法能通过充分发散的方式，不加约束、多个维度激发创作者的想象力，寻求创意写作更多的可能性，可以表征发散求异思维；归比演绎法则通过传统的归纳和演绎的方式提炼、分解，在众多选项中选出最优解，可以表征聚合求同思维。

创意思维类型与训练方法的对应关系如表 2 - 2 所示。

表 2 - 2　创意思维类型与对应的创意思维训练方法

创意思维类型	创意思维训练方法
直观形象思维	宫格发散法、树状导图法、实践转换法
抽象逻辑思维	排列组合法、引申象征法、逆向思考法、强制关联法
宏观整体思维	维度追问法、黑箱灰箱法、强制关联法、树状导图法
微观个体思维	特征期待法、维度追问法
发散求异思维	头脑风暴法、宫格发散法、树状导图法、逆向思考法
聚合求同思维	归比演绎法

（二）创意思维训练方法与创意写作过程中环节的对应

创意思维的六种类型从形象塑造、叙事逻辑、整体架构、创新意识、细节凸显、观念选择等不同面向，以一种相互弥补、相互支撑的整体性、互文性的方式涵盖了创意写作的全过程。这六种类型对应12种创意思维训练方法。这些创意思维训练方法从不同维度，体系化地贯穿创意写作的全过程，讨论如何借助创意思维训练方法获取和筛选素材、如何构思精彩的故事、如何设定鲜活的人物、如何把握整体结构……也就是说，创意思维训练方法必须与创意写作过程中的具体环节相对应。

根据创意写作的实际过程，我们可以将其分为感受世界、选择材料、架构故事、设定人物、植入观念、确定结构、叙事方式、文学修辞、整体风格和修改完善十个具体的操作环节。虽然每一个环节的完成都需要不同的思维方法通力协作，但每一个创意写作环节都会有一个主导的思维训练方法。在最后的修改完善环节，我们要采用多种思维训练方法，让创意写作的全过程呈现出整体性。这就要求我们能够针对这些具体环节中特别需要彰显的节点和要素，选取能够真正提高实际创作能力、培养创意思维的训练方法，以保证创意思维训练的全面性、有效性。

在创意写作的感受世界环节，我们需要由外在的刺激引发内心的反应，形成一种内在的创作驱动力，形成创作灵感，所以选择了头脑风暴法；在选择材料环节，我们需要在纷繁多样的素材中选择出相关的题材，也需要在题材中选出有表现力的典型材料，所以选择了黑箱灰箱法；在故事架构环节，我们特别需要发挥想象力，通过联想、幻想等方式，找到不同凡响的主线故事，所以选择了树状导图法；在塑造人物环节，我们需要了解人物的复杂背景，比如身份、性格、社会关系等，以便根据需要设定典型人物或者类型人物，所以选择了宫格发散法；在植入创作者的写作观念环节，我们需要让自己的作品思想深邃，阐释多元，与众不同，所以选择了逆向思考法；在确定作品的表达结构环节，我们需要掌握不同的结构样式，从而在对各种样式的对比分析中多中取优，所以选择了排列组合法；在选择叙事方式的环节，我们需要根据故事的性质、篇幅的长短、叙事视角、时序频率等选择最合适的叙事模式，所以选择了维度追问法；在确定修辞方式的环节，我们需要静观我们的内心，反思我们最想取得的修辞效果，选取能够实现目标的修辞方式，所以选择了特征期待法；在打造作品的整体风格环节，我们需要归纳整理自己的人生经历和生活经验，分析对比，找到自己想要着力追求的文章风格，所以选择了归比演绎法；在修改完善作品的环节，我们需要找到人物塑造、故事架构、语言表达、修辞使用等各个环节的最优答案，所以选择了整体思维法。它们之间的具体对应关系如表2-3所示。

表 2-3 创意写作关键环节与对应的创意思维训练方法

创意写作关键环节	创意思维训练方法
感受世界	头脑风暴法（辅以实践转换法、引申象征法等）
选择材料	黑箱灰箱法
架构故事	树状导图法
设定人物	宫格发散法
植入观念	逆向思考法
确定结构	排列组合法（辅以强制关联法等）
叙事方式	维度追问法
文学修辞	特征期待法
整体风格	归比演绎法
修改完善	整体思维法

第二节 创意思维训练的方法

我们设计各种创意思维训练方法的目的非常清晰，就是要在开展创意思维训练的过程中，分析名家是如何利用创意思维指导写作实践的，并从中学到行之有效的写作技巧和叙事策略，提升自己的写作能力。最重要的是，在实践中获得的创意思维理论知识，可以帮助我们形成稳定、独到的创意思维和创造意识，能使我们长期从事创意写作实践。在展示如何将创意思维融入实际创作，深度还原创意思维指导写作实践的全过程之前，我们尚需对这些思维训练方法作出定义。

一、头脑风暴法

头脑风暴法（brain storming）又称脑力激荡法，是指美国人亚历克斯·奥斯本（Alex Osborn）在 20 世纪 40 年代提出的创意思维训练方法，也是当下被提及的最多的思维方式之一。头脑风暴最早是精神病理学上的用语，特指精神病患者的精神错乱状态，如今指代无限制的自由联想和讨论，成为一种强调集体思考的方法。头脑风暴法鼓励参加者于指定时间内，构想出大量的意念，并从中引发新颖的构思，激发相互之间的思考。除了团队头脑风暴之外，个人也可以利用头脑风暴法进行思维训练。可以说，它是“一种利用创造性想法为手段，集思广益、智慧共享、培育最佳问题解决方案的工作途径，也是一种打破固有思维模式、解放思想、激发灵感的创意思维训练方法。”①

一般而言，头脑风暴法有以下几个特点：

第一，团队构思，集体创意。头脑风暴法尤其适用于团队构思，有助于激发团队中的集体创意。头脑风暴活动的最佳参与人数为5～10人，时间为1小时左右。除了参与讨论的人之外，还会设主持人1名，主持人只记录会议内容，对设想不作评论，同时会设记录员1～2名，完整记录每一位与会者的设想。与会者彼此之间互动激励，在情绪的带动下相互竞争、相互成就，激发、碰撞出更加巧妙、多样的奇思异想，可以避免成员之间的消极影响，避免受制于某些权威意见。

第二，大胆想象，不做限囿。在头脑风暴的初始构想过程中，组织者要给与会者提供宽松、舒适的思考环境，让他们能够更加自由、自如地展开天马行空的联想和想象，不做干预，不做限制，甚至于越是不作拘束和要求，越容易开拓思路，产生更多的奇思妙想。在此阶段，相较于质量而言，创意的数量和类型才是第一位的。当然，需要注意的是，在实操过程中，当想象过程不加设限时，我们极易陷入求量不求质的怪圈，最终生成无效创意，脱离主旨核心，使得整个思维过程的有效性难以得到保证，有时甚至出现激荡出上百个构思，但无一可用的情况。

第三，分段进行，先激后评。在进行头脑风暴的活动过程中，我们先不展开评价判断。所有的评价以及修改，都应放到头脑风暴活动的一个阶段结束后，再展开具体讨论并完善创意内容。这不是说头脑风暴法不需要反思和质疑，而是说头脑风暴需要分阶段进行，头脑风暴活动在不同的阶段有不同的任务和要求。头脑风暴法可分为直接头脑风暴法（通常简称头脑风暴法）和质疑头脑风暴法（也称反头脑风暴法）。换言之，我们通常所谓的头脑风暴，其实应当划分为两个环节：首先，围绕某一问题展开头脑风暴，尽可能多地提出创意构思；其次，在头脑风暴活动的一个阶段结束后，进行小组讨论及修改，完善产生的创意，并围绕已经生成的构思进行质疑性评论与判断，分析其可行性，选出最佳解决方案，避免折中，有时还应在这些创意方案的基础上，延伸扩充，举一反三，从而得到新的构想。因此创意写作思维训练下的头脑风暴法，要求训练者重点关注质

① 许道军、葛红兵：《创意写作：基础理论与训练》，广西师范大学出版社2012年版，第43页。

疑环节，通过围绕既有的创意、构思展开聚焦性的、质疑性的和批评性的发散思考，来最终得到有效创意。

西北大学创意写作工作室《青年说》访谈节目在构思之初，曾就节目形式进行过头脑风暴，在这个活动中，团队成员提出不同构想，最终构建出节目的轮廓。其头脑风暴过程如表 2－4 所示。

表 2－4 访谈节目构思头脑风暴过程举例

问题	头脑风暴	质疑头脑风暴	优选得出结论
访谈以何种形式呈现	1. 以人物为核心，每期约谈不同青年学子，挖掘人物身上的鲜明特征/标签，展现每一个普通人身上的独特故事	A 节目初衷为展现西北大学创意写作专业风采，嘉宾选择是以创写学子为主，还是以西北大学学子为主，又或者围绕更多的普通人？ B 立意讲述普通人故事，但普通人经历大抵相似，如何在后期避免嘉宾特征雷同，如何确保从嘉宾身上挖出的特点能在更多的受众群体中引起共鸣？ C 落脚普通人，节目内容充实度如何保证？如何保证播放量等数据？	综合考量之下，节目最终以构思 1 为主，并结合质疑头脑风暴中提出的问题，修改完善如下： 1. 节目本身为西北大学创意写作专业的风采展示，人物前期以创写学子为主，后期扩展到西北大学青年学子，由此节目定名为《西大青年说》。社会层面的普通人可另辟为新节目对象； 2. 尽可能在前期沟通了解和正式访谈的过程中挖掘出每个学子身上的独特之处，以单人为主。如有对比鲜明的嘉宾，可以两人合做一期，形成冲击；特征类似/相近的嘉宾也可同作一期，互相佐证，既可避免单一，也能丰富内容和形式，辐射更多西北大学青年； 3. 室内访谈形式稳定，便于收音，也可以形成稳定的节目形式，养成观众的观看习惯；
	2. 以话题为核心，每期单独一对一访谈 3—5 位嘉宾，并按照逻辑顺序合并收录，完整呈现每个人对同一话题的不同观点，整体意识碰撞	A 嘉宾观点容易趋同，不如面对面交流产生的思想碰撞与激荡效果好，内容深刻性有所欠缺； B 画面单一，混剪时，背景不易把控，容易混乱； C 选题难度大，老生常谈的话题已有足够讨论度，难有新意；如选热点新闻话题，则可能因视频制作周期受限，导致选题时的新话题/新闻热点在出片时已经过时	

续　表

问题	头 脑 风 暴	质疑头脑风暴	优选得出结论
访谈以何种形式呈现	3. 以热点话题为核心，每期主持人与3位嘉宾同场同屏，主持人负责控场引导，嘉宾就给出的问题自由展开讨论，形成对话性的思想交锋	A 室外收音效果较差，成片质量不佳； B 对主持人控场能力要求较高，嘉宾讨论尽兴时，容易偏题，主持人控场次数多容易影响交流效果； C 选题难度大，与上一条C项问题一致	4. 节目非商业性，内容输出的需求大于播放量数据等需求，应稳质求量，同时与其他视频项目并进，共同提升影响力
	……	……	

二、实践转换法

实践转换法是指人们通过参与各种类型的社会活动，在实践中获取感受、认识，发现和体验某种新的视角，从新的视角来思考从前已经考虑过的问题，以获得新的认识和理解，发现新意义、新方法，并在随后的创意写作中将这些认识、理解、意义进一步具象化，将其转化成文艺作品和文学形象的方法。这个方法既是一个通过实践活动来升华、完善现有理论知识体系，提高认知水平的过程，也是一个在实践中发现新的创造可能性，换位思考，另辟蹊径，实现从0到1的突破创新的过程。

该方法包含四个维度：一是实践者带着自己积累的知识和理论，满怀期待地进入具体的现实环境去检验理论，实现从理论到实践的转变；二是实践者借助实践中的所获所得，利用实践对理论进行补充、修正和优化，形成新的理论观念，实现由实践对理论的提升；三是实践者在新一轮的创作行为中，把这些融合了新的认识、理解、意义的新理论灌注到新的作品中，实现将理论生活化、具体化、形象化的过程；四是实践者在无法获得现有生活经验和理论知识启发时，按照自己内心期待的指引，进入社会生活中，在熟悉而陌生的环境中汲取新的知识资源和创作灵感，以开启新的创作旅程，保证理论与实践周而复始、循环往复的升级转化。在某种程度上可以说，实践转换法类似于社会实践法，与社会学学者在做定性研究时采用的田野调查法(fieldwork)，新闻记者为报道现场新闻使用的实地走访法，以及文学艺术创作者实地考察时使用的采风法有许多相似之处。

实践转换法因为需要当事人积极介入现实生活，不但要花费大量的时间和金钱，更要花费大量的精力和心血，投资成本较高，而且社会实践的成果还会受到一定时间、地点以及环境等诸多可控或不可控因素的限制，但在创意写作中，它却是最可靠、最有效，让创作者受益最多的方法之一。

创意写作思维训练方法并不是虚渺的空中楼阁，也不是简单的理论陈述，最终需要将落脚点放在指导学生进行文学创作，实践转换法能够通过实地考察、调研和采风，给创作者提供更加鲜活真实的例子和经验。人的经验既来自知识阅读的间接经验，也来自现实生活的直接经验。创作经验也是如此，一手直接素材提供直接经验，二手间接素材提供间接经验。所谓二手间接素材，即创作者通过查阅资料、观看新闻报道等诸多方式，通过中间路径获取的相关素材，而一手直接素材，则是创作者通过自身体验经历、自身实地走访所获得的直接体会、所获取的直接素材。相较于二手的间接素材，在获取一手直接素材的过程中，创作者的体验往往会更加直观，更有沉浸感，也更容易在交互影响中情绪高涨，引起共鸣。这对于激发创作欲望，在经验基础上促使“灵感”的迸发，有着极其重要的作用，也对上文所述的“四个维度”的实现有直接的作用。

就文学的题材风格而言，现实主义题材的创作以及非虚构写作都对实践转换法有极强的依赖性，“用事实说话”的新闻写作更是如此。只有主动进入现实生活，拥抱生活中的一切悲喜苦乐，将创意写作放置于客观事实的基础上，融合对生命和世界的感知和理解，创作者才能真正写出折射社会现实，彰显人性高贵的精品力作，如柳青《创业史》的成功，便与其深入农村生活、扎根人民、实地采风、运用实践转换法有着紧密的因果联系。

不可否认的是，实践转换法并非没有缺陷。前文提及的时间、空间以及环境的限制，让我们在许多时候注定无法进行实践转换。比如受题材的限制，想象类作品如玄幻小说、仙侠小说等势必没有实践基础，无法实现转换。不仅如此，创作是一项综合性的活动，创作者不可能完全实践和体验一部作品涉及的所有现实内容，还需要想象和虚构的扶持和帮助。

虽然说文学艺术来源于生活，又高于生活，优秀的作品绝不是现实生活的照搬，但实践转换法作为一种思维训练方式，可以在创作者于书斋冥思苦想，抓耳挠腮却又无计可施之际，给创作者提供大量的灵感和创作动力。不仅如此，我们在实践中接触到的人、事、物，也都会在之后的虚构或非虚构作品中有所折射，有所隐喻。这是实践对创作者潜移默化的影响，也是实践转换法能提供给创作者的恒久财富。

三、黑箱灰箱法

黑箱灰箱法指的是当我们面对一个无法弄清内部机理的系统时，先不去关注其运作机制，仅仅关注其输入和输出的信息，并根据输入输出信息来研究系统的运作机制和特征。控制论的奠基人阿什比（W. R. Ashby）在 20 世纪 40 年代首先提出了黑箱概念，他认为，黑箱是指那些既不能打开，又不能从外部直接观察其内部状体的系统。黑箱灰箱法被广泛运用在医学、心理学、计算机等各个领域。医学上的“望、闻、问、切”四诊法，心理学对人脑的研究，计算机中对于程序输入输出可靠性的测试都在一定程度上应用了黑箱灰箱法。

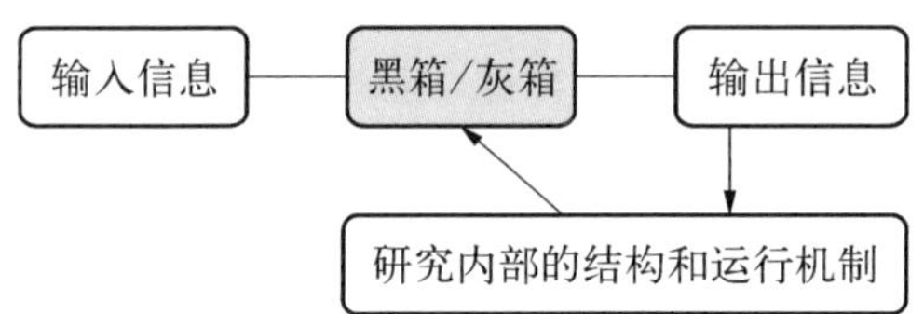

图 2-1　黑箱灰箱法的应用

如图 2-1 所示，所谓“黑箱”或“灰箱”，指的是一种我们暂且不熟悉不了解且无法从外部观测其结构的运行机制。早期的中医药实验采用的就是这种方法，在药代动力学等现代医学还未产生的古代，中医理论家还无法弄清药物中的有效成分是如何在人体中发挥作用的，只能通过研究病人服用药剂后的反应来总结整理药方。黑箱灰箱法之所以有效，是因为世界上的万事万物都是普遍联系的，不存在完全孤立的事物，虽然我们暂时不明白某些事物的关联，但仍然可以运用黑箱灰箱法将其联系起来，只关注信息的输入和输出，不关注信息发生变化的机制。

黑箱灰箱法为创意思维训练提供了一条新的途径。在文学创作实践中，黑箱灰箱法可以为创作的选材、构思、修辞等阶段服务。例如当我们只是对文章的部分内容有清晰的设定，不知道该如何构成一个完整的故事框架或是故事脉络时，黑箱灰箱法往往可以给我们提供帮助。当我们构思好了人物、环境和结局，但中间剧情不够清晰时，就可以采取黑箱法，先列举出人物、环境等信息，并把这些信息当作黑箱的输入信息。再举出构思好的结局，并把结局当作输出的信息，然后根据输入信息和输出信息的联系，构思出中间发展的剧情。这种情况下，黑箱中的中间剧情可以被当作一个独立的部分，去单独梳理脉络，也可以结合宫格发散法，通过对黑箱外的输入和输出信息进行发散构思，或是展开树状导图，从而更好地联系各个部分，将黑箱范围不断缩小，最后互相衔接，构成完整的链条。

黑箱灰箱法有着一定的局限性，如果一个系统只有部分能够被观测到，那我们很难仅仅依靠对输入输出信息的比较来还原这个系统的全貌。因此,我们在利用黑箱灰箱法进行创作时,常常会使用其他的方法进行补充。

四、树状导图法

树状导图法,也称脑图法、心智图法(the mind map)、思维导图法。它是英国人托尼·巴赞(Tony Buzan)发明的一种训练发散性思维的工具和方法。该方法以某一概念为核心主干,然后围绕该主干发散出至少两条树状分支,每个分支又继续作为独立主干,进一步分叉发散,延展构成树状导图。树状导图法在制定写作计划、整理创作笔记、梳理故事思路等方面有着极高的利用率,是我们目前学习、工作和创作中使用最多的方法之一。

如图 2-2 所示,树状导图法重视图形的展示。图形有利于刺激人的右脑,激活脑部的网状神经系统,因此树状导图法在帮助、提高记忆方面也极其有效。

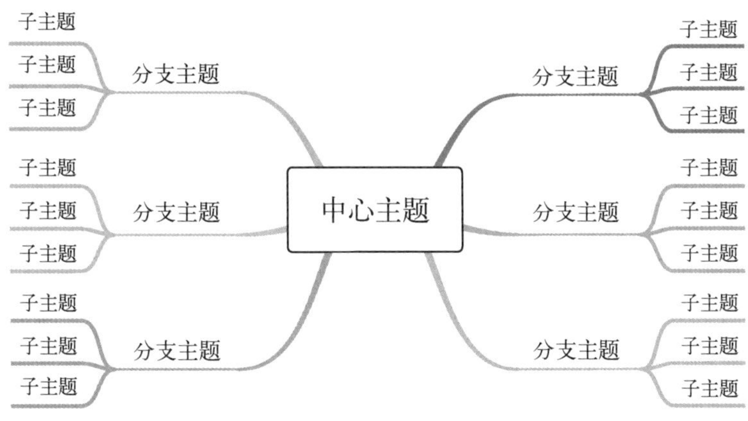

图 2-2 树状导图

当然,树状导图法并非完美无缺,如同一棵大树,总是需要有人为它剪去分枝,它才能更加茁壮地向上成长。在使用树状导图法的过程中,树干上往往会出现过于细碎,甚至走向枯萎的分叉分支,对于这些分支,在最后的整合环节,常需要人们做适当的取舍,保证整个导图清晰明了,重点突出。树状导图法主干突出的演变形式之一就是鱼骨图。如图 2-3 所示,鱼骨图有清晰明确的核心,哪怕是象征细枝末节的细小鱼骨,也只会分布在主干两侧,永远不会喧宾夺主,让训练者辨不清主次。

以创意写作实操训练为例,树状导图法在整体性的大纲梳理、脉络布局、主干故事设计等诸多方面,有着较多的应用。至于鱼骨图,更是故事主线梳理的好办法,故事主线作为主骨,分线故事作为分骨,可以让故事线条理更加清晰。

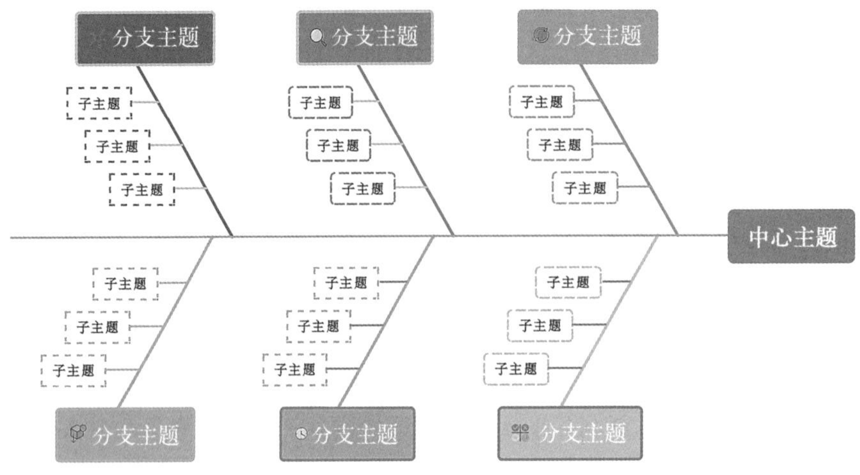

图 2－3　鱼骨图

五、宫格发散法

宫格发散法，又称九宫格法、曼陀罗法。因曼陀罗法的命名不易被人理解，九宫格又容易限制思维训练过程中的范围把控，所以本书将其统称为“宫格发散法”。

该图谱以九宫格为基础，要求思考者将所想到的元素按需填写在格子中，最中间的为核心观念，其余的八个则是由核心观念产生的、与核心观念有关联的子观念，再以最外围的八个格子为核心观念，继续向外散射出八个子观念，这样就会形成一个围绕初始观念，拥有六十四个元素的观念合集。

宫格发散法建立在发散思维之上，是一种裂变式的灵感发散方式。与头脑风暴法相比，宫格发散法中各种观念的使用更具关联性，在第一轮九宫格发散的过程中，八个子概念和核心概念紧密相关，第二轮八个九宫格发散过程中，虽然新九宫格扩展出的六十四个子概念宫格都是围绕八个新子概念展开的，但彼此之间依旧有一定的关联性。

就发散性而言，宫格发散法和树状导图法又有所不同。首先，二者的侧重点不同。宫格发散法更侧重于多平行层面的发散延伸，每一个宫格都以核心格为中心的八方发散，每一层都有八个子格作为补充，构成一个完整的平面；但树状导图法不仅关注整体的总分结构，更关注分支中的各条单线的发散、延伸与联系，是点、线与面的结合。树状导图法中每一个枝干的扩散数量，理论上不存在上限，尤其在内容非常之多的时候，树状导图法能够很好地兼容所有的分支，且保证其条理清晰。只需要以主干线条将关联的诸多要素连接起来，便可以直观展示各要素之间的相互关系。

宫格发散法之所以受到欢迎，是因为它除了可以随时清晰记录所思所想，并保证思维发散的扩充性、丰富性和稳定性之外，其图表化的表现形式更容易激活右脑潜能，帮助人们高度集中自己的注意力，避免不相关的遐思，从而更好地激发灵感。

在宫格发散法的使用过程中，最常见的是八方扩展型宫格图。这种类型的宫格延展不设上限，当宫格正中确定核心概念后，发散的八个子概念始终会有稳定的核心。即使再度发散的内容，也依旧有新的核心概念支撑起整个结构。虽然整个发散过程是裂变式的拓展，但一直是结构稳定、中心突出的平方式裂变。如果裂变的方向出现偏差，也可及时被发现，进而及时止损。宫格发散法能够有效避免头脑风暴法使用过程中过分幻想导致的偏题、跑题，便于思维训练者更加集中地展开构思，免去不必要的消耗和浪费。

除了进行发散式思维训练，宫格发散法也极其适合利用宫格收纳一闪而过的灵感，快速聚焦并就灵感核心概念进行子概念延展。例如当学生要写一篇关于“坚持”的作文时，我们可以如图 2－4 所示利用基础九宫格，延

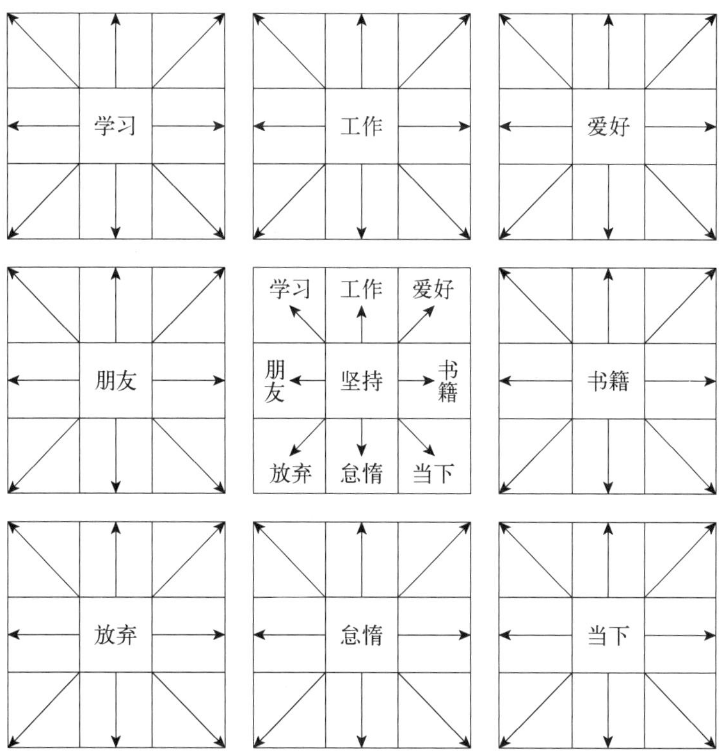

图 2－4　关于“坚持”的宫格发散法

展出“学习、工作、爱好、朋友、书籍、放弃、怠惰、当下”八个子宫格，然后继续延展扩充，就学习中的坚持、工作中的坚持、爱好的坚持、自己的坚持和朋友的坚持、书里提到的别人的坚持、反面的放弃八个方面展开联想举例，从而以多样充分的例证来丰富自己的文章内容，让作文有血有肉，有理有据。

当然，宫格发散法还有一种如图 2－5 所示的围绕型，可以以中间核心概念为起点，先向下，再向左顺时针转动，产生类似流程图的效果，这在我们进行简单的故事流程、主线设计、情节发展等线性构思的过程中，也可以有所应用。反之亦然。但当脉络或流程过多的时候，受制于版面约束，这种围绕型宫格发散法并没有线性思维导图来得直观、清晰，所以相较于围绕型宫格发散法，当思维的流程更长，内容更多的时候，我们更建议使用树状导图法。

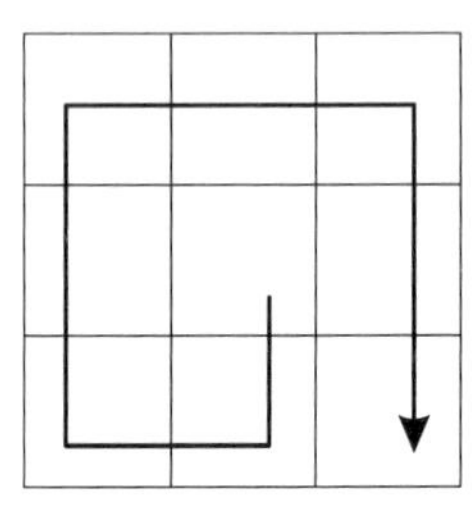

图 2－5 围绕型宫格发散法

六、逆向思考法

逆向思考法就是打破常规思维路径，从事物的结论出发，逆向沿着推理的路径或事物的反面去思考，最终以创造性的方式解决问题的思维训练方法。逆向思考是一种有悖于正常逻辑、正常思维方式的换位思考、反向思考方式，常常在不经意间为问题的解决提供一种剑走偏锋、与众不同的独特解法。

逆向思考法具备正向思考所没有的批判性和创造性。通常来说，正向思考都是按照正向的、常规的、大家公认的方式进行思考，而逆向思考则打破了常见的思考方式，克服了公认的思维定式，能够摆脱思维的僵化和习惯的束缚，创造出独特的思维产物。因此逆向思考法具有一般思考方式所不具备的独特创造力。逆向思考法常常在正向思考不能得出令人满意的结果时使用。在使用逆向思考法的时候也需要注意，逆向思考并不是不受约束地、随心所欲地列举事物的对立面，而是在对事物有一定正向认识和了解的基础上，采用逆向的角度思考问题破解的方法。

如图 2－6 所示，逆向思考法包括反转型逆向思考法和溯因型逆向思考法两种。所谓反转型逆向思考法，就是根据已有事物的结论，从相反的方向进行思考，从而得出新结论的思维训练方法。反转型逆向思考法多见于数学中，“反证法”就是反转型逆向思考法在数学中的典型应用。

溯因型逆向思考法就是从现象或结论出发，逆向追溯和推理，最后得到造成现象或结论的原因的思维训练方法。溯因型逆向思考法要求我们先对

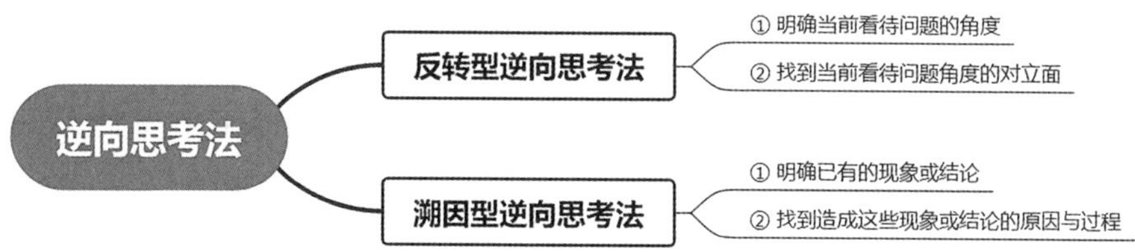

图 2-6　逆向思考法的应用

现象进行描述，然后找出造成这种现象的原因。相比于反转型逆向思考法，溯因型逆向思考法更强调探索现象产生的原因和过程。任何现象的出现和发生都有其独特的内在联系和过程，溯因型逆向思考法是在掌握现象的基础上，探寻现象发生的过程，以填补过程上的空缺。

在实际写作过程中，我们时常会遇到情节难以构思推进、主题立意不够明确等多种常规思考方式无法解决的困难，这时就不妨尝试采用逆向思考法，在已知信息的基础上逆向寻求解决问题的新方法、新途径。

七、引申象征法

引申象征法是对引申法和象征法的综合性统称。引申法是针对某一现象或结论进行自由的引申和延展。作为音乐术语的引申法指的是由乐曲开头的旋律作为整个乐曲的基础，后面的旋律以开头为动机，不断进行自由的发展与变化，却始终和动机保持联系的创作方式。本书所提及的引申法与音乐上的引申法类似，强调的是通过对问题不同维度的追问和延伸。在使用引申法时，人们常常从一个问题或观点出发，对问题或观点展开引申和深化，从而挖掘出问题背后更多的内涵。

引申象征法是一种极具关联性和发散性的思维训练方法，能够利用其他具象化的事物来反映抽象的心理想法、社会观念和文化现象。引申与象征都是应用广泛的艺术创作手法，我们常常能够在文学、绘画、音乐等各种艺术形式中见到引申象征手法。中国传统绘画中常见的梅、兰、竹、菊四君子，就是一种别样的文化象征。其中，梅花傲雪，常常被认为象征着有一身傲骨的仁人志士；兰花清幽，象征着不慕名利的世外高人；竹子笔挺潇洒，与正人君子类似；菊花凌寒，象征着隐士形象。利用引申象征法，可以更好地将创作者观念中的思想转化成具体可感的客观对应物。很多时候，创作者面临着内心想法的复杂纷繁与外在语言的单薄无力之间的矛盾和悖论。巧妙利用象征法就可以让创作者将自己内心的想法、情感寄喻在客观对应物之上，借助客观对应物的特点来抒发自己内心的真实想法。同时，利用引申象征法，创作者还可以使得作品的情感更加内敛，表达更加含蓄，有时会带来意想不到的惊喜。鲁迅是使用引申象征法的高手，在《看镜有感》中，他从一面小小的“海马葡萄镜”上用外来动植物做装饰，联想到自己所处的民国时代不敢再用洋花洋鸟，两相比较，进而得出“无论从哪里来的，只要是食物，壮健者大抵就无需思索，承认是吃的东西。惟有衰病的，却总常想到害胃，伤身，特有许多禁条，许多避忌”这一结论。

引申象征法在创意写作中的用处十分广泛，本书中对引申象征法的应用主要是在写作感受环节与选材环节，以及写作构思中写作观念的形成环节。例如，创作者如果想对文章的主题进行展开和升华，就可以使用引申象征法。使用引申象征法，可以让创作者在文章原有主题的基础上，对该主题进行追问和延伸，发掘出更深层次的内涵，由此达到升华主题的目的。引申象征法也可以用在一些驳论文创作中，例如鲁迅就常常利用敌对方的言辞，通过引申象征法挖掘出潜藏在这些言辞背后的立场和含义，以此充当攻击论敌观点的武器。

引申象征法在使用时要注重对核心点的引申和含义的深化，这同样要求我们在使用这一方法的时候，要对想要引申、深化的观点和内容有足够的了解和认识，以免错误地对其进行引申和象征。

八、排列组合法

排列组合是一种被广泛运用于数学计算的一种方法，排列指的是将指定个数的元素进行排序，而组合指的是在不考虑顺序的情况下将指定个数的元素分别进行组合。我国古代就有人提出过排列组合的相关问题，例如南宋时期的数学家杨辉在《详解九章算法》一书中就提出过“杨辉三角”。法国数学家布莱士·帕斯卡在1654年也提出过类似的概念。如图2－7，是“杨辉三角”的例子：

1
1 1
1 2 1
1 3 3 1
1 4 6 4 1
1 5 10 10 5 1
1 6 15 20 15 6 1
……

图2－7　“杨辉三角”算法举例

可以看到在这个三角形中，除第一行外，每个数字都等于这个数字上面的两个数的和。因此也可以将这个三角形理解为，除第一行外，每一行的数字都是由上一行的数字通过排列组合得来的。这就是数学中的排列组合。我国古代这样的例子还有很多，我们常见的天干地支纪年法就是古人对排列组合应用的实际例子：从十个天干和十二地支中各抽取一个元素，通过一定的排列组合规则来组成年份。此外，我们熟悉的八卦也是通过阴爻与阳爻的排列组合来构成64个卦象的。

创意写作中的排列组合法继承了数学中排列组合的思想，是一种在已有的素材库中选取合适的素材，经过一定形式的排序和组合，构思出新事物的思维训练方法。

如图2-8所示，我们可以在之前准备的素材中挑选出可能有关联的一部分，并把他们打乱重新排列和组合，以此来发现一些素材之中新的联系和组合的可能，并创造新的情节。由此我们也可以看出，排列组合法强调的就是在对素材重新整理的过程中激发出新灵感、创造出新事物。排列组合法成功的关键就是能否在素材的重新排列中发现新的东西，这和创作者的观察力、想象力密切相关。

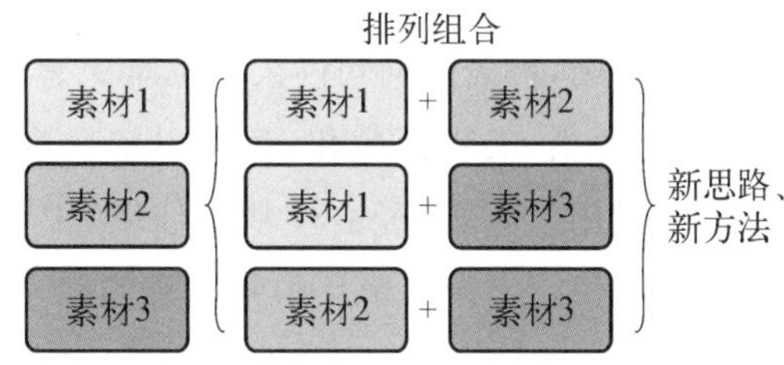

图2-8 创意写作中的排列组合法

运用排列组合法，可以从逻辑层面深入挖掘故事中各个元素之间的关联性，充分找到潜藏于素材之中的可能性，使得创作者在创作时可以将故事创作得更加丰富、饱满。同时，排列组合法也便于从多个角度塑造人物的性格，最大可能地帮助创作者挖掘素材的可用性。

九、强制关联法

强制关联法又称目录检查法（catalog technique）或目录法，指在思考问题或酝酿灵感时，一边查看数据性目录，一边强迫性地将翻阅到的信息和目标联系起来。强制关联法的核心在于非针对性的"联想"，建构二者或多者间可自圆其说的相互联系，从而打破思维定式，获得非逻辑性的想法和创意，通过对联想的训练来强化自身自由联想的能力。

强制关联法具有非针对性，创作者在翻阅和检索的过程中不预设、不期待，基于广泛的数据库（或目录）随机发现新意和灵感。强制关联法对活动目的不设限，但对数据库本身有一定的范围限制，"广泛"不是在网络上漫无边际地搜索，而是从自身建构的知识体系出发，依靠日积月累的多样素材，如摘抄，剪报等。近年来常有关于建立个人知识体系的讨论，随着信息技术发展，各类功能强大的软件为数据库的建立和扩充都给予了极大的便利，相比于剪报的物质条件限制，在云平台上素材类型的收集可以包括文字、声音、视频，同时还能够实现关联跳转等功能，适用于强制关联法所需的目录要求，可携带的设备能保证在各种场景下随时开展思维训练。有一个体系完备、检索便利的数据库，是强制关联法有效应用的关键。

灵感的形成并不依赖“顿悟”，它是有意的关联性训练的产物。我们可以任意选择两个素材，首先分别对二者的特性进行分析和提取，再将提取出的素材编辑分类，重新串联起来，从而形成原素材间的关联。

在进行创意写作的时候，我们常常会陷入固定关联的影响中，如中国古典诗词中的意象运用，一谈到月亮，就联想到思念、思乡之情，一提到秋天，就感到萧瑟、离别、肃杀的氛围，花红得像火，水平得如镜……这种不需要思考就能自动萌生要素的现象是植根于头脑中的思维和语言惯性，所以在文学中需要陌生化的处理，否则，再美的词句读久了也难免感到审美疲劳。要突破审美意象千篇一律的桎梏，实现陌生化，就可以依靠强制关联法，实现对隐喻、远取譬等技法的运用。电影《爱丽丝梦游仙境》中有一句为大家津津乐道的台词“为什么乌鸦像写字台”，影片中并没有答案，但我们可以把它当成一个运用强制关联法的切口：乌鸦可以像写字台，花朵可以冷得像冰块，水面可以平得像刚熨好的衬衫；在河流与时尚之间建立联系，在噩梦和未来之间寻找共性。草原不再需要骑马奔驰，而是驾着一条小船就能渡过去；春天不再温暖，而是祭奠死亡的季节。王尔德说：“第一个把花比美人的是天才，第二个用的是庸才，第三个就是蠢才。”这正是强制关联法训练的目的：实现创意创新。在文学之外，强制关联法依然能发挥它强大的作用。时尚业通过庞杂的目录来确定今年的流行风向，目录的内容包含了政治类、经济类、文化类众多信息，还有大量造型、单品以及流行色，将社会与时尚关联迸发灵感。例如广告公司和公关公司为了设计出新奇的策划，将情人节的概念与元宇宙结合在一起，打造出跳脱传统概念的活动。

从上文不难看出，强制关联法的目的是为了联想实践，但它在实际运用中可以产生诸多的变体以适应不同的需求，因此可以加以扩展。如设定一个强制触发另外一个事件的点，从而达成点到线（面）的绑定和关联。这种运用超出了联想训练的范围，继而成为一种记忆训练。比如，为了保证工人巡楼，将电闸气阀设置在最顶层，这就要求工人必须走完全程。

十、维度追问法

维度追问法也叫七何（5w2h）检讨法（如图 2－9），其中 5w 分别是 what（是什么），why（为什么），who（什么人），where（什么地点），when（什么时间),2h 是 how(怎么样),how much(多少钱/什么程度),通过不同角度的几个关键性设问来辅助思考,能够有效避免盲目性,把握核心问题。维度追问法就像一根思考的拐杖,在创作者创造力告急的时候为其提供帮助、给予方向,将创作者脑中杂乱的线团整理出端倪。从这个角度讲,它和德博诺的六顶思考帽法相似,“帽子就是思考的方向。每个人都必须能够且善于在各个方向上面面俱到”[①]。在整个思维的过程中,它属于问题解决的阶段,即将给定情境转化为目标情境的认知加工过程,[②]把一个模糊的问题变得边界清晰,同时给予自由发挥联想的空间。同时,它又是不断发现问题,反复排查盲点的重要手段。当我们被维度追问法问住,无法给出合理的、可信服的回答和解决方案时,就需要重新审视自己的计划或者内容。

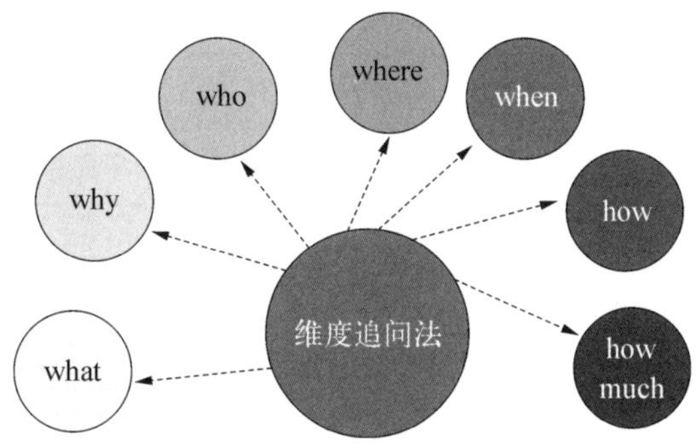

图 2-9　七何(5w2h)检讨法

维度追问法的适用范围十分广泛,小到个人的日常出行计划,大到企业的项目规划,都能借助维度追问获得条理性、逻辑化的指导,从而发现需要调整或者值得注意的细节。假如某同学周末计划前往山中游玩,为了考量这个活动计划的严密性、合理性以及其他相关因素,就可以利用维度追问法来进行分析。

如表 2-5 所示,在摆出各维度问题的答案后,就可以逐个再次分析答案的合理性,如预算是否每个人都能承受,烧烤活动的可实现性是否高,能否顺利达成放松身心的目的而不会加重疲惫感等,从而调整计划,顺利出游。

同样地,如表 2-6 所示,我们也可以将这种方法从日常生活中运用到创意活动领域,如某学校创意写作专业计划举办一场推介本专业、展现学生

---

① ［英］爱德华·德博诺:《六顶思考帽:如何简单而高效的思考》,马睿译,北京:中信出版社 2016 年版,第 8—9 页。

② 唐孝威,何洁:《思维研究》,浙江大学出版社 2014 年版,第 86 页。

风采的展览及相关活动，若苦于找不到创意，就可以利用维度分析法来扩展思路，找寻灵感。

表 2－5　关于旅游计划的维度追问法

5w2h	根据实际情况调整问题
what（游玩的形式是什么）	前往山中民宿过周末
why（为什么出行）	前一段时间的学习压力太大，没有得到很好的休息
who（有哪些人参与）	某同学自己和五位好友
where（去什么地方）	学校附近某山中民宿，能容纳六人入住
when（什么时间去）	周六早上出发至山中，周日上午返回
how（怎么打发时间）	中午购买食材做烧烤，晚上看电影
how much（花费）	居住人均 150～200 元，食材、零食和饮料人均 100 元

表 2－6　关于创意活动的维度追问法

5w2h	根据实际情况调整问题
what（是什么）	提供什么样的活动内容？参与者的期待是什么？
why（为什么）	活动能够吸引参与者的原因？
who（面向谁）	哪些人是我们的目标受众？
where（什么地点）	校园内的哪个位置适合搭建活动区？受众更偏向于线上还是线下活动？
when（什么时间）	什么时间能够有较大的人流量？
how（怎么开展）	什么活动内容是比较受欢迎的？
how much（什么程度）	参与者是否愿意完整体验，愿意深入参与还是浅尝辄止？

从以上两个简单的例子，我们不难看出，维度追问法作为一种工具性的思维训练方法，其使用方式具有极大的灵活性和机动性。首先，我们既可以把 5w2h 当作问题并作答（如表 2－5 的出行计划），也可以将 5w2h 作为用来触发提问的（如表 2－6 的活动策划）灵媒；其次，每个维度下可以再次分层分级，一个维度的问题不一定只包含一个回答，或者只能提一个问题，具有很强的纵深度和宽广度；最后，维度追问法虽然又称“七何检讨法”，但需

要明确的是“七何检讨法”只是一种理解方式，包括所谓的维度/问题也并非锁定在这5w和2h之中，它随时可以根据个体案例情况和需求调整，一般情况下只增不减，由此来达成更完善、更全面的结果。

维度追问法可以针对一个案例反复使用多次，如同筛珍珠一样，一开始用孔洞小的筛子，筛出一批残次品，再通过更换不同尺寸的筛子，最终挑选出个头大又圆润的绝佳珍珠。每次使用该方法，我们都需要通过调整各维度追问的内容，或细化，或扩展，最终达成当下的最优解。因此，维度追问法适用于情节和人物的构思、叙事视角的选取等多个具体环节。

十一、特征期待法

特征期待法指的是使用者在创意实践的过程中根据自身需求，观察和分析事物或问题的特性或属性，然后针对每项特性提出合适的构想，并以此作为创作的依据。特征期待法融合了美国尼布拉斯加大学的克劳福德(Robert Crawford)提出的两种创意实践法：属性列举法与希望点列举法。属性列举法也称特性列举法，强调使用者在创意实践的过程中观察和分析事物或问题的特性或属性，然后针对每项特性提出改良或改变的构想。希望点列举法也是克劳福德首创的创意思维训练方法，它是一种不断提出“希望”“怎么做才会更好”的设想进而探求解决问题和改善对策的技法。

如图2-10所示，特征期待法具有极强的针对性，能够对某一事物或某一问题进行分析，通过合理规划，获得想要的结果。因此，特征期待法对创意写作实践有着不可替代的巨大作用。对于一个创作新手而言，最好的写作训练是熟练完成在文学成规之内的模仿、对作品特点的模仿、对大师写作特点的仔细模仿。通过特征期待法，新手作家可以分析目标作品的特点，将其突出优势作为自己模仿和创作的特征，并据此展开自己的创作。以武侠小说为例，对于侠客这一形象，陈平原曾说：“侠客的基本面貌很大成分取决于文学传统的推移，而不是作家完全独立的创造，更不是社会生活的简单摹

图2-10　用特征期待法进行创作

写。”[①]就算是武林盟主的金庸也需要从前人的江湖题材中汲取素材，更不能忽略早期武侠小说作家还珠楼主对其产生的影响。同样的，当我们想要写一部武侠小说时，我们能完全脱离金庸古龙一代人对于我们的影响吗？21 世纪的武侠小说有何突破呢？对于这个问题，当代的武侠小说家们使用特征期待法，通过分析武侠小说的特征，给出了自己的答案：这涉及武侠的核心特征，即对侠义精神的当代理解以及重构。

特征期待法主要集中应用于作品修辞表达和修改阶段。三分写七分改几乎是每一个作家的共识，在传统写作教学中还流传着“永远不要随便把初稿给别人看”的箴言，但在创意写作训练中，工坊成员之间彼此阅读作品并给出意见，已经是创作过程中不可或缺的一环。特征期待法有两条应用之路：一是查缺补漏，二是推陈出新。这些都建立在对文学类型胸有成竹的基础之上，尤其是后者。浪漫主义的写作者可能一开始便幻想创作出前无古人后无来者的史诗巨作，但是事实证明，这类作品往往沦为无源之水，无本之木。在中国古典的智者看来，万事之本在于认识自身。写作后的修改，查缺补漏就是认识自身的不足，有利于我们将原本非理性的实际写作过程整理成理性的思维过程，这是通往职业化作家的道路，也是创意写作教学的应有之意。

特征期待法主要应用在文学创作的修辞环节及具体的修改过程中。创作者在使用特征期待法时，可以尝试着结合创作初衷，列举出期望通过创作得到的作品特征，并根据这些特征对作品进行修改，使得创作不偏离原本的构想。同时，创作者也可以根据文章的需求和环境，通过特征期待法为创作选择合适的修辞。总而言之，应用特征期待法，要求我们对作品事先具有清晰的定位或期待，这样才能以此为目标，展开比对，从而进一步在修改环节实现对作品的完善。

十二、归比演绎法

归比演绎法可以看作多种思维方式的合集，例如综摄法、类比法、归纳法、演绎法等。但究其根本，归比演绎法的底层思维方式源于哲学，尤其是与思维科学密切相关的逻辑学。归比演绎主要用到的是归纳与演绎两种思维模式，这也是哲学家用以观察世界的两种最基本的方法。

先说归纳法，它就像举例子和类比，一般存在于那些我们可以直接观察到的研究当中。例如，当我们观察到昨天的太阳东升西落，今天的太阳也东

① 陈平原：《千古文人侠客梦》，北京大学出版社 2010 年版，第 6 页。

升西落时，我们便可以归纳道：太阳东升西落。但需要强调的是，从理论的角度来说，归纳法并不能保障结果的真理性，它只能通过附加证据前提无限趋近于真理，但永远不可能等同于真理。因此很多理论在诞生之初，往往被称为“假说”。

当我们无法通过归纳论证来阐释抽象问题，如什么是爱情时，就需要借助演绎法了。说起演绎法，最广为人知的一种类别便是三段论，即所有A是B，C是A，所以C是B。当我们想要证明一个理论错误时，则通常会用到归谬法。先假设其为正确，再通过正确的假设得出错误结论，以此证明该理论是错误的。我们初高中时数学上的“反证法”，还有我们小时候都听过的“自相矛盾”的寓言故事，都使用了反证法。

在哲学家看来，归纳与演绎是人类两种不同的底层思维，近代西方哲学甚至围绕二者产生了经验主义与理性主义之争。西方哲学自亚里士多德以来强调演绎法的形式逻辑，可以视为西式思维的基石，但极端的形而上思维又不免落入空想。在现实中，思维活动往往是二者的结合，既是归纳又是演绎。如果我们将现实看作是时间与空间的复合体，那么我们就可以说：归纳是在共时性空间中，多角度地考察客体对象，同时类比、对比其他客体；演绎则是在历时性时间中，以一种历史视角推导事件结果，同样也可以溯流而上，追问历史最初的“创世纪”。

归比演绎法可以用于创作的整体风格打造、故事构思、人物构思、修辞等多个方面。例如在构思人物时，当我们开始想要塑造一个烂好人式的主人公时，我们便需要归纳思维，从我们的脑海中整理出那些我们认为烂好人会做的事和不可能做的事；同样，当我们塑造出一个烂好人式的主人公后，我们又会向自己提问，这个烂好人会干些什么呢？这时我们便需要借助演绎思维的介入推测出那个属于烂好人式的主人公的结局，同时又开始追问是什么将他变成了如今这幅善良过头的模样？通过归比演绎法，创作者可以根据现实世界，创造出现实不可能存在的故事，演绎出现实不可能存在的人物，这也是文学的魅力所在。

以上这十二种创意思维训练方法，基本表现了六种创意思维类型的核心意涵。从纵向来看，它贯通了创意写作的全过程和各个关键环节；从横向来看，它覆盖了创意写作涉及的各个问题和不同面向，纵横结合，互为补充，立体全面地打造了创意思维训练和创意写作实践二者密切交融、相互滋养的典范。这种类型和方法的设计，本身就体现了我们的整体性创意思维理念。

需要注意的是，这些方法和创作环节并不是逐一对应的。如树状导图法，可以在故事构思环节作为主要思维训练方法，也可以在人物构思环节灵活调整为人物关系构架的训练方法之一，而这种对思维训练方法的灵活调整，正是整体思维法的呈现。在真正的实操训练中，整体思维法是贯穿在创作的每一个环节的。在后面的章节中，大家会有更为真切的体会。

思考与练习

1. 你如何看待创意思维理论向创意思维训练的转换？

2. 在实际操作中，很多创意思维训练方法都可以和其他方法结合，以便产生更好的训练结果。针对以上十二种方法，你能找到多少种不同方法的结合方式？请结合自己的创作实践予以说明。

3. 除文中列出的创意思维训练方法外，你是否能够找到其他的创意思维训练方法？它们各是什么？你最喜欢哪一种？请讲出你的理由。

第三章　头脑风暴法：基于感受的灵感激发

本章提要：本章我们将通过约翰·厄普代克、翁贝托·埃科、斯蒂芬·金这三位作家的创作案例，分析作家基于感受激发创作欲望时对头脑风暴法的应用，明确头脑风暴法的一般程序和具体操作步骤，学习如何运用头脑风暴法激发创作，萌生思路。

第一节　案例分析

创意写作包含从感受、选材、构思、表达、修改到发布的一系列完整创作过程，感受作为其中第一个环节，是激发创作者的创作欲望和创作动力的重要一步。在本章，我们将对直接头脑风暴法和质疑头脑风暴法展开分析，介绍在个人和集体的创作环节中，如何基于感受激发创作灵感。

艺术来源于生活，在一定思维训练方法的帮助下，创作者可以通过感受生活中的人事物景、悲欢离合，借助种种外在事物或情感的刺激，使大脑变得活跃，在头脑风暴中激发出最初的创作冲动和思路萌芽。这种抑制不住的创作冲动和萌芽，人们时常称之为创作灵感。但需要注意的是，这种借助外界事物激发出的创作欲望，并非神灵附体的灵光乍现，而是构建在创作者已有的生活经验和个人经历之上人为激发出的产物，是系统化的思维训练的结晶。因此，在创意写作范畴下，称之为“创作的内驱力”更加合适。本章我们要说的头脑风暴法，就是这样一种基于感受的创作激发方法。

“感受”这个词，在《现代汉语词典》中有两种解释。其一为动词，指主体被动承受或主动接受影响的行为；其二为名词，指接触外界事物后，所得到的影响和体会。由此观之，创作过程中的“感受”，也可分为两种情况。其一，指创作者被动地受到外在世界的刺激及影响，或是主动去外在世界探求体悟、寻求外界刺激的现象；其二，指创作者通过上述感受行为，得到的刺激性结果。两者存在一定的因果关系，前者为因，后者为果。在创意思维训练的过程中，我们更应该关注作为动词的“感受”，关注感受的对象、感受的方式、感受的过程等，而非只抱着感受的结果高呼天赐。

许多人不曾意识到这一点，久而久之，开始习惯性地夸大创作的神秘性，认为只有那些天生的作家才能写作，从而陷入“作家无法教学”的误区。但事实是，不管是初学者，还是考场应试的中学生，甚至是成熟的作家，都不可能在奇思妙想出现后再动笔。没有思路的时候，有经验的作家往往会主动寻找外部刺激，激发头脑风暴，来为自己的创作提供启发。在诸多思维训练方法中，头脑风暴法是作家们在缺少思路、缺乏创作动力时，最常用、也最有效的方法之一。无数作家用自己的创作实践证明了这一点。

以约翰·厄普代克(John Updike)为例，他曾凭借《夫妇们》一书登上《时代》杂志封面。在书里，他讲述了十对夫妇的偷情故事，作者在接受《巴黎评论》采访时，提及这本书的构思过程和创作细节，表示该书的创作源泉来自有意识的自我刺激。为了让自己在创作中保持思维活跃，厄普代克这部作品的构思几乎全部在教堂完成。他通过观察教堂里男男女女们相处的细节，探索他们来教堂的目的，在各个人物之间建立关系并思考他们之间可能会发生的故事。在这个特殊场合和环境的刺激下，他敏锐地感受每一处细节，然后在脑海中展开头脑风暴，使自己保持活跃的思维，从而更好地投入创作。正是因为他主动寻求外部世界对个人的刺激，主动感受生活，才能展开天马行空但又不脱离生活的头脑风暴，也就有了《夫妇们》这部作品。

有些时候，人们认为头脑风暴是一种天马行空、漫无目的的胡思乱想，但从厄普代克的案例来看，我们不难发现，看似不作限制的头脑风暴，实际是需要围绕着某一个核心展开的。就像风筝飞得再远再高，也始终有一根线，牵引着它回到放风筝的人手中。展开头脑风暴的时候也是如此。只有作家们有明确的创作方向时，头脑风暴才能有效展开。性爱、宗教和艺术是厄普代克毕生追求的创作方向，因此在动笔之前，作家就已经知道风暴中心是什么，只是苦于素材的缺乏、切入点的茫然、故事的无从讲起、人物关系的不清不楚等多重原因，他才会来到教堂这样一个与宗教紧密相关的地方，将关注点放在美国小城镇的基督徒和中产阶级的两性问题上，在外部刺激的作用下强化感受，激发自己有针对性地展开头脑风暴。

那么当创作方向不明时，还能使用头脑风暴法吗？答案是肯定的。有目标的时候，头脑风暴可以让思维更集中；没有目标的时候，任何身边的人、事、物、景，甚至突然冒出的某个奇怪的念头，都可以成为风暴中心，给予创作者更大的选择空间和创作自由。意大利作家翁贝托·埃科(Umberto

Eco)在接受《巴黎评论》的采访时，提及自己创作《傅科摆》的经历。他表示，自己习惯关注生活里的每件事、每个小片段、每段对话，他刻意要求自己将生活中的细节和将要创作的故事联系起来。在看到一辆特别的车、一棵独特的树、一个奇怪的人之后，他都会展开头脑风暴，去思考这些内容是否能放在自己的故事中，是否能和自己的故事建立某种联系，是否能给自己的故事某种启发。只要创作者愿意，头脑风暴法可以贯穿在创作的每一个环节，能够在任何时间、任何地点激荡在作家的头脑中，源源不断地从作家感受生活的细节里汲取养分，并将之转化为作品的创作思路和有效素材，为作家服务。

美国作家斯蒂芬·埃德温·金(Stephen Edwin King)也在接受《巴黎评论》采访时提到过一段自身经历。他在缅因州布里奇顿度假期间，因摩托车出现故障，驱车前往修车师傅的农庄修车。在那里，他看到了一条圣伯纳犬。大狗冲着他狂吠低吼，甚至企图挣脱锁链扑咬他，幸好修车师傅及时出现，制止了大狗的行为并教训了它一番，斯蒂芬·金这才逃过一劫。后来，斯蒂芬·金家里买了一辆新汽车，同样出现故障，但开车的人是作者的妻子。先后发生的两件事情让斯蒂芬·金展开头脑风暴，他开始思考，如果是自己的妻子去先前那位修理师傅的农庄修车，同样遇到那条凶狠的圣伯纳犬，但修车师傅却恰好不在，这时候妻子要怎么办？紧跟着，他又想，一个女人为什么会独自驱车出门？她的丈夫呢？狗声沸腾，农庄里是否还会有其他的人听到声音，来帮助这个女人呢？如果没有的话，农庄里的人都去了哪里呢？女人会被坏脾气的大狗咬到吗？如果这个狗不仅脾气坏、叫得凶、牙齿锋利，甚至还有狂犬病怎么办……种种奇思妙想与创作的可能性在这个头脑风暴的过程中自然流泻。因此，我们不难发现，头脑风暴法是一种能够让人的想象和思绪无限延伸的发散性思维方式，哪怕只是围绕一个小点，也能延展出无数天马行空的构想。

翁贝托·埃科从生活中的汽车、树木、对话等激发出关于《傅科摆》的创作思路，斯蒂芬·金也借生活中的偶发性事件，创作出《狂犬惊魂》里的狂犬故事。这些都是作家应用头脑风暴法来激发创作的有效例证。以上案例都在告诉我们，不管作家们在创作前是否有明确的创作方向，为了让自己能够有足够多的备选思路，头脑风暴都是他们在创作中必不可少的重要环节。在有目标的时候，需要围绕目标展开头脑风暴，结合作家自己对生活的感受尽可能多地调动思路。在没有目标的时候，也可以主动走进生活、感受生活，进行实践转换，并结合头脑风暴法，围绕身边所能接触到的，以及以往所看到的、听到的、经历的一切，来激荡思维，为创作生成创意。毫无疑问，只要我们愿意，就能围绕身边任何一个能够带给我们感受刺激的事物展开头脑风暴，延伸出诸多想象。

但这些头脑风暴的结果未必都适用于创作，也并非所有结果都可以给创作者的创作带来启发。在初步的头脑风暴结束后，创作者还需要围绕既有结果，展开质疑分析，选择那些真正有用的构思和想法。甚至在既有结果的基础上进行删减、组合、完善，进行二次头脑风暴。

事实上，大多数好的想法，都需要经过创意思维训练的加工，才能不断完善和修正。在训练过程中，创作者原有的人生经验、生活经历，所有他们见过和感受到的一切事物，都是播撒下的种子。经过思维训练这个浇水灌溉、除虫施肥的劳作过程，那些有价值有意义的种子最终才能展现出生根发芽和茁壮成长的可能性，结出丰硕的果实，生成作家的创作欲望和创作思路。

当然，我们也可以换一种理解方式。感受是激发创作的中间环节，感受的对象，是创作主体在现实生活中接触到的方方面面，可以是人、是事件、是事物、是景色、是一句话、是一本书，也可能是某个冒出来的想法。所有这些对象，在被创作者捕捉和感受到之后，都会有意识地进入思维训练的环节，在创作者头脑风暴的作用下，生出更多的可能性。这些可能性中，有些能够应用于创作，有些不能，而能够被运用在创作中的那一部分，就是我们通常认为的“灵感”。这一具体过程如图 3－1 所示。

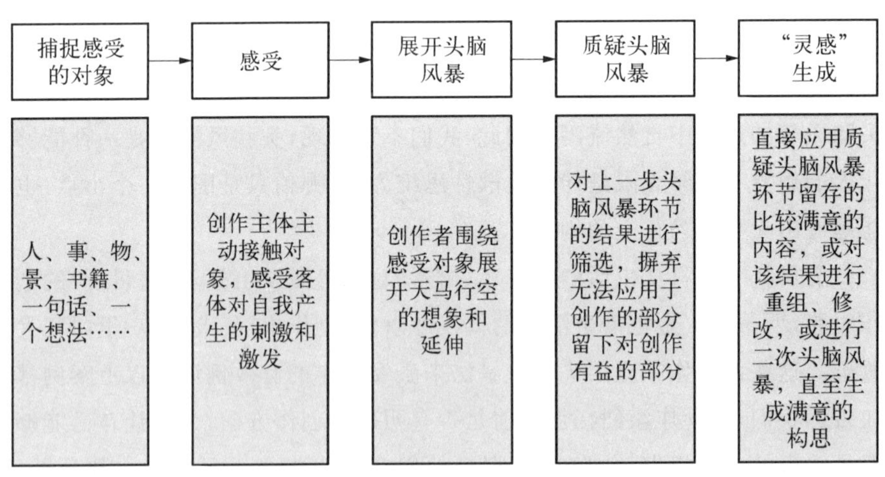

图 3－1　头脑风暴生成灵感的过程

以上作家的经历，给我们提供了个人创作中头脑风暴法的应用实例，网络文学“九州”系列小说的创作，则是集体头脑风暴法的成功案例。宏大的九州世界观，指的是最早由遥控、潘海天、今何在、水泡、江南、斩鞍、多事七位奇幻小说作家在中国传统神话体系的基础上，展开集体头脑风暴，创造出的拥有详细设定的虚拟世界。最终这一世界观成为所有九州背景下的奇幻小说和影视作品所共享的世界观设定，被后来者应用的同时，也在不断扩充完善。此外，集体头脑风暴在广告文案策划、影视剧制作、企业团队决策等集体决策环节中有着更广泛的应用，相关案例更是俯拾皆是。以影视剧制作为例，任何一个呈现在观众面前的影视作品，都是编剧、导演、制作方等展开集体头脑风暴并围绕灵感加工完善的产物。

但需要留意的是，不管是个人头脑风暴，还是集体头脑风暴，都应建立在感受的基础上，只有提高感受能力，才能捕捉到更多可以展开头脑风暴的对象。同时，头脑风暴法并非完全不受限制，而是需要围绕一定的核心来展开。最后，头脑风暴的结果，还需要经历质疑头脑风暴环节，才能保证其有效性。

第二节 操作要点

在创作前端，基于感受调动创作内驱力时，最常用的方法就是头脑风暴法。此外，还可以采用引申象征法、逆向思考法、树状导图法、实践转换法等多种思维训练方法作为辅助。引申象征法在感受环节的应用，更多侧重于线性思维的深层延伸。如看到“竹子”这一事物，可用其中空的特征引申虚怀若谷的品性或胸无点墨腹中空空的不足，也可将竹节的外在特征引申为高风亮节的气节等；逆向思考法在感受环节可以帮我们借助逆推的方式反向感受，提供创造性的思路；树状导图法则更多帮助我们有效梳理已有构思，归总分类，使感受所得的结果更有条理；实践转换法则能够在没有创作思路的时候，通过对创作者现实经历进行转换，启发创作。正如前文所说，思维训练方法的应用，绝对不是简单的一一对应，方法只是手段，最终目的是要在感受的基础上生成创意。所以只要能够满足创作需要，在具体操作过程中，就不必过分拘泥思维训练方法的使用，而是可以将多种方法搭配起来综合使用。这一节主要介绍在创意写作的感受环节，如何使用头脑风暴法。

一、头脑风暴法的一般程序

作为非关联性发散思维的一种，头脑风暴法可分为直接头脑风暴法和质疑头脑风暴法。也就是说，我们通常意义上的头脑风暴，其实应划分为两个阶段：第一阶段，个人/团队围绕某一问题展开头脑风暴，尽可能多地提出创意构思；第二阶段，针对所记录的构思展开质疑性评论与判断，分析其可行性的同时，进行修改，抉择出最佳创意或解决方案。

创意写作思维训练下的头脑风暴法应重点关注第二阶段的质疑环节，要求围绕既有的创意/构思展开聚焦性的、质疑和批评性的发散思考，最终得到有效创意。所有的创意构思都不是空中楼阁，其根基是作家在现实生活中累积的所有个人经验和人生经历，以及所观、所感、所学、所知。所有这一切都要基于实践的体验和感受，与头脑风暴的思维训练相结合，才能真正生成创意写作视野下的头脑风暴训练法。

头脑风暴法按照参与的人数，可以分为集体头脑风暴和个人头脑风暴两种。但不管人数多还是少，从操作流程和程序上来讲，都分为两步：

（一）直接头脑风暴

人们通常认为，头脑风暴就是在脑海中进行天马行空、漫无目的的想象，实则不然。高效的头脑风暴是戴着镣铐跳舞，是基于某个核心对象展开有目的、有意识的思维发散。从这一点来讲，创作者要想展开头脑风暴，就离不开某个特定的对象。在创意写作思维训练中，这个特定对象，可以是给定的创作方向，也可以是某个思路雏形，这时候，创作者围绕目标尽情发散即可完成直接头脑风暴；但大多数情况下，创作目标往往不明，这就需要借助那些能够刺激创作者感受能力的事物。因此，创作者需要提高自己的感受能力，通过在现实生活中捕捉对象，来为头脑风暴服务。捕捉头脑风暴的对象，可以从以下几个角度入手：

1. 阅读对象

阅读实践虽然是一种间接经验，但由于每个人的时间精力有限，能够切身体会和捕捉的生活对象也有限，而阅读对象却可跨越时间空间，纵横古今中外。创作者可以充分调动自己的阅读积累，让阅读的所得所感成为头脑风暴的对象，在最大程度上扩充提供刺激的客体。相较于平实的生活对象，阅读对象能带给我们更多新奇多样的思维激荡，能够快速有效地刺激创作者进行头脑风暴。出于这一点，在平时的阅读中，创作者必须要做好笔记，及时记录那些能够激发自己感受的内容和萌生在脑海中的种种想法。

2. 生活对象

艺术来源于生活，生活中的人、事、物、景都可成为创作者笔下的描写对象，因此我们看到的花鸟鱼虫、男女老少、喜怒哀乐、悲欢离合、春夏秋冬，都可以成为激发感受、展开头脑风暴的对象。个人亲身体验过的实践经历，会带来更加深刻的印象和深层感悟。每个人自己的生活经历，都是一笔宝贵的财富，而创作者的作品中，也或多或少或直接或间接地体现着个人实践经历和生活际遇。因此，充分挖掘生活对象，对头脑风暴的展开大有裨益。

3. 实践对象

当生活对象不足以刺激创作者感受，阅读对象也无法给予创作者启发的时候，我们可以根据现实条件，主动寻找必要的实践对象来进行现实转换。譬如柳青在写作《创业史》这部跨时代的恢宏巨作时，因为感受到情节发展在因果关系和逻辑过程上有很大缺陷，在人物描写及现实生活写照和反映中也有诸多问题，所以为了吃透蛤蟆滩的历史，他一直奔波在熟悉本地历史的老人之间；为了更好地进行创作，他更是把家从北京迁到陕西省长安县皇甫村，和农民们生活在一起。他曾表示，作家要深入生活，“要具有人物的感觉，不是体验一次就能达到的，而是反复体验，反复思考，才有可能具有写出生动细节的能力。”对许多枯坐书斋的创作者以及生活阅历不足、经验匮乏的青年人来说，倘若在最初的感受环节出现障碍，那么通过实地采风来接触生活、捕捉实践对象，会是一个帮助头脑风暴有效展开的方法。

（二）质疑头脑风暴

通过直接头脑风暴法获得的思路属于初步创意，可以给我们提供大致的创作方向，但从艺术性、独特性、开创性等各个方面而言，却相对粗浅。因此创作者还要围绕初步创意，展开质疑头脑风暴。在这个过程中，需要保留能够为创作提供帮助的要素，摒弃那些无用的遐思。如果初步得到的创意不尽如人意，创作者也可根据实际需要，对初步创意进行合并、删减，甚至以初步创意为依托，再次围绕它展开二次头脑风暴，直到得出满意的结果。

质疑头脑风暴的展开，要遵循两个原则：

1. 质疑是为了提高效率，提炼优化创意

对直接头脑风暴的结果进行质疑，不是为了否定而否定，而是为了提高效率，删减掉那些冗杂的、不切实际的、不能为创作者所用的部分，以便创作者能够将注意力集中在那些行之有效的、能够被进一步完善的创意结果上。保留那些有用的头脑风暴结果，集中精神和注意力，对这些筛选出来的结果进行修正完善，往往能够进一步提炼和优化创意结果。

2. 质疑筛选的标准与需求相关

在质疑头脑风暴环节被排除在外的结果，并非完全无用，它们只是无法满足创作者当下的需求。因此对于那些暂时用不到，但以后未必不能用到的结果，我们可以将之记录下来，以备之后使用。譬如陈小手《铁盒里的花瓣》一文，关注青少年成长，涉及到重组家庭、师生关系等多方面的内容，但仍有值得改进的空间。譬如在对创意构思进行质疑头脑风暴取舍的时候，可以留下那些与主人公小宇的生活成长息息相关的内容，其他与青少年成长有关但与主人公无关的部分，则可以暂时搁置，以备他用，避免文章因企图面面俱到导致重点不明。

二、头脑风暴法的面向

头脑风暴从本质上讲是一种思维的发散，它在写作过程中的面向非常广泛，在感受、选材、构思、表达甚至修改等阶段，都可以采用头脑风暴法来不断完善和丰富作品。

在感受环节展开头脑风暴，能够最大程度地强化创作者的感受能力，激发出更多的创意构思，调动创作者的创作欲望。

在选材环节进行头脑风暴，可以有效激活素材储备，也能为创作者搜集到更多样化的创作材料，让作品的选材更加丰富多样。

人物构思时，使用头脑风暴法，有助于人物形象的塑造和人物关系网的搭建，能够塑造出具有多个面向的鲜活人物，避免人物刻板僵化，也能从人物的性格、经历、背景等多个角度展开头脑风暴，让人物更加丰满。

情节构思时，使用头脑风暴法，能够开拓思路，为故事延展出更多发展的可能性。如主角遇到困难时，思考他是否能独自完成挑战？如果不能，最终结果是成功了还是失败了？如果成功了，中间又发生了什么事？是有人突然出现帮助了他吗？那么这个人是谁？和他有什么渊源？还是因为设置障碍的人突然撤除了障碍？为什么要撤除障碍？诸如此类关于情节的头脑风暴，可以让情节构思逐渐明朗化，也能让故事拥有更多可能性。

三、头脑风暴法的具体操作步骤

在感受阶段，头脑风暴是对创作主体所接触到外在客体进行系统加工，以便激发创作欲望和创作思路的思维训练方法，是进行中间转换的工具。这一阶段，如果能运用好头脑风暴法，将会给创作者提供源源不断的创作思路，避免创意枯竭。头脑风暴法在感受阶段的应用步骤如下：

（一）刺激感受，确定方向

创作的第一步，是明确自己的创作方向。具体来讲，就是弄清楚要写什么。从生活出发，借助外界对象刺激创作者的感受，对现实生活进行实践转换，能够有效帮助创作者捕捉到创作方向。前文我们已经介绍过，能够刺激感受的外界对象，包括创作者的阅读对象、生活对象、实践对象三类。但创作对象并不完全等同于创作方向，对象是工具和素材，方向则是目标。

比如，创作方向是描写某个乡村女性的一生，那么在刺激创作感受时，我们就可以把这个女人的从小到大的生活环境、身边的亲人朋友、经历的事件、婚姻经历等作为捕捉对象。对象是具象的客体，方向则是抽象的创作目的或题旨。用心感受这些对象，接纳它们对我们的刺激激发，能够有效帮助我们确定创作方向。

（二）围绕方向，展开直接头脑风暴

外界对象是创作的原生素材和雏形，此时的创作方向也只是一个大概的创作范畴，并非最终完备的创作构思。因此，还需要经过头脑风暴这一工序，保证外界对象对创作者形成了有效刺激，以便经过辩证的发散和分析，凝结成可应用于创作实践的创意构思。这一环节主要包含以下步骤：

1. 明确风暴方向

在展开头脑风暴之前，试着问一问自己，通过这次头脑风暴，我想获得哪方面的信息？我想在哪一方面产生思路碰撞？我想构思的内容主要侧重于什么？我需要它们为我的哪些创作服务？诸如此类。头脑风暴一定是围绕某个预期的问题展开的，这样才能保证转化方向和内容的准确性、集中性。

2. 及时记录风暴结果

在直接头脑风暴过程中，随着思绪的游走飘飞，会产生许多天马行空的构思，但它们往往稍纵即逝。因此，在直接头脑风暴过程中及时记录生成的想法，能够最大程度保留头脑风暴的结果，避免好的创意一闪而过。集体头脑风暴时，往往会有专门的记录员来记录头脑风暴结果。个人头脑风暴时，则需要个人同时承担起参与者、主持者、记录员等多个身份，既要快速运转大脑调动思维，又要把控尺度不让头脑风暴偏航，还需要及时记录头脑风暴结果。

需要留心的是，在集体头脑风暴过程中，团队成员需要独立思考，尽可能避免受制于个体意见；同时，在头脑风暴的过程中，应尽可能多地展开想象，但想象要围绕某一个固定的内核，进行有针对性的思维，避免无效构想浪费时间。

（三）展开质疑头脑风暴，优化创意

通过直接头脑风暴获得的启发，大都是基于外部刺激生成的主观感受，往往良莠不齐，大多数无法直接投入使用。质疑头脑风暴环节类似提前进行风险和价值评估。质疑的目的是为了让创意更加完善。这时候，需要我们摒弃那些完全无用的部分，将注意力集中在优秀的创意结果和修改之后可用的创意结果上，不管是重新组合，取长补短，还是基于某个结果再次展

开头脑风暴发散延伸，最终目的，都是为了不断优化创意，得到我们想要的结果。

质疑头脑风暴在直接头脑风暴之后。为了保证思路不被打断，在进行头脑风暴的过程中，暂时不要对有效构想展开评价判断，所有的评价以及修改，都应放到头脑风暴第二阶段的质疑头脑风暴环节展开具体讨论和完善。头脑风暴结束后，可以进行小组讨论修改，也可以个人独立修改，举一反三，完善创意。

第三节 写作指导

一、头脑风暴法的实际应用

前两节，我们以作家的创作实践为样本，证明了头脑风暴法能够基于创作主体对外部对象的感受，实现创作激发。头脑风暴环节分为直接头脑风暴和质疑头脑风暴两部分，在直接头脑风暴时，我们可以借助阅读对象、生活对象、实践对象三类外界对象，实现对创作者感受的刺激。这一节，我们将以本书附录小说《一桩事先张扬的绑架案》为例，具体介绍头脑风暴法在写作实操中的应用。鉴于该小说由编者们共同协作完成，成文过程完全遵循本书所讲的诸多思维训练方法，因此本节我们主要以集体头脑风暴法的应用为例。至于个人头脑风暴法，其操作流程与实操要点，与集体头脑风暴法基本相同，完全可以进行类比对照。接下来，我们展开具体分析。

（一）刺激感受，确定方向

命题性的创作，不管是给定具体的创作题目，还是给定大致的创作方向，都在一定程度上划定了创作范围，能够有效减少创作者前期在创作方向上的停滞时间。但“题目不限，内容自拟”的非命题性创作往往更为常见。在这种情况下，创作者具有最大程度的选择机会，但选择的多样化，也容易让创作者在诸多备选项中，陷入选择困难，甚至出现主观上想要创作作品，但客观上不知道写什么的情况。可以说，非命题性创作，比命题性创作多出了确定方向的环节，因此，我们的创作指导选择以非命题性创作为主，以便增强其普遍适用性。以《一桩事先张扬的绑架案》为例，我们确定创作方向时，可以借助以下外部对象来刺激感受：

1. 阅读对象

主观上，一个人可以选择任何感兴趣的题材进行创作；但客观上，每个人都不可能对所有的领域和创作类型绝对熟悉。而创作者想要创作出一部优秀的作品，必须对相关领域有一定的了解甚至深入研究。熟悉的领域，也会让创作者在写作时游刃有余，更好地激发头脑风暴，生成创意。个人实践经验往往有限，因此阅读成为创作者最容易激发和捕捉创作思路的环节。在《一桩事先张扬的绑架案》一文拟定创作方向时，因为没有任何限制，创作团队首先从团队成员的阅读实践出发，初步拟定备选的创作方向为现代言情、青春成长、古代言情、武侠奇幻四大类。

2. 生活对象

阅读实践划定了粗略的熟悉范围，但要在短期内创作出内容上经得起推敲，情感上能引起共鸣的作品，仅靠阅读获取的间接经验，并不足以支撑需求。此时，创作者如果具备一定的个人经历，就能够降低创作难度，也能让作品更加逼真生动。纯言情类小说在深度上不易把控；武侠类和奇幻类小说本身有约定俗成的背景框架和读者习以为常的设定规则，束缚较多，且距离创作者的生活较远，需要花费大量的时间查阅资料；青春成长则是团队成员共同的记忆，也更容易与当下生活相结合，挖掘现实深度。因此，综合考虑之下，青春成长类小说在确定创作方向环节脱颖而出，成为本创作团队的最优解。这并不是说我们的方法只适用于此类小说，而是说在具体的创作实践过程中，创作者需要根据自身实际情况和创作需求，做出相应取舍，在诸多选择中，找到最适合自己的创作方向。

3. 实践对象

创作者固然可以选择在个人阅读或个人实践都比较熟悉的领域进行创作，但在不熟悉的领域展开创作也未尝不可。这种情况下，需要根据个人条件，通过采风实践活动来掌握更多资料。采风的目的，是就地取材，更是通过实践机会，碰撞出好的创意和思路。青春成长类小说选材多样，人物年龄空间充足，内容涉及青春期懵懂的情愫，少年人成长过程中的学习困扰、人际关系困扰、家庭困扰对象牵扯到校园、朋友、原生家庭、亲子关系，乃至社会问题。团队成员在网上查阅了近年来青少年成长问题的相关资料，还在线下接触了一些初高中生，在了解他们在成长过程中的烦恼与困扰后，最终决定将故事限定在一个初二年级的中学生身上。

（二）围绕方向，展开直接头脑风暴

头脑风暴作为一种发散性思维，并不能漫无目的地随意发散，而是需要围绕某一个内核具体展开。在我们此次的创作中，这个所谓的内核，就是上一步选定的“初中二年级男生成长问题”这个基点。围绕这个基点，我们展开如下头脑风暴，思考在这个年龄段的少年人，会面临怎样的成长困扰与难题。头脑风暴过程实录如表 3 - 1 所示：

表 3－1　初中二年级男生成长问题头脑风暴

学校	校园风气	同学关系	师生关系	学生心态	……	
家庭	家庭经济	父子关系	母子关系	父母关系	手足关系	……
个人	成长背景	个人性格	个人外貌	日常爱好	认知习惯	……
社会	邻里关系	社会舆论	……			
其他	……					

以学校同学关系一项为例展开头脑风暴，主人公可能在校园受欢迎，也可能在学校里不被同学喜欢；可能有三两好友，也可能独来独往，没有一个朋友。师生关系一项，主人公可能品学兼优，又或者学习差但性格好，热心班级事务，受老师喜欢；也可能调皮捣蛋，叛逆，又或者时常搞怪，是个让老师头疼的问题少年。家庭关系一项，主人公可能家庭幸福美满，经济条件良好；也可能家庭幸福但经济上捉襟见肘；可能家庭富有但父母时常争吵，父母正在闹离婚或者已经离婚。亲子关系一项，父母可能疼爱子女，善于表达；也有可能不善于表达，引起误会；父母可能一冷一热，也可能都属于虎爸虎妈，还有可能出现父母偏心另一个孩子的情况……

如此种种，我们可以利用直接头脑风暴法，发散出多个不同的可能性，碰撞出多种思路，成为我们作品创作的备选项。但需要注意的是，这一步的风暴结果只是相对粗糙的雏形，还需要通过质疑头脑风暴进一步完善这些结果。

（三）展开质疑头脑风暴，优化创意

头脑风暴的第一个阶段，可以提供给我们诸多备选方向，但如何在众多选择中，选取更适合创作，或者说更有看点的故事，则需要我们在质疑性头脑风暴这个第二阶段进一步质疑取舍，优化创意。事实上，质疑性头脑风暴一直贯穿在我们创作的整个过程。譬如上一步创作激发阶段，“成长现实问题——初中二年级男生成长问题”这个基点敲定的过程，本身就暗藏了权衡之后的质疑取舍，当时我们的考量如表 3－2 所示。

表 3－2　关于人物年龄设定的第一次质疑头脑风暴

年级段	创　作　优　势	创　作　劣　势
小学	故事构思相对简单	1. 主角的主观能动性较差； 2. 受制于年龄和认知能力，作品深度不易把控

续 表

年级段	创 作 优 势	创 作 劣 势
初中	1. 该年龄段学习压力相对较小，校园生活及课外生活相对丰富，可创作的点较多，能多角度呈现主题； 2. 处于青少年性格塑造的重要阶段，可借由孩童成长问题，折射校园、学生、家庭、社会的各个层面	主题过于沉重深刻时，容易出现年龄与人物性格不符、人物早熟的情况
高中	角色思考程度加深，认知能力相对有所提升，主观能动性相对较强	1. 高中课业压力大，聚焦点大多集中在学习方面，过多涉及课外生活容易偏离现实； 2. 该年龄段人物性格已成型，人物性格变化在较短篇幅内不易赋予合理性
大学	创作选项丰富，可同时容纳校园、社会等不同范畴进入创作视野	选择性过多，在集体难以达成统一的情况下，不易圈定具体创作方向

通过以上质疑头脑风暴环节的分析对比，我们会发现，主人公处在初中和大学，会是两个相对容易创作的年龄段。相较之下，初中所涉及的创作方向，大致限定在校园和家庭两个主要方面。大学阶段的故事创作拥有更多可能性，但影响因子较多，不易进行定量分析。我们此时的目的，恰是为了确定具体的创作方向，因此对于创作者而言，过多的选择，反而会成为一种干扰；反倒是限定性的创作，更容易帮助我们明确创作方向。因此，质疑头脑风暴环节的结果表明，将主角的年龄段拟定为初中生更加合适。但这样的选择仍然不够细化。因此，我们如表 3－3 所示，再做进一步的质疑取舍和择优。

表 3－3　关于人物年龄/年级段设定的第二次质疑头脑风暴

年级段	创 作 优 势	创 作 劣 势
初一	学业压力相对较小，可展现的层面相对较多，学习与生活并行	1. 主角初入校园，相对稚嫩； 2. 人物心理相对单纯
初二	1. 学业压力相对较小，可展现的面相对较多，学习与生活并行； 2. 年龄相对适中，便于塑造小大人人设； 3. 介于从稚嫩走向成熟的关键阶段，人物内心丰富	无

续　表

年级段	创　作　优　势	创　作　劣　势
初三	1. 便于聚焦学习相关内容； 2. 人物学习压力大的情况下，更容易放大情绪，激发矛盾	学业压力大，课余时间少，主角行动受限

经过第二次质疑头脑风暴，我们发现，人物年级段设定在初中二年级更有可写性，因此，为了让人物在成长过程中的问题有更大的暴露空间，我们初步确定小说类型及创作方向为：以初二年级男学生为主角的，展现校园、家庭以及青少年成长问题的青春成长类小说。但只做到这一点还不够。前文我们通过第一步的头脑风暴，碰撞出诸多与成长问题相关的可能性，那么接下来，需要运用同样的质疑头脑风暴法，对师生关系等诸多备选项展开质疑比对。值得注意的是，此处所谓的优劣，并非绝对的好与坏，而是指该选项的创作空间与可写性。或者再具体一点，是对初学者而言，何者更容易掌握和操作的比较。具体如表 3－4 所示。

表 3－4　关于主人公校园关系设定的质疑头脑风暴

校园关系	创　作　优　势	创　作　劣　势
与同学、老师关系融洽	1. 人物形象正面，出现问题时，冲击力更强； 2. 成长问题多集中在心理方面	人物设定偏积极向上，成长问题暴露需要充分的合理性
与同学相处融洽 与老师关系僵化	与不同对象的不同关系，可以形成对比，利于凸显人物形象	成长问题多集中于学习方面，心理方面的问题没有展现空间
与同学关系僵化 与老师相处融洽	与不同对象的不同关系，可以形成对比，利于凸显人物形象	家庭、师生关系等方面的问题缺少呈现的空间，人设也容易滑向负面
校园关系僵化 独来独往没有朋友	1. 人物外在和内在都有相对较大的挖掘空间； 2. 视角相对集中，便于控制短篇小说中的出场人物数量	在将校园、家庭、个人等多个层面的问题集中且有重点地呈现方面有一定挑战性（但处理得当会带来强烈冲击力）
校园关系僵化 但有三两好友	1. 人物外在和内在都有相对较大的挖掘空间； 2. 可以结合好友视角，展现人物的另一面	1. 短篇小说中出场人物过多，容易陷入赘余冗杂； 2. 多人物需要避免性格和功能的雷同刻板

经过上图对主人公校园关系展开质疑头脑风暴，我们不难发现，最后两种校园关系僵化的设定，其想象和写作空间会更加充足。如何在后两者中做

出取舍，同样可以结合其他创作标准来展开质疑头脑风暴。如表 3－5 所示，我们可以先结合主人公的家庭关系进行考量。

表 3－5 关于主人公家庭关系设定的质疑头脑风暴

家庭关系	创作优势	创作劣势
独生子女 家庭和谐	1. 人物形象正面，出现问题时，冲击力更强； 2. 成长问题多集中在心理方面	矛盾相对单一
独生子女 父母不和/离异	1. 父母关系可作为主要成长问题出现； 2. 父母对子女缺乏关注可以作为成长问题出现； 3. 家庭关系和校园关系便于形成呼应	情节容易老套
非独生子女 家庭和谐	1. 人物形象正面，出现问题时，冲击力更强； 2. 成长问题多集中在心理方面 3. 手足关系可作为切入点	矛盾相对单一
非独生子女 父母偏心	1. 父母关系可作为主要成长问题出现； 2. 亲子关系可作为成长问题出现； 3. 父母的不公对待，可以进一步激发矛盾； 4. 手足关系有加工空间； 5. 家庭关系和校园关系便于形成呼应	情节容易老套
非独生子女 父母离异	1. 父母关系可作为主要成长问题出现； 2. 亲子关系可作为成长问题出现； 3. 父母的不公对待，可以进一步激发矛盾； 4. 手足关系有加工空间； 5. 两个家庭之间的对比，可提供更多设定空间； 6. 家庭关系和校园关系便于形成呼应	1. 短篇小说中需要适当把控人物数量； 2. 次要人物要避免刻板

借助上述质疑头脑风暴，我们不难发现，要想更深入且多角度地呈现成长问题，可以将人物家庭关系设置为“非独生且父母离异”。再结合前文我们对校园关系的判断选择，最终出现如表 3－6 所示的两个备选项，方便我们进一步展开质疑头脑风暴，进行优劣比对。

表 3－6 关于主人公成长背景设定的质疑头脑风暴

人物背景质疑头脑风暴	创作优势	创作劣势
非独生，父母离异 校园关系僵化， 独来独往没有朋友	1. 减少了短篇小说中次要人物的数量，重点更集中； 2. 可弱化校园线，以家庭问题为主，问题更突出	家庭线围绕家庭关系展开，需要更多考量如何避免老套，脱离俗常情节

续　表

人物背景质疑头脑风暴	创作优势	创作劣势
非独生，父母离异 校园关系僵化， 但有三两好友	1. 校园问题和家庭问题并行，呈现的角度更多元； 2. 朋友视角便于展现主人公的另一面	1. 校园线和家庭线并行，出场人物过多，容易削弱故事呈现； 2. 主次取舍需要认真考虑，防止出现什么都想写，什么都没有深入展开的情况； 3. 次要人物过多时，人物设定容易走向刻板僵化

经过以上不同维度的质疑头脑风暴比较，不难发现，如果创作的是短篇小说，那么为了让故事更集中，就需要在出场人物数量上做出限制，同时在问题呈现点上，要避免面面俱到却都不够深入的情况，必须有针对性地围绕某一个核心线展开。以《一桩事先张扬的绑架案》为例，小说的校园线和家庭线可以彼此关联，但需要有主次之别。这种时候，受制于篇幅，校园线可以简单带过，家庭线因为人物关系对比鲜明，可以选择深度聚焦。由此，我们可以将创作方向进一步精细化为：

以一个非独生且父母离异、生活中没有朋友、校园关系也不够融洽的初中二年级男学生为主角的，展现青少年成长过程中校园、家庭问题的青春成长类小说。

到了这一步，我们的故事已经有了基本雏形。但是更进一步的，发生在主人公身上的具体事件有哪些？相关次要人物又有哪些？这些人物都有怎样的性格？他们之间有什么联系？主人公如何在这样的环境下成长蜕变？诸如此类的问题，都需要我们在随后的选材、构思等章节深入展开。但就利用头脑风暴法，基于感受激发创作欲望、生成思路这个环节而言，我们已经完成了核心任务。

二、注意事项

因为每个创作者要面对的创作境况不同，头脑风暴法在实操过程中也应具体问题具体分析，不可一味拘泥。具体来说，有以下几点需要注意：

（一）灵活搭配，避免刻板

在创作的任何一个环节，思维训练方法的使用都并非固定程式。以头脑风暴法为例，虽然质疑头脑风暴一般被视作头脑风暴法的第二阶段，但针对一些极易判断的结果，是可以及时质疑并做出取舍的，创作者可以在前期就大胆排除一部分内容，减少第二阶段的工作量，提高效率。

同样的，思维训练方法只是手段，最终目的是为创作服务。只要能够最大程度地达成目标，就不必限制方法的使用，更不必拘泥于某个单一的方法。好创意是多种方法结合，相互促进生成的结果。本章虽然以头脑风暴法为主，但其他方法，如引申象征法、逆向思考法、树状导图法、实践转换法等，依旧可以在感受环节激发创作驱动力。

（二）注重积累，及时记录

创作思路可以借助一定的方法激发，但与其在写作时感叹“书到用时方恨少”，不如注重平时的积累，在许多好想法一闪而过前及时记录下来。功夫要做在平时，要及时记录日常生活中萌生的感受和想法，并在创作前翻阅“创意笔记”，这样就能很快打开思路。

（三）公平质疑，全面细致

质疑性头脑风暴是创意择优时的关键一步。集体质疑和个人质疑都要做到以下四点：

第一，第一阶段得出的最优解，不一定是最好的选择，在质疑头脑风暴环节，要首先选出操作性相对较强的一个或三个以内的备选项，再群策群力，对其进行延伸扩充或融合修改，形成新思路。

第二，质疑要尽可能在第一阶段结束后展开。有些可用性较弱的选项，我们可以在第一阶段大胆将之摒除在外，其他选项则要及时进行记录，然后在第二阶段再逐一展开质疑分析。否则极易陷入某个单一想法的延展之中，导致限定思路，违背利用发散思维探索多种可能性这一初衷。

第三，在集体头脑风暴的质疑环节，要排除团队成员的身份、个人关系等外界因素的影响，参与者要大胆勇敢地针对创意本身展开探讨，避免集体探讨变成一言堂或利益场，影响创意或创作思路的最终确定。

第四，在个人头脑风暴的质疑环节，要尽可能破除单一思维惯性，从多个角度，客观全面地展开分析。必要时，可利用表格化的优劣对比方式，更直观地呈现个人质疑，以便查漏补缺。

思考与练习

1. 头脑风暴法在实践过程中，有哪些注意事项和需要规避的误区？

2. 请结合本章内容，思考质疑头脑风暴环节，谈谈我们可以从哪些方面展开质疑。

3. 请围绕“人”这一核心，依照本章所述方法展开头脑风暴，构思至少三个创作方向。

第四章　黑箱灰箱法：选材的方法

本章提要：本章我们将通过《诡秘之主》的创作和老舍的写作选材两个案例，分析作家在选材时对黑箱灰箱法的应用，明确黑箱灰箱法的一般程序和具体操作步骤，学习如何利用黑箱灰箱法为创作选取合适的材料。

第一节　案例分析

创意写作中的选材就是在写作时对材料的选择。现实生活中，许多事物都可以成为文学创作的审美客体，大到宇宙星河、社会历史，小到一草一木、邻里琐事，都可以成为作家关注和落笔的对象。然而，正因为可写的事物太多，没有作家可以不加筛选地将这些事物一一如实描写出来，创作者只能有选择地去表现生活的某一面向，选择合适的素材加工和处理。这就要求创作者找到合适的方式方法，从杂乱纷繁的素材之中选择自己所需要的部分。

每个创作者作为独立的个体，创作的风格和熟悉的题材、体裁各有不同，因此在选材方面各有各的喜好。拉丁美洲魔幻现实主义作家马尔克斯的选材就偏向带有魔幻色彩、神秘色彩以及极具地域色彩的素材；而像陈忠实这样喜爱现实主义手法，力求表现生活的作家，选材就偏向富于生活气息、乡土气息的农村生活；一些喜爱玄幻仙侠题材的网络小说作家，例如辰东、猫腻、梦入神机等人，喜欢选取和采用上古传说、佛道经典等神秘性和民族性兼备的素材。由此也可以看出，各个作家的选材喜好往往受到题材、体裁、作品内容、创作风格、个人习惯等多方面的影响。

那么如何从纷繁无序的社会生活、文化历史中选取到对自己有用的素材呢？这就需要一定的思维训练。通过思维训练，可以帮助创作者运用特定的方式方法选择到合适的素材。这一章，我们将讲到如何使用黑箱灰箱法，帮助创作者理清选材思路，从广阔的素材中选取到最合适的部分。下面，我们先从一些作家的实际选材案例开始，分析黑箱灰箱法在具体作品中的体现。

《诡秘之主》是近年来影响力较大的一本西方玄幻类型的网络小说。它的作者是阅文集团白金作家爱潜水的乌贼，该作融汇了克苏鲁风格、西方魔幻元素、第一次工业革命的时代风情和蒸汽朋克情怀。该作品曾获得第四届橙瓜网络文学奖年度十大作品，最具潜力十大游戏 IP。2021 年 9 月 16 日，《诡秘之主》被列入“中国网络文学影响力榜：海外影响力榜”。

《诡秘之主》的成功和创作者本身精湛的选材技巧有着密不可分的关系。在小说第一卷中，作者营造出了一个以第一次工业革命下英国社会生活为背景的西方玄幻世界，通过出租屋、货币体系、薪酬制度、日常生活等各个方面的细致描写，勾勒出一个真实且充满活力的世界。这样一个真实世界的构建，根植于创作者选材的现实性。作家爱潜水的乌贼本人在谈到如何构建鲁恩王国等一系列和当代社会相去甚远的世界时，是这么说的：

在创作前期肯定需要搜集很多资料，就像马丁的《冰与火之歌》，是以古代英国为参考对象，我在塑造鲁恩王国时也是以维多利亚时代的英国为参照对象，这就需要我知道那个时代英国货币是什么，物价怎么样，人们的生活环境是什么样的，不同社会地位的人有怎样的民俗习惯。创作完一部作品给我最大的收获就是让我感受到，只有根源于现实，才有好的幻想作品。

以 19 世纪英国维多利亚时代为社会背景，是因为喜欢。最早是看福尔摩斯探案集接触到的，之后又看了《呼啸山庄》《雾都孤儿》《双城记》等这一时代的名著。这是人类历史上标志性的一个时代，有醉人的风情，也有尖锐的社会矛盾和剧烈的变革，对一个作者来说，这是巨大的宝库。①

作者在确定好作品的主题和内容后，有针对性地观看和阅读了《冰与火之歌》、福尔摩斯系列、《呼啸山庄》《雾都孤儿》和《双城记》等一系列描写西方生活的电影或小说，并从中选取到了符合自己创作目标的作品。这种确定好目标和阅读范围后再进行素材选择的方式，就是黑箱灰箱法的一个简单应用。借助于这种有的放矢的选材模式，作者在创作《诡秘之主》时构建了一个庞大且完善的货币体系。在《诡秘之主》中，鲁恩王国的货币有金镑、苏勒和铜便士三种，1 金镑等于 20 苏勒，1 苏勒等于 12 铜便士。在收入方面，工厂工人的周薪大概在 1 镑，廷根大学实习期的讲师周薪为 2 金镑，转

① 汪荔诚：《对标经典、观照时代，才能创作出优秀的网文作品》，中国作家网，链接：http://www.chinawriter.com.cn/n1/2021/1109/c404024-32277329.html

正后为 3 金镑 10 苏勒。在瓷器工厂或制铅工程上班的女工周薪低于 8 苏勒；码头工人周薪 3 苏勒 7 铜便士。在消费支出方面，公立初等学校，每周学费在 3 铜便士左右；廷根技术学校这样的中等教育学校，每周的学费为 9 铜便士，公共马车 1 公里 1 铜便士，一条新鲜的鱼售价 5 铜便士，一磅奶油售价 1 苏勒 3 铜便士。一套偏郊区的独栋房屋租金在 18 苏勒左右。创作《诡秘之主》的时候，作者希望营造一个类似 19 世纪英国维多利亚时代的社会背景，因此在选材时着重研究了这一时期英国的社会经济生活，参考了《维多利亚时期英国中产阶级婚姻家庭生活研究》《维多利亚时期伦敦社会分层研究》《维多利亚和爱德华时期的建筑》等专业书籍，由此来认识 19 世纪英国的一系列人文风俗、经济社会相关的问题，并将这一时期的人物故事抄录下来，作为创作《诡秘之主》的原型和底本。作者通过这些有针对性的选材，选用了当时英国社会真实的案例与经济、文化、社会现状，并将他们加以改造，才构建出《诡秘之主》中真实性与新鲜感并存的奇妙世界。《诡秘之主》的故事中，也正是因为这些富有生活气息的设定和描写，才可以使得读者在阅读时获得充分的满足感和代入感。

作者对选材技巧的应用，不仅体现在《诡秘之主》世俗世界的构建之中，还体现在魔幻世界的构建中。小说中魔幻因素的来源是多种多样的，作者在确定了西方玄幻的题材后，阅读过大量神秘学书籍、魔幻小说和相关衍生作品，并从这些作品中选择到了自己所需的部分作为最后的选材。例如，这本书最重要的晋升途径——占卜家、观众、学徒、刺客等 22 条晋升序列，灵感就来自犹太教哲学传统思想中的“卡巴拉生命之树”这一概念。《诡秘之主》最为核心的魔幻特质，来自标榜“不可名状恐怖”的克苏鲁神话故事。作者在叙述非凡者在普通人之中发生的事情时，常常会用阴森、恐怖、不可名状的笔法和情节，描绘非凡和日常生活的差距，营造出克苏鲁神话中常见的恐怖氛围感。

总之，《诡秘之主》小说的成功，与作者灵活多样的选材技巧有着分不开的联系。作者先是在写作之前准备了大量的素材和底本，又明确了自己写作的目的和内容，最后在明确选材的“输出端”和“输入端”的基础上，通过黑箱灰箱法，在素材和底本中选取到了自己所需要的那一部分，并加以改造和利用，这才创作出《诡秘之主》这样魔幻性与现实性并存，既有瑰丽想象又有生活细节的优秀作品。

老舍也是一位精于选材的大师。老舍的作品多取材自市民生活，他的作品就如同一幅北京市民生活图卷，大量展示了不同历史时期下北京市民的生活氛围，塑造了许多有血有肉的中下层市民形象。

老舍也善于通过其富有特色的选材，把握不同时期的社会心理、人情物态，将激烈的社会矛盾融入日常生活场景之中。同时，老舍选用自己所熟悉的各类风俗，并将它们加以描写，以增添作品的生活气息，从而创造出别样的京味世界。老舍的小说创作在选材方面的策略与黑箱灰箱法关系密切。

老舍极其擅长从生活的细微入手，将人情风俗通过细腻的文字娓娓道来，就如这段《四世同堂》中描写北平秋天的文字：

中秋前后是北平最美丽的时候。天气正好不冷不热，昼夜的长短也划分得平匀。没有冬季从蒙古吹来的黄风，也没有伏天里挟着冰雹的暴雨。天是那么高，那么蓝，那么亮，好像是含着笑告诉北平的人们：在这些天里，大自然是不会给你们什么威胁与损害的。西山北山的蓝色都加深了一些，每天傍晚还披上各色的霞帔。①

这段文字，用极其翔实细腻的笔触描绘了中秋前后北平的物态风俗。各式各样的瓜果、北平口音的叫卖声、炙子烤肉、兔爷……这些都是北平常见的风俗和事物，也是老舍熟悉的事物。老舍将这些日常生活中自己熟悉的事物搬到了作品之中，为作品赋予了独特的生命力。老舍这段描写生动的原因就在于，他对选中的素材有着充分的了解和认识，因此也就可以更加自如地运用这些素材，这也造就了他的选材极具生活积累、贴近生活。

可以说，老舍作品中的“京味”特点，大半来自他的选材。老舍的作品中出现了大量别具特色的民俗语言，在叙事时，老舍经常使用一些当地的民间谚语，为作品增添了趣味性，人物的语言也具有北京话的口音特点，经常使用敬语“您”。老舍在人物的选材上也喜爱选择幽默与自嘲共存的北京小市民形象。这些都是老舍所熟悉的人和事。老舍本人也说过：“先搜集材料，越多越好。最好的材料是您亲身经历的事情。从别人嘴里听来的，只能作补充材料，别把它放在最要紧的地方。”老舍创作的成功，很大一部分原因，就是因为他选取的都是自己生活里常见的素材，对这些素材足够的熟悉和了解，是他口中“亲身经历的事”。

可见，我们在准备选材的时候，也要对素材有足够的了解。事实上，除了老舍之外，很多作家也都强调在创作时要了解素材或者要选择自己熟悉的素材。苏联小说家、剧作家的法捷耶夫就在《和初学写作者谈谈我的文学经验》里说过：“要从复杂的现实材料中选取一切最主要的东西来

① 老舍：《四世同堂》，中国文联出版社 2017 年版，第 68—70 页。

帮助我传达出基本的主题，就要非常熟悉生活和了解生活，就要成为有高度修养和丰富知识的人”“艺术家必须善于非常细心地、不断地观察生活，才能真实地把它描绘出来”。① 巴金也在谈及《家》的创作时说过：“我可以说，我熟悉我所描写的人物和生活，因为我在那样的家庭里度过了我最初的十九年的岁月，那些人都是我当时朝夕相见的，也是我所爱过和我所恨过的。”②

由此可见，想创作出好的作品，就一定要在选材阶段充分贴近生活，对素材有深入的了解和认识。只有足够熟悉素材、在生活中搜集到了足够多的素材，才可从中选取有用的部分，并且灵活地运用。

老舍在进行选材时，主要是围绕着主题和人物开展的。老舍在谈创作的时候讲到过：“突出主题与安排材料，这两件事是分不开的。干什么要安排材料？就为的是突出主题。不管是写什么，小说也好，戏剧也好，咱们得先打定主意——要表现什么一个道理。”③

分析老舍的作品时，时常可以发现老舍的选材就是为主题所服务的。例如，在《骆驼祥子》中，老舍创作的目的就是揭发旧社会对淳朴善良的劳动人民无情的剥削与压榨，深刻控诉旧社会把人变成鬼的罪恶本质。在选材时，老舍特意选取了一个勤劳能干、淳朴善良的农村青年祥子的形象，又给他安上了一个买车的愿望，通过几次大起大落的情节选取和安排，最终使祥子由一个“体面的、要强的、好梦想的、利己的、个人的、健壮的、伟大的”底层劳动者沦为一个“堕落的、自私的、不幸的、社会病胎里的产儿，个人主义的末路鬼”。

在作品中，老舍的选材都是经过取舍且为主题服务的，具有明确的指向性：虎妞的出现与死亡、洋车被逃兵抢走、小福子的自杀，这些情节的选取都推动了祥子一步步走向深渊，也一步步揭示了旧社会下生存的艰难与隐藏的罪恶。老舍的选材方式就如同他谈到的那样，强调材料与主题的契合。突出主题也是黑箱灰箱法的一个重要特点。

第二节　操作要点

选材要用到的主要方法是黑箱灰箱法，前面已经介绍过，黑箱灰箱法就是在我们面对一个无法完全弄清楚内部机理的系统时，先不要去关注其运

① 高尔基等：《论写作》，人民文学出版社1956年版，第174—191页。

② 《中外名作家谈写作》编写组：《中外名作家谈写作 上》，1980年版，第17页。

③ 老舍：《老舍谈写作》，百花洲文艺出版社2019年版，第116页。

作机制，仅仅关注其输入和输出的信息，并根据输入输出信息再来研究系统的运作机制和特征的一种方法。这一节将具体介绍创意写作的选材过程中使用黑箱灰箱法的具体步骤。

一、黑箱灰箱法的一般程序

黑箱灰箱法主要应用在创意写作的选材阶段，当我们面对大量繁杂的素材时，可以通过黑箱灰箱法选取到最适合我们的素材。在介绍黑箱灰箱法在选材阶段的具体应用时，首先需要了解黑箱灰箱法的一般程序和黑箱灰箱法在创意写作中的面向。一般来说，一个无法被直接观测的系统被称为“黑箱”，部分可观测的系统被称为“灰箱”。本章以黑箱举例，在黑箱灰箱法的实际应用过程中，创作者可以根据创作实际情况，有选择地将系统视为“黑箱”或“灰箱”。

（一）确认黑箱，把握联系

任何封闭的系统虽然难以看清其内部构造，但总是或多或少地与外部环境发生着联系。如果想要正确运用黑箱法，就必须把握住黑箱系统和外部环境的联系。并且要把握住研究黑箱的目的：摸清系统中黑箱的运行机制。

（二）输入信息，输出信息

当我们确认过黑箱与外部环境的联系之后，就可以进行信息的输入和输出。例如，当我们在构思一段情节时，就可以把情节的开端当做黑箱的输入信息，把情节的结局当作黑箱的输出信息。

（三）厘清结构，研究机制

运用黑箱法的第三步就是通过分析输入和输出的信息，比较输入的信息与输出的信息之间的异同，摸清黑箱内部的结构和运行机制。依然以步骤（二）中的构思情节为例，当我们构思出剧情的开头和结尾时，要再根据已构思的开头结尾想办法构思出使设置的开头走向结尾的情节。在这一过程中，创作者起先并没有一个完整的构思，也就是对黑箱内部没有足够的认识，但随着对情节开头和结尾的比照，就能逐步构思出中间的情节，这就是通过输入信息和输出信息摸清黑箱的结构和运行机制的过程。

在文学创作实践中，当我们构思好人物、环境和结局的时候，如果感到难以构思中间的剧情，就可以采取黑箱法。我们可以先列举出人物、环境等信息，并把这些信息当作黑箱的输入信息。再举出构思好的结局，把结局当作输出的信息，然后根据输入信息和输出信息的联系，构思出中间发展的剧情。

二、黑箱灰箱法的面向

黑箱灰箱法在写作过程中有着极为特殊的面向,创作者可以在创作中的选材阶段、故事构思阶段和结构的表达阶段三个阶段选择使用黑箱灰箱法,为作品寻找新的灵感和思路。

黑箱灰箱法可以在确立已有信息和写作目的的情况下,通过寻找"输出端"和"输入端"中间过程的方式,帮助创作者构思情节。当创作者在构思时遇到才思枯竭的问题,难以创造出新的情节时,就可以选择使用黑箱灰箱法。先根据作品所要表达的主题和内容,明确下一步的写作目标,再根据已有的人物、场景、物品和已经发生的情节,将这两点作为黑箱灰箱法的"输出端"和"输入端",并联想出链接"输出端"和"输入端"的中间情节。

黑箱灰箱法也可以被用在创意写作中结构的表达阶段,当创作者面临结构表达的困难时,同样可以采用黑箱灰箱法,将作品的主题、写作观念和写作目的等作为黑箱灰箱法的"输出端",再将已有的故事层面的情节、实存等作为黑箱灰箱法的"输入端",并根据"输出端"和"输入端",来构思出作品的整体结构,为作品的每一部分选择合适的情节安排和写作策略。

以上就是黑箱灰箱法在故事构思阶段和结构的表达阶段的具体应用。黑箱灰箱法由于自身的使用方法有一定局限性,需要有明确的"输入端"和"输出端"。所以在创意写作中的具体应用不如其他方法多。但当创作者面临一定的特殊情况时,选择使用黑箱灰箱法,有时会有意想不到的效果。黑箱灰箱法从本质上讲就是在明确"输出端"和"输入端"的基础上,通过关联、联想和想象,构思出达成"输出端"和"输入端"的中间过程。黑箱灰箱法虽然在创意写作中的面向并不十分丰富,但仍然是一种可取的思维训练方法。借助黑箱灰箱法,创作者可以锻炼自身的宏观整体思维,更快更好地注意到写作的各个素材与底本同自身写作意图的关联性,以此来更加全面地把握和组织素材,为写作提供全方位的帮助。

创作者在实际创作过程中,也可以尝试从不同角度使用黑箱灰箱法,或者对其进行一定程度的变形。本章将主要从创意写作的选材阶段出发,讲述黑箱灰箱法的具体应用。

三、黑箱灰箱法的具体操作步骤

(一)深入生活,积累熟悉素材

在使用黑箱灰箱法时,创作者首先要获取和熟悉素材,当获取到足够的素材之后,就应该围绕着已经确定的主题进行选材。在黑箱灰箱法的过程中，创作者选材的整个过程都是紧密围绕主题进行的，因此在写作时就能够使得所有的选材都为写作目的而服务。并且，由于创作者对选用的素材足够熟悉，写作时也可以将这些素材使用得更加灵活、生动。

积累和熟悉素材永远都是写作的先导过程。创作者在创作时如果没有足够的素材作为积累，即使拥有再多的写作技巧也无用武之地。只有拥有足够多的素材作为黑箱灰箱法的"输入端"，才可以发挥其效果。所以，积累和熟悉素材，就是黑箱灰箱法的第一个步骤，也是通向创意写作的必由之路。

积累和熟悉素材也需要掌握一定的方式方法。文学创作中客体所包含的内容丰富多彩，既有自然界的各种事物和现象，也有心理、文化等精神性的存在。我们需要将他们灵活运用到写作实践之中。掌握积累和熟悉素材的方法有很多，比如：

1．培养积累素材的习惯，建立自己的素材库

获取素材并不能一蹴而就，素材的积累是一个长期的过程。老舍用竹笋来比喻素材的积累："我们的那些生活经验在我们心中的时候仿佛是好大一堆，可以用之不竭。及至把它写在纸上的时候就并不是那么一大堆了，因为写在纸上的必是最值得写下来的，无关重要的都用不上，就好象一个大笋，看起来很粗很长，及至把外边的吃不得的皮子都剥去，就只剩下不大的一块了。我们没法子用这点笋炒出一大盘子菜来！"

耐心收集积累素材，是写出好作品的必由之路，也是每一个作家的基本功。只有拥有了足够多的素材，才可以在写作时灵活搭配和运用各种素材。写作的过程就是将心中所思所想通过文字表达的过程，如果素材积累得不够充分，就会面临无话可说、无事可讲的境地。因此，我们需要在日常生活中培养积累素材的习惯，学会用一双慧眼从日常生活的方方面面和点滴小事中寻找自己所需的素材。

在耐心收集素材的同时，创作者需要建立自己的素材库。灵感和联想往往充满创造性却又稍纵即逝，在收集素材时，创作者可以将刹那间的心理流动通过语言符号记录下来，以备不时之需。如果能够详尽地记录自己收集素材时的体会和感悟，或许也可以从中获得新鲜的、富有创造性的灵感与思路。

2．学会给已有的素材贴标签

在积累素材、建立完善素材库之后，我们要对素材进行分类和整理，这也是熟悉素材的一种方式。

创作者可以选择贴标签的方式整理和熟悉素材。贴标签，是用标签的

形式为各类素材进行分类、整理和统合。在给素材贴标签的过程中,可以根据自己的写作需求为素材选择合适的标签。例如,可以根据素材的内容将素材分为情节类、场景类、词句类、热点话题类,也可以根据素材的用途分为小说类、散文类、诗歌类等。对素材贴标签时不必拘泥于某种分类方式,可以根据自身的情况和写作需求来进行分类工作。

通过给素材贴上各种各样的标签,不仅可以加深自己对素材的熟悉和了解程度,还可以为黑箱灰箱法后续的选材工作提供便利。当我们需要选取一类素材时,可以根据标签快速找到我们所需的素材。同时,我们也可以根据每类标签中素材的数量,去规划积累素材的过程,有选择地积累我们缺少的素材。

3. 深入体验生活

积累的素材和经验也有直接经验和间接经验的区别,直接经验指从亲身参加实践活动中所获得的知识。间接经验指从他人或书本上学来的知识。前者就是老舍口中亲身经历的事,当我们在日常生活中获取直接经验时,往往会得到比间接经验更加深刻的体会和感受,这对创意写作实践也更有帮助。

深入体验生活,可以帮助创作者通过亲身经历的形式获得直接经验。深入体验生活,往往会获得比浅尝辄止更多的体会和感悟。在深入体验生活这一过程中,创作者不仅会获得对生活更加深入的体会和感受,还有可能受到启发,获得灵感。因此,为了更好地获得素材和进行写作,创作者可以尽可能地深入体验生活,以丰富自身的素材积累,达成自己的创作目标。

(二) 明确写作目的

在选取素材之前,我们还要兼顾黑箱灰箱法的“输出端”:写作目的。我们的一切写作活动都是为写作目的服务的,选材同样也不例外。因此,在选材之前必须先明确写作的目的。例如,当我们撰写一篇有关正面人物的非虚构作品时,真实性就是第一原则。这就要求我们选择的一切素材都需要是真实的,有可靠来源的。其次,在正面人物的非虚构作品中,我们所选择的材料应贴合人物的正面形象。倘若我们没有明确写作目的,用大量和主题无关的素材填充文章,那效果必将大打折扣。

因此,明确写作目的对选材具有指导性作用和纲领性意义。创作者只有明确了自身的写作目的,才可以顺利使用黑箱灰箱法选择到合适的材料进行写作。

(三) 选材

在有了素材积累和明确写作目的之后,选材的黑箱灰箱法就有了“输入端”和“输出端”,接下来就是研究黑箱灰箱内部结构的过程,即围绕着写作目的进行选材。当我们塑造一个人物时，就要针对写作目的，在素材库中为这个人物选取合适的素材。

选取素材时要注意，选取的素材并非越多越好，素材贵精不贵多，只有贴合写作目的的素材才是我们要选择的好素材。如果选取的同类素材过多，最终呈现的作品就会过于重复单调，使读者丧失阅读兴趣。因此，在选材时要对素材进行评估和分级，抓住主要矛盾选择合适的素材。对选材进行筛选和优化是使用黑箱灰箱时必不可少的过程。

对素材的运用也并非简单的再现，创作者可以根据自身的想象和创造对素材进行加工、改造和创新。我们在积累素材时会经历许多真人真事，但写作时大可不必将他们一一照搬到纸上。创作者可以通过一定程度的变形将素材改造成符合我们写作目的的素材。

总之，在使用黑箱灰箱法进行选材的时候，创作者需要经过积累和熟悉素材、明确写作目的和围绕写作目的进行选材这三个步骤。这三个步骤不是简单孤立的过程，而是互相渗透彼此重合的统一整体。使用黑箱灰箱法时，不必完全拘泥于这三个步骤的顺序，否则就会沦为按图索骥的简单模仿。有时，创作者会在最后的选材阶段获得新的灵感，就又会重新投入到积累素材的步骤中。同样的，创意写作的选材阶段也是和感受、构思等阶段密切相关的。在选材阶段，有时我们还需要选择一些别的思维训练方法来加以补充，常见的有：强制关联法、排列组合法、宫格发散法、树状导图法、逆向思考法、归比演绎法、引申象征法。这些思维训练方法都会在其他章节具体讲到。

在创意写作的选材阶段，如果对大量的、零碎的、未经整理的素材感到棘手，难以从素材中选取到对自己有用的一部分，就可以选择使用黑箱灰箱法。黑箱灰箱法可以帮助作者更好地熟悉素材，并从素材中选取到最贴合写作目的的部分。这样就可以为我们的创作节省时间，为构思提供素材。黑箱灰箱法的运用，对于素材的整理和筛选可以起到极大的帮助作用。此外，由于黑箱灰箱法在使用过程中强调了要首先明确写作目的，因此合理地使用黑箱灰箱法也会对突出作品主题起到一定的作用。善于使用黑箱灰箱法，必然可以为创作者进行创意写作提供帮助。

当然，黑箱灰箱法也存在着一定的局限性。能否成功使用黑箱灰箱法，取决于我们是否能做好“输入端”和“输出端”的准备工作，也就是能否积累和熟悉素材和明确写作目的。如果创作者没有在平时积累足够的素材，那黑箱灰箱法就如同无本之木、无源之水，难以发挥作用。同样的，如果创作者没有找准写作目的，那么所有的选材工作都如南辕北辙，一样无法发挥作用。总之，把握好黑箱灰箱法的“输入端”和“输出端”，是成功使用黑箱灰箱法的关键。

除此之外，如果一个系统只有部分能够被观测到，那我们很难依靠对输入输出信息的比较分析来还原整个系统的全貌。因此，我们在利用黑箱灰箱法进行创作时，常常会使用其他的方法进行补充。

第三节 写作指导

一、黑箱灰箱法的实际应用

在这一节中，我们将以创作实践为例，深入剖析黑箱灰箱法在选材过程中的写作指导。由于篇幅限制，我们在本节中仅展示黑箱灰箱法在附录小说创作选材中的实际应用。在实际写作过程中，创作者可以灵活使用黑箱灰箱法，将其应用在各个合适的创作阶段。本节所涉及的相关作品可以在附录中找到。

路易丝·卡茨在《批判性思维与说服性写作》写道，如果想通过思维训练提高写作能力，就必须进行正规的学习，并且通过不断地实践来提高[①]。因此，在思维训练的过程中，不仅要掌握相关的理论知识，还需要结合理论知识进行大量创作实践以掌握黑箱灰箱法的实际应用程式。在上节中我们已经讲过，在创作的选材阶段使用黑箱灰箱法的时候有三个明确的步骤：① 积累和熟悉素材；② 明确写作目的；③ 围绕写作目的进行选材。在实际的创作之中，由于积累和熟悉素材的过程是长期的、艰难的，需要创作主体持之以恒地付出精力，在日常生活中进行体验和观察。因此，在进行艺术构思与艺术表达之前的选材工作时，我们将第二个步骤“明确写作目的”摆在了选材工作的首要位置，希望通过已经明确的写作目的，有针对性地进行积累和熟悉素材的工作，最后从中选择出合适的素材和底本。基于这种想法，我们首先通过讨论明确了写作的目的。

如图 4－1 所示，在选取素材之前，为了能够使用黑箱灰箱法，我们必须确定使用黑箱灰箱法的“输出端”和“输入端”。“输出端”就是我们写作的目的，即我们希望通过创作表现一个什么样的故事。只有明确了写作目的，才能够明确创作实践中黑箱灰箱法的“输出端”，并由此确立选材范围。因此在实际的选材工作中，我们的首要任务就是确立这样一个具有明确指向性

① ［澳］路易丝·卡茨：《批判性思维与说服性写作》，刘丰瑜译，新华出版社 2021 年版，第 42 页。

和一定细节性的“输出端”。在我们集体讨论后，最终确立了整部小说要讲述一个由“绑架”转变为“冒险”的故事。这样一部典型的成长小说就是我们所要完成的“输出端”。

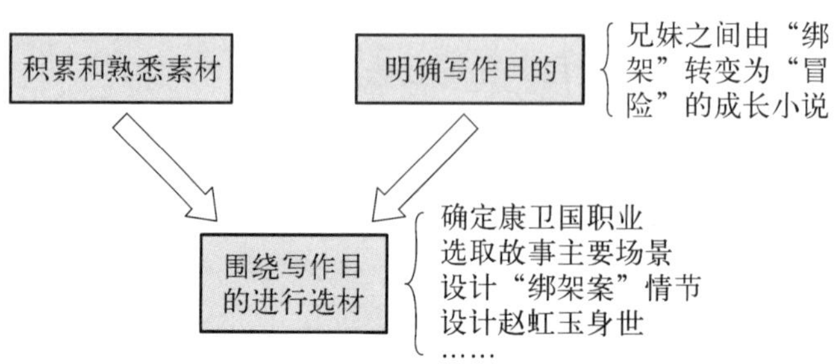

图 4－1　使用黑箱灰箱法选材的步骤

在这里，值得注意的是，我们所确立的写作目的并不是完整的写作大纲或是作品的主题。它既没有写作大纲那样细致到写作的每一个部分，又不像作品主题一样涉及立意等精神层面的问题。在这里我们讨论的写作目的，仅仅指代我们所预设的作品成果，亦即前文所说的我们希望通过创作表现一个什么样的故事。

明确写作目的并不是要用一种框架式的东西生硬地固定写作的内容，而是希望用这样的方式确立选材时的大致方向。因此，此处涉及的写作目的并不是一种强制性的规定，而是一种宽松的、可协调的大致方向。在实际的写作过程中，随着写作的不断深入，我们很可能因为小说中内在人物性格的驱动、对生活本质规律的不断探索与开掘、对素材及经验的认识与再认识，导致实际创作与最初的写作目的发生分歧，这些都是写作中常见的情况。事实上，在我们集体创作小说的过程中，也发生过创作偏离原有的路线与设定的情况。为了应对这种情况，在一开始我们不必将写作目的设定得过于生硬、死板和细致，只需做到能够为创作指引选材目标的程度就可以。

明确了写作目的之后，我们根据自己所积累和熟悉的素材，本着为写作目的服务的原则，选取了自己所准备好的材料。在这一阶段，起决定性作用的就是在已有素材积累的基础上发挥足够的联想力。英国学者博赞认为，“联想”是大脑的基本思维方式，流畅性、灵活性、原创性，乃至创造性，都离不开联想的作用①。在使用黑箱灰箱法的这一阶段中，同样离不开联想的

① ［英］博赞：《唤醒创造天才的 10 种方法》，周作宇、张学文译，外语教学与研究出版社 2005 年版，第 117 页。

参与。

例如，我们预先设定好了康誉的爸爸康卫国是一个“学历不高、眼界不宽、见识不多的底层市民形象”，康誉的妈妈赵虹玉也是因此与康卫国离婚。在具体设计康卫国这个人物的时候，为了符合我们预先设定好的形象，特地从日常生活中取材，将康卫国的职业确定为一个在生活中极其常见的卖臭豆腐的路边摊摊主。这样的职业符合康卫国“学历不高、眼界不宽、见识不多”的预期形象，还可以为故事增添更多的矛盾和精彩点。

通过这样的职业设定，我们成功塑造出一个辛苦赚钱但并不受儿子喜爱的父亲形象。并且，通过制作臭豆腐这一过程，还顺理成章地引出了康誉因为身上的臭味不受同学欢迎的情况，为故事的发展提供了更多的可能性和合理性。而这样细致合理的描绘正是我们创作团队在日常生活中的细致体验观察和记录的结果。这个过程也提示我们，尤其是希望通过阅读和学习本书从而学会如何写作的朋友们，一定要在生活中积累素材，真正将对素材的积累贯彻到生活的方方面面和角角落落。那些我们在生活中细致体验过的经验和素材，往往会比间接获得的素材更加的深刻与真实，也更容易参与到创意写作的选材过程中去。

然而，在创作时我们也发现，有时候我们自身所积累的素材并不足够支撑使用黑箱灰箱法进行选材的全过程，这个时候就需要我们重新回到黑箱灰箱法的第一个步骤——积累和熟悉素材。在实际创作过程中，我们希望通过对康誉“绑架”宋小暖的城中村场景和康誉父亲摆摊的小吃街等街道场景进行详细的描绘，以反映一些实际存在的社会现象与问题，但创作绝不等同于随意任意编造，所有的创作一定有其原型和底本。但创作团队中的创作者又缺乏城中村生活的经历，因此我们决定回到积累和熟悉素材的步骤，在周边的城中村街道中进行观察和体验。这次体验让团队中的各个成员都有了不小的收获。我们总结了城中村的商业街的常见小吃种类，以及典型的街道环境。这些由创作者重新体验获得的素材，最后都成为了实际小说创作中真实的描绘。

黑箱灰箱法不仅可以应用在上述几点中，也可以应用在作品情节的构思之中。当我们在明确了开头和结尾时，也希望通过具体的情节增加康誉“绑架”宋小暖的合理性，此时我们也应用了黑箱灰箱法，通过已有的人物、事件、场景，设计出了康誉和宋小暖在补习机构的多次相遇以及康誉对宋小暖的观察，以此使得整个“绑架”过程更加合理。

总之，在实际应用黑箱灰箱法完成选材工作时，我们不能按部就班，而是应该灵活地将黑箱灰箱法的三个步骤综合应用。明确写作目的自然是黑箱灰箱法实际应用的基础，但积累和熟悉素材与围绕写作目的进行选材这两个环节是可以同时进行的。如果在选材时发现自己对素材的积累不够丰富，同样可以再对素材进行积累和了解。

二、注意事项

在使用黑箱灰箱法进行选材工作的时候，我们同样发现了以下几点经验和教训：

（一）灵活使用，及时改动

我们在最初设计故事时候，仅仅是简单设想康誉的父母因为感情不和而离婚，但随着创作的深入，我们一致认为可以为康誉父母离婚附加更多的意义和内涵，由此丰富了黑箱灰箱法的“输出端”，为康誉的母亲安插了一个读书的理想，并将离婚的原因由简单的感情不和，增添了理想与现实碰撞、家庭教育与阶层差异等多重内涵。

由此可见，写作目的并非不能改动的成规，而应随着创作的不断深入及时加以修整。路易丝·卡茨同样强调，批判意识和元批评能力有助于提高研究和写作能力①。所以，不要逃避创作中所必须的改动，创作者在实际应用黑箱灰箱法的时候，必然要不断调整自己的写作目的，以达到“输出端”和“输入端”的完美统一，这样才能够利用黑箱灰箱法为作品选择合适的素材。

在使用黑箱灰箱法时，其最终的效果和完成度，不仅和素材有关，也与创作者所确立的“输出端”与“输入端”有关。“输出端”就是创作者创作意图的体现，“输入端”就是创作者已有的素材范围。创作意图越明确，素材范围越准确，黑箱灰箱法使用的阻力就越小，完成度就越高，效果当然也就越好。

（二）取材选用熟悉事物

我们在设计写作目的时，本着选取自己熟悉或自己身边的事物这一原则，将故事的主体框架限定在日常市民生活中。一方面，这是因为文学来源于生活，当创作者从自己所熟悉的领域入手进行选材的时候，往往会因为自身对领域的熟悉，可以更快、更好地分离出有用、恰当的素材。另一方面，假如我们遇到需要重新回到生活中进行观察和体验的时候，也可以迅速融入市民生活之中，重新取材。

假使我们最初将故事的主体定在不熟悉的环境中，一旦需要重新回到生活中进行观察和体验时，就必须花费大量时间和精力。这必然会导致对

---

① ［澳］路易丝·卡茨：《批判性思维与说服性写作》，刘丰瑜译，新华出版社2021年版，第42页。

创作主体的精力、时间和金钱造成严重影响。而如果选择了以想象的方式进行创作,就很可能因为对现实的理解和把握不够深入,导致作品空洞无味、描写浮于表面等问题。

(三)充分把握作品特点

一切思维训练方法最终都是为作品服务的。而作品与作品之间的差异巨大,长篇小说与短篇小说、现实主义风格作品与浪漫主义风格作品、诗歌与散文之间,都有着不可逾越的鸿沟与界限,因此在使用黑箱灰箱法要充分把握好作品的特点,针对不同的作品类型确立不同的"输出端"与"输入端",使得黑箱灰箱法的使用达到最佳效果。

思考与练习

1. 为什么"输出端"与"输入端"越准确,黑箱灰箱法的完成度就越高?

2. 黑箱灰箱法应用在选材阶段和情节构思阶段时,"输出端"和"输入端"有何不同?这样的不同对黑箱灰箱法的具体应用有何影响?

3. 请在上一章思考与练习部分自己构思的三个方向中,选择一个最感兴趣的创作方向,并运用黑箱灰箱法完成选材。

第五章 树状导图法：故事的生成

本章提要：本章我们将以网络文学《雪中悍刀行》《庆余年》以及安徒生童话《灰姑娘》为创作案例，分析作家在生成故事时对树状导图法的应用，明确树状导图法的一般程序和具体操作步骤，学习如何利用树状导图法更便捷、有条理地生成故事。

第一节 案例分析

前面的章节中，我们已经探讨过感受、选材这两个创作环节。当确定好创作的核心方向，掌握好选材的技巧之后，就可以进行落笔前的构思。以叙事性作品为例，第一需构思故事，即小说情节与发展脉络、主线支线等；第二需构思人物，即小说中的人物形象、人物关系等。本章我们将以树状导图法为主、强制关联法为辅，介绍故事的生成。

故事在叙事性作品中具有核心地位。叙事性作品大多数需要借助故事来呈现作家的创作意图，故事的精彩程度和对读者的吸引力，也在很大程度上影响着读者对一部作品成功与否的评判。对网络文学而言，故事是否精彩、情节是否紧凑、设定是否新颖等，有着比严肃文学更高的要求。我们甚至可以说，一部好的网络小说，就是在讲述一个好故事。当然，故事的重要性，不仅仅体现在网络文学中。莫言在诺贝尔颁奖典礼上的演讲，摒弃了华丽的辞藻和形形色色的叙事技巧，选用讲故事来向世界展现中国作家对于写作的认知及自我定位，告诉世界“我是一个讲故事的人”。亚里士多德早就指出，一切悲剧必须具备六个成分，即：情节、性格、措辞、才智、情景、歌曲。而在这六个成分中，最重要的是情节，因为它是悲剧的基础和灵魂，性格则占第二位。性格与人物构思息息相关，情节又是构成故事的一部分，所以在叙事性作品的创作中，故事与人物，始终是排在最前列的两个关键要素。

构思故事时，最常用的是树状导图法。树状导图既是一种训练发散思维的方法，也是一种串联整合信息的高效工具。《现代汉语词典》中，对"故事"一词，有多重解释：旧日的制度、例行的事；掌故，典故；旧事，先例；用作讲述的事情，凡有情节、有头有尾的皆称故事；文艺作品中用来体现主题的情节。本书所指称的"故事"概念，为上述含义中的最后两种。即：第一，与主题相关的情节；第二，包含情节及头尾的完整叙事。事实上，关于故事定义的界定，已经帮助我们明确了故事生成环节需要努力的方向和目标——我们需要生成与主体线索相关的片段式的情节，还需要构思作品的开头和结尾，并将片段式的情节依照既定的创作方向或故事主线，结合思维导图法展开整合排布。如果说故事是叙事作品的内核和骨架，那么树状导图法就是帮助创作者整理和搭建骨架的首要工具，对作家构思起到支撑性作用。不仅如此，在缺少思路的时候，树状导图法还能够帮助创作者延展出更多可能性；在创作一些脉络复杂的故事时，树状导图法也可以帮助作者减少很多麻烦，更好地把握故事重点和发展方向。

树状导图法在写作中的应用并不少。基础教育阶段，教师们往往教导学生用树状导图来写作文大纲。一篇文章，大体分为开头、中间、结尾三个部分，树状导图法也需要以标题为延伸，分为这三个枝杈，再逐一展开；或者按照故事的起因、经过、结果、启示四部分逐一展开。几百字的应试作文，是树状导图法在创作上最简单的应用，但树状导图法的使用，并不受限于作品篇幅长短，对于一些长篇叙事性作品，树状导图法甚至能发挥更大的作用。

以网络小说为例。当代网络小说故事架构大、篇幅长，动辄百万字，对于网络作家来说，往往很难一次性把所有的故事一口气写完。漫长的创作周期，也容易让作家在创作过程中写到后文忘记前文，导致故事崩盘。为了避免这种情况出现，网络作家往往会在动笔之先准备好主线；然后拆分主线，围绕主线的每一个要素，利用树状导图法梳理故事大纲，构成基础的故事框架；最后围绕大纲的每一个环节，利用树状导图法梳理，搭建每一个小环节的故事细纲。由此分出层层枝杈、层层叠套，生成完整的故事。

以网络作家烽火戏诸侯笔下的《雪中悍刀行》一书为例。其故事主线为世家子弟徐凤年历经重重磨难最终成长为北凉王的故事。在这条主线里，有三个关键词：世家子弟、历经重重磨难、成长为北凉王。其中，世家子弟是人物的身份和定位，也是故事发生的背景。在故事的生成阶段，这会成为树状导图的第一个分支，作者需要针对这个分支，对主人公徐凤年的世家子弟身份进行故事搭建。在烽火戏诸侯的设定里，徐凤年的身份为北凉王世子，表面上以纨绔形象著称于世，实则胸藏沟壑，腹有良谋。自古武将多受上位者忌惮，北凉有三十五万铁骑，其父北凉王饱受皇室猜忌，比起做一个异姓王侯，世子徐凤年更想做一个劣马黄酒六千里，仗剑游历天下间的江湖中人，但他的出身和家国命运，又要求他不得不挑起重担。因为上位者对徐家的忌惮和戒备，徐凤年需要藏拙，唯有维系膏粱子弟的形象，成为一个外人眼中的“废物”，才能换来暂时的安稳。但作为北凉未来的王侯，他又必须接过父亲的衣钵，戍守北凉边疆，为中原百姓镇守国门，扛起北凉命运，也肩负家国命运。正是因为这样的身份和背景，徐凤年有了不得不成长的理由，人物由此变得立体起来，故事也因此铺展开背景，有了起因。

《雪中悍刀行》故事线的树状导图里，第二个分支，是“历经重重磨难”。这是故事的经过，也是构成故事的主体。“历经磨难——克服磨难——获得成长——再次历经磨难——克服磨难——获得成长”，如此循环往复的结构是“升级打怪”类冒险小说和人物成长小说的惯用套路。《雪中悍刀行》的故事主体，依旧不能摆脱这个窠臼，关卡磨难的设定，也是按照从简单到困难的顺序层层加码，安排布局。起初，徐凤年不精武学，在老仆剑九黄的保护下游历天下。得知剑九黄死于武帝城头之后，为拿回剑九黄的剑匣，徐凤年跟随湖底老魁学刀，开启习武历程。后来又前往武当山，得武当前任掌教王重楼灌顶大黄庭功法，在一次又一次的遇险中参透大黄庭后，又孤身入北莽，得大金刚血液，后杀陶潜稚、诛谢灵，在敦煌城助城主红薯镇压叛乱，后又见徐淮南，与其孙徐北枳南归。返凉途中，徐凤年诛杀第五貉并迈入伪指玄境，一夜白头；后又杀赵楷，斩韩貂寺……如此一路历经磨难，克服磨难，并在这个过程中抗击对手，一步一步，从不精武学的纨绔世子，成长为有勇有谋且武力高强的北凉继承人。

接下来，自然进入故事树状导图的第三个分支，成为北凉王。其父徐骁去世后，徐凤年继承父业，这时候，他面临的磨难不再只是个人的挑战，他需要镇守北凉，抵御北莽南侵，同时还需要驱逐朝廷使官，并对皇室的不公表示抗议。此时的徐凤年，不仅需要在武学上不断突破，更需要承担起作为一方王侯护卫百姓子民的职责，做好了这一点，他才能真正成长为一个合格的北凉王。《雪中悍刀行》故事恢宏磅礴，全文共计 461 万字，此处列举的故事情节只是很小一部分，但再多的情节，都是按照树状导图法，一层一层，不断细化，从主线到大纲，再从大纲到每一个故事发展阶段的细纲，树状导图的分支层次越多，故事便会越细致翔实。在这样层层递进的细化中，篇幅再长、再复杂的故事，也能变得条理清晰。

围绕主线展开树状导图法分析，是生成故事的技巧之一，其前提是作者已经有了基本的主线。当故事的主线并不明晰时，我们也能运用树状导图法列举故事发展不同阶段的多种可能，首先确定开头结尾的走向，再结合第四章讲过的黑箱灰箱法，最终梳理出主线。

以“女频穿越文”为例。就其背景而言，我们可以利用树状导图法，梳理出如图 5－1 所示的几种类型：古代穿越现代、古代穿越古代、古代穿越未来、古代穿越平行时空/异界/书/游戏；现代穿越现代、现代穿越古代、现代穿越未来、现代穿越平行时空/异界/书/游戏等不同类型。每一种背景下的创作方向及故事侧重都有所不同。

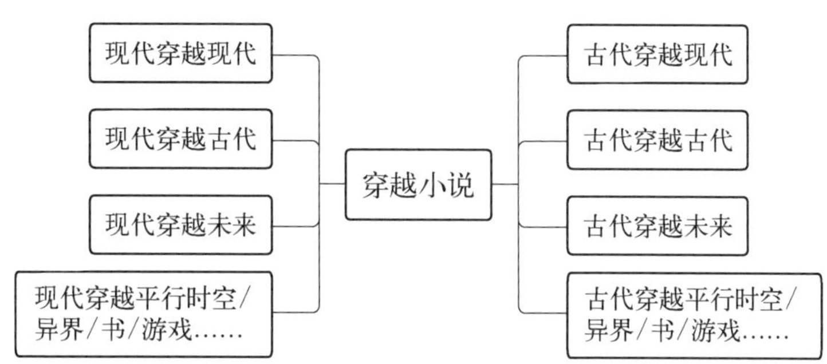

图 5－1 穿越小说的背景

如古代穿越现代，故事的亮点就在于古人和现代人生活方式以及思想观念的碰撞，以及古人在现代如何适应生活；而现代穿越回古代，亮点在于来自未来的人如何凭借现代技术、思想观念以及对历史的熟悉和先见，在古代求生的同时适应并改造古代世界等。如金子的《梦回大清》，作为穿越文的早期代表，讲述的便是现代人穿越至古代的故事。确定了这些基础性的创作背景或创作方向之后，再来确定故事的开头、结尾以及悲/喜基调，就会相对简单一点。

梳理完背景之后，我们需要再利用树状导图法梳理列举开篇的穿越方式。如图 5－2 所示，常见的穿越方式有如车祸、飞机事故、触电、落水等事故型，以及触摸到文物等特殊物品、遇到自然现象、梦境召唤等媒介型，还有前世遭遇不公，导致执念过重而重生等类型。但不管穿越的原因是什么，穿越的方式是什么样的，这一情节往往会在故事最初完成，如果我们要进行穿

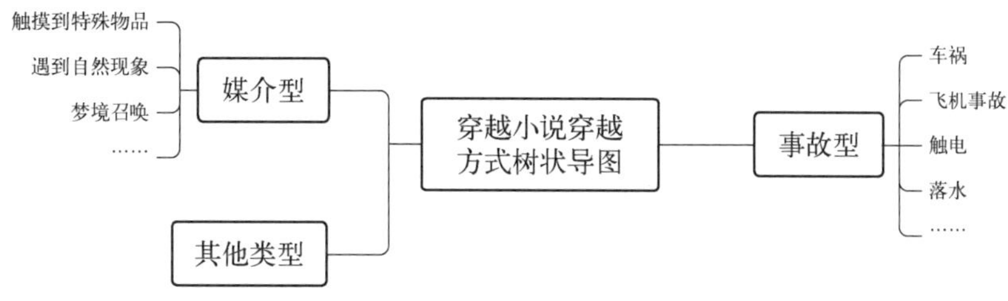

图 5－2 穿越小说的穿越方式

越小说的创作，那么就需要借助穿越小说穿越方式的树状导图，来完成小说开篇故事的构思。

接下来需要确定的，是故事的结尾。“女频穿越故事”的结尾往往如图5-3所示，要么留在穿越后的世界，要么回到原来的世界。留在穿越世界，有可能爱情事业双丰收，有可能失去爱情但事业有成，有可能爱情事业两头空；回到原来的世界，有可能是带着穿越世界的角色一起归来，有可能是独自归来，还有可能是独自归来后遇到男主的前世/转世等。不同的可能性会延展出不同的情节走向，因此当我们确定好故事开头、结尾的走向后，故事的整体基调也就基本完成了。譬如主角留在穿越后的世界，那么这类故事往往是大欢喜的结局，女主找到真爱并和男主幸福快乐地生活在一起。如果主角在穿越后的世界爱情事业双落空，那么故事的走向就是悲剧。譬如桐华的小说《步步惊心》便是如此，女主最终在穿越世界死亡。而我们在前文提到的金子的《梦回大清》，其结局则属于最后一种，即女主回到原有的世界并成功和转世后的男主相遇。

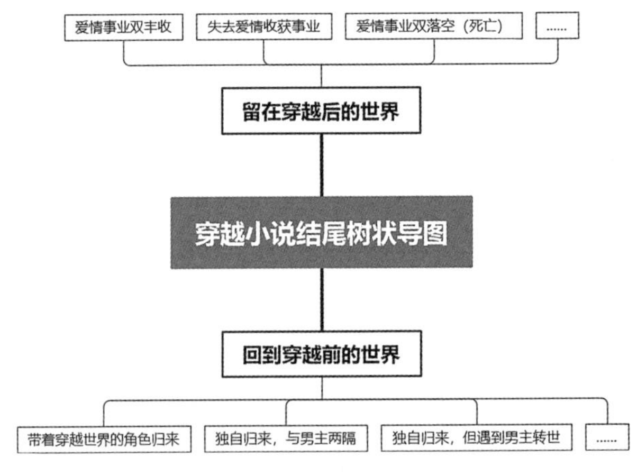

图5-3　穿越小说的结尾

开头和结尾奠定了故事的整体基调和基本走向，除此之外，还可以围绕穿越后的身份、结局时的身份等要点进行列举。待所有列举出的信息在树状导图上得到呈现后，作家就可以随意搭配，然后在此基础上，细化故事。这一环节就需要用到我们在第四章讲到的黑箱灰箱法。开头、背景、最初的身份等，属于黑箱灰箱的输入端，结尾属于输出端。

当然，黑箱灰箱法只是常用的方法之一，它能够帮助我们构思出大致的情节走向以及某一个缺失的故事环节，但在最为普遍的故事构思中，我们最常使用的方法还是树状导图法。依旧以网络小说为例，长篇叙事性作品情节丰富多样，无法一言以蔽之。在这种情况下，为了避免在创作过程中偏离核心方向,也为了能够更完整的把握剧情走向和情节布局,可以使用树状导图法,在上一层大纲分支的基础上,进一步延展树状导图的次一级分支。当然,我们可以使用树状导图的变体之一,鱼骨图。事实上,树状导图的每一个分支内部,究其核心而言,都是鱼骨图。最中间的核心鱼骨,代表故事的情节主线,鱼骨上的分支代表不同的支线,但支线内部依旧有具体的情节走向,这便是分支中的核心鱼骨,以此类推,便会以鱼骨为核心,形构出主线与支线结合的树状导图变体。

如著名童话故事《灰姑娘》中的主线,我们可以用图 5-4 的鱼骨图表示,不管是事情的发展顺序,还是情节发展过程中的节奏起伏,借助图形都能够相对直观地梳理和呈现。

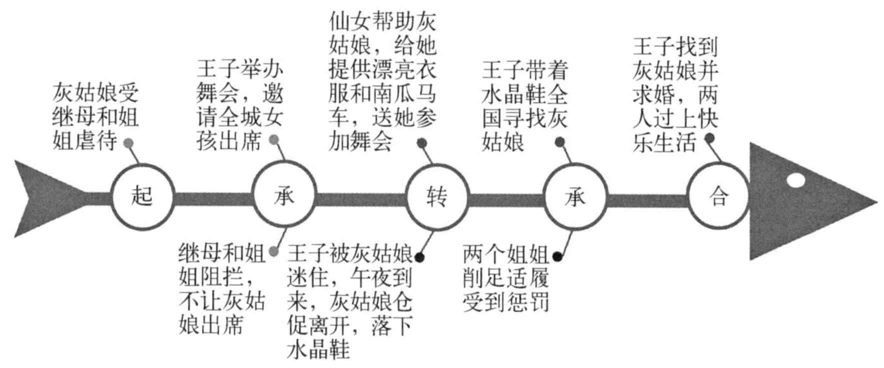

图 5-4 《灰姑娘》主线鱼骨图

情节简单的故事如《灰姑娘》,故事情节大都聚焦在主线脉络上,没有太多支线,所以我们看到的鱼骨图中支线信息相对较少。但在网络小说和大型网络游戏中,情节庞杂,支线众多,鱼骨图中的支线信息就会丰盈起来,鱼翼也会更加丰满。在故事生成过程中,作者可以依照故事的主线拆分关键词,按照发展阶段,层层延展和梳理故事细节;此外,巧妙利用地点转换来作为树状导图的第二分支,进行阶段划分,也是使用窍门之一。长篇玄幻小说中,经常出现主角在不同修炼阶段,转换不同地图的情况。这时候也可依照世界地图为转换中轴,每一个独立的地图内部作为主线的树状分支,对主线故事进行丰盈补充,又可作为相对独立的核心,来利用树状导图或鱼骨图进行梳理。猫腻的小说《庆余年》就是树状导图法的典型使用案例。

在《庆余年》中,主角范闲一路从澹州到京都、北齐,再回京都、下江南,又返京都……其间经历种种事件,情节庞杂绵密。若要梳理其主线,方法之一是列举主角范闲的成长脉络。不过考虑到主角成长历程与其活动地图息息相关,为求便捷,我们也可利用空间变化,来梳理整个故事。如下两图仅大致梳理《庆余年》所涉部分主线与支线内容,其中,图 5-5 为传统树状导

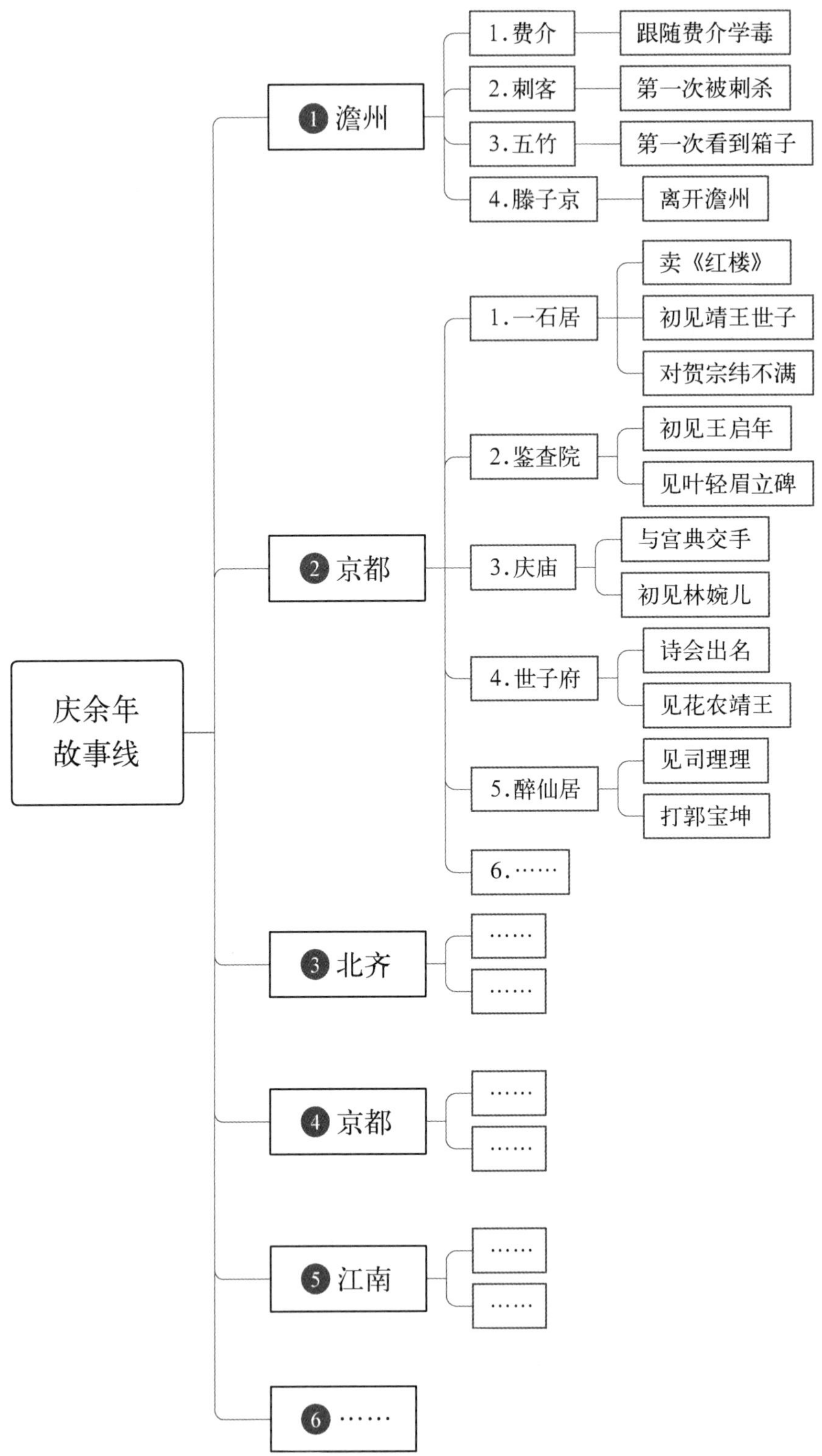

图 5 - 5　《庆余年》主线与支线情节构架树状导图

图法梳理的主线和支线情节构架，图 5－6 为利用鱼骨图梳理的构架，二者在本质上是一致的。主线事件需要有起伏波澜，支线内部也是同样，所有的波澜起伏连接起来，最终形成全文的行文节奏和冲突波折，这样才能有效保证作者在创作中不偏不离，紧扣创作方向，也能最大程度保证故事对读者有足够的吸引力。

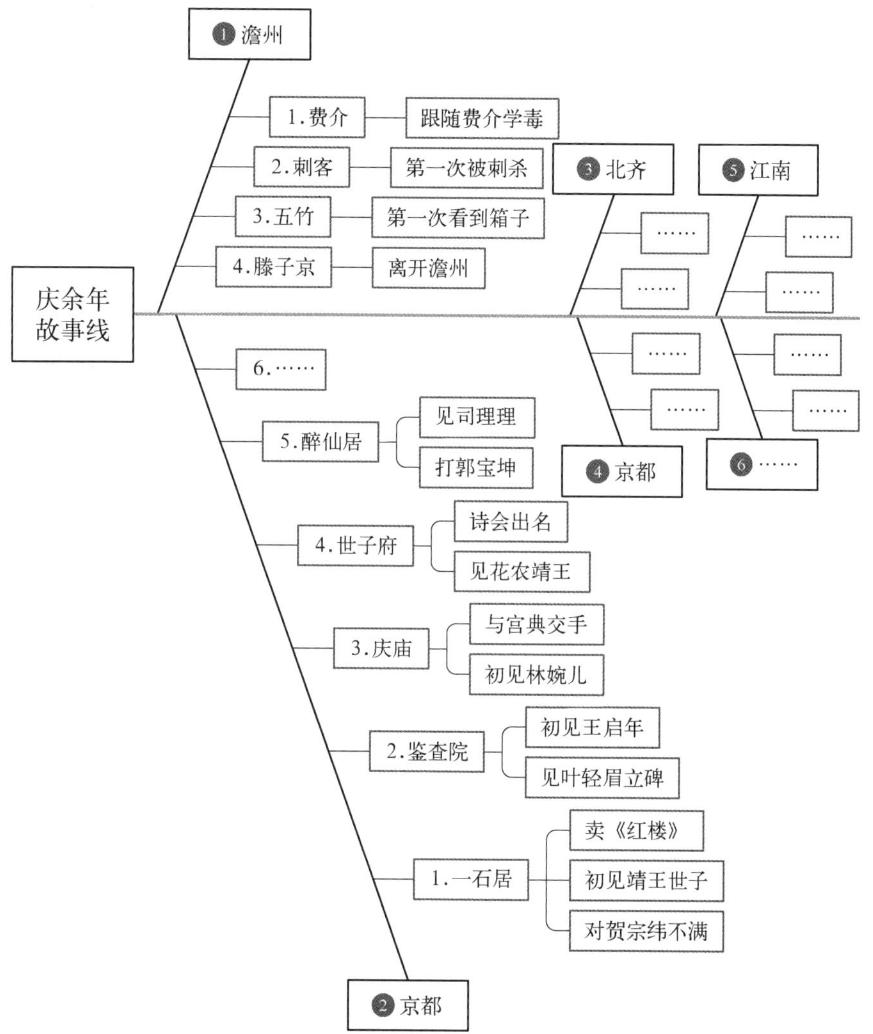

图 5－6 《庆余年》主线与支线情构架鱼骨图

除了以上所说案例，当下许多网络小说写作软件，都会内置类似树状导图的工具，如橙瓜码字、阅文作家助手、番茄作家助手，都具备可以分层分级的大纲梳理功能，这种文本式的梳理工具，正是树状导图法的功能性应用；而写作软件 Effie、Metion、壹写作等，更是直接内置树状导图，在引导用户熟悉软件时就指导创作者利用树状导图工具来设定人物和故事大纲，帮助创作者更条理化地生成故事。以上这些都是树状导图法在写作训练中应用频率和效用不断提升的有力证明。

第二节 操作要点

通过对当代网络小说创作实例进行分析，不难发现，在具体的故事构思过程中，树状导图法是最常用的思维训练方法。在操作过程中，创作者可以用数据树的图形来具象化信息，以父子层次结构来组织对象；也可以图文并重，以某一概念为核心主干，然后围绕该主干发散出至少两条树状分支，每个分支又继续作为主干，进一步发散延展，构成树状导图，把各级主题的关系用相互隶属与相关的层级图表现出来，在主题关键词与图像、颜色之间建立链接。树状导图法充分运用人的左右脑，配合思维规律，能够在逻辑、想象及艺术创作等方面对创作者提供便捷有效的帮助。

除此之外，其他的方法诸如强制关联法、归比演绎法、逆向思考法、实践转换法、黑箱灰箱法、强制关联法、排列组合法、宫格发散法等，在必要的时候配合树状导图法使用，也能达到出其不意的效果。这一节，我们具体介绍故事生成过程中，使用树状导图法的具体步骤。

一、树状导图法的一般程序

树状导图法，是树状图法和思维导图法的结合，主要应用在创意写作的故事生成阶段。在缺少故事创作思路的时候，或拥有创作思路但不够清晰，需要进一步梳理的情况下，都可以使用树状导图法。其基本面向，也可以分为这两个方面。

（一）作为思维训练的树状导图法

树状导图法在故事生成阶段，主要通过对故事的背景、开头、结尾、人物身份、人物结局等内容进行导图式列举，层层细化，然后在诸多可能性中进行筛选匹配，串联生成作为开篇的输入端，作为结尾的输出端。当然，故事发展中的片段式情节，也可以作为树状导图的分支，加入其中。这种情况下，树状导图法可以搭配黑箱灰箱法，结合输入信息和输出信息，调动素材储备，生成故事。

（二）作为梳理工具的树状导图法

树状导图法作为梳理工具使用时，多用于故事主线和故事轮廓相对清晰的情况。当然，对于那些长篇故事，以及构架相对复杂、主线支线混杂、情节要点不容易梳理的故事，树状导图法无疑也是最佳选择。尤其是对从事网络文学创作的写作者而言，树状导图会是一个提高创作效率的有力工具。作为树状导图的特殊类型，鱼骨图是梳理故事逻辑和情节发展先后顺序的好帮手，当脑海中生成了基本的故事时，不妨试试利用鱼骨图，让故事走向更加清晰。

二、树状导图法的面向

树状导图法是创作各个阶段都极为常用的思维训练方法，创作者可以在创作的感受阶段、选材阶段、故事生成阶段、人物塑造阶段等面向下，大胆使用树状导图法来为自己梳理思路，提高效率。

在创作感受阶段，头脑风暴的结果虽然天马行空，但并不是彼此割裂的，有时不同的创意结果之间，也会存在一定的关联性。这种情况下，创作者可以用树状导图法记录头脑风暴结果并进行分类，将看似散乱的风暴结果，条理化地规整在一起。这样一来，不管接下来进行删选排除，还是同类归并，或进行二次头脑风暴，都可以让我们的结果记录表清晰明了。

在创作选材阶段，树状导图法可以对素材进行关联匹配。树状导图法和黑箱灰箱法的搭配，在选材和故事生成阶段，会让彼此的效用发挥到最佳。如果说素材是棋子或珍珠，那树状导图就是棋盘或串起珠子的线，能够让素材的排布更加直观，有助于创作者根据主线搭建素材之间的关系链，然后将素材嵌入不同的故事发展阶段或不同的支线中，丰盈整个故事。

在人物塑造阶段，利用树状导图法可以搭建起基本的人设模型。比如，以某个角色为核心树冠，接下来分出性别、性格、外貌、爱好、身份、经历等不同树状分支，然后在每一个分支下，细化相关信息，多角度多层面深挖人物设定，帮助创作者塑造出丰满的角色。

任何思维训练方法，都不只面向某一个创作环节。因此，创作者在实际创作过程中，可以尝试着将树状导图法和其他思维训练方法结合使用，或许会有不一样的收获。

三、树状导图法的具体操作步骤

（一）明确创作方向

不管是一名先拟定提纲再写作的作家，还是喜欢想到哪写到哪的作家，他们在动笔之前，都需要明确最基本的创作方向。哪怕是那种根据一句话发散出整个故事，或是根据某一个物体而延伸出一系列叙述的创作，都至少有其所依托的基础。尤其是那些故事性强的叙事性作品，更非纯意识的随意流淌，或毫无章法、毫无条理逻辑的随意叙述。它们往往有相对明确的创作方向与创作内核，这是作品的轴心，是创作者在具体写作过程中避免偏离的重要依托，也是树状导图法的中央图块。

在第三章介绍头脑风暴法的时候，我们同样提到了“方向”这个词。在此，我们首先要对其进行简单区分：在感受环节，创作者展开头脑风暴所围绕的核心方向，并不一定是故事创作方向这样具体细致的方向，而只是一个相对模糊和笼统的指向。譬如对“成长”这个词进行头脑风暴时，我们可以发散出男性成长、女性成长、孩童成长、成人成长、生理成长、心理成长、个体成长、群体成长等不同的但相对宽泛的创作方向。每一个方向的选材故事和情节走向必定大有不同。但是，只依靠这些，并不足够指引创作者确定自己要写什么样的故事。

所以接下来，我们需要在头脑风暴的第二个阶段展开质疑，通过优劣比对，选出最优解，来作为自己接下来的选材方向。第四章选材阶段，是我们通过调动个人积累以及查阅资料来圈定和把控创作范围的过程。如果我们选择女性的心理成长，那么在选材环节，势必要去查阅和调研那些在心灵成长历程中，有过蜕变的女性的经历，去调查采访她们成长以前是什么样的，成长之后又有了那些心态上的变化等等，这就是在进一步帮助我们缩小创作范畴，让我们的创作更加有针对性。

在以上这些环节中，树状导图法都是作为工具与头脑风暴法、黑箱灰箱法等搭配使用的。

（二）强制关联，梳理主线

如果说创作方向是故事不可动摇的核心，那么故事主线就是保证故事在叙述和开展过程中不偏离的中轴主干。一条清晰明确的主线，有助于创作者在创作过程中保持方向中正，避免树干长歪，走向不可扭转的偏途；也有助于读者在阅读的过程中，清楚地感受到作者的创作意图，使读者和创作者更好地交流沟通。因此，在明确创作方向之后，创作者需要结合备选素材，利用树状导图法，进一步梳理故事要点和故事主线，像串珠子一样，把所有零散的想法和素材，按照一定的逻辑和创作目的，进行搭配和串联，整理出作品的线索，确定情节起承转合的重要节点，使叙述节奏具备起伏波澜。

在串联主线的环节中，我们最初可以根据已有素材，大胆搭配，强制关联。所谓强制关联，并非不顾逻辑的生硬关联，而是要首先将彼此相关的内容进行局部搭配，使已有素材构成几个小短链，接下来，按照因果、转折等逻辑关系，将这些小短链连接起来，初步构成一条线。当然，这样的珠串必然不够美观，所以我们需要在第二步对其进行调整和梳理增补。增补的时候，可以结合第四章介绍过的黑箱灰箱法，根据链条前后关联处的情节节点，设置能够让故事前后顺畅连接的情节,从而使得故事链条更加缜密细致,能够自圆其说,具有逻辑性。

鱼骨图作为树状导图法的特殊类型,有清晰明确的轴心。细枝末节的内容,只会分布在主干两侧,不会喧宾夺主,让训练者辨不清主次。鱼骨图对带有时间线和先后逻辑线的情节梳理帮助极大。所以当梳理主线出现困难的时候,我们可以借助树状导图法里的鱼骨图,来让故事主线更加清晰明了。

除此之外,我们还可以结合行动元的功能性作用,来使行动元与其身份对应的事件强制关联,构建出故事主线必备情节。格雷马斯曾将人物定义为"行动元",并按照人物在叙事中扮演的功能,提出与行动相关的三对共六种"行动元"概念,即与愿望、探求和目标相对应的主体和客体;与交流相对应的发送者和接收者;与辅助支持或阻碍相对应的帮助者(支持者)和阻挠者(反对者)。对应的故事主线,一言以蔽之,即为"主体在帮助者的帮助下,逐步跨越阻挠者设置的障碍,实现自身对客体的目标的过程"。

或者我们也可以利用传统的因果关系,将主线故事理解为"主人公因为某个原因或为了达成某个目的,经历重重困难,最终成功实现某个目标的过程"。由此,我们便为故事主线设定了一个基本框架,接下来要做的,就是拆解这句话里的关键词,将每一个关键词作为分支,层层深挖,然后将情节内容、素材及人物填充进去。由此补充完整的树状导图,基本可以帮助我们梳理出基本的主线。

事实上,梳理主线的方法有很多,不管是串珠法、鱼骨图法、行动元法,还是因果联系法,在具体的写作中,都可为我们所用。单一应用也好,综合使用也罢,只要能够帮助我们梳理出完整且精彩的故事主线,都可大胆为我所用。

(三) 丰盈主线,补充支线

对任何一部叙事性作品而言,情节设定与故事走向,都必须围绕作品的创作初衷及创作内核展开。但创作初衷与创作内核究其根本只是"点",要将这个"点"铺展成作品最终所呈现出的"面",中间就不可避免地需要增加"线"来完成辅助性的过渡工作。这个所谓的"线",呈现在故事的构思环节就是故事主线,它决定了故事的整体走向和最基本的起承转合的节奏。

有些作品为了叙事清晰,常常采用单线结构,但这样的文章,往往比较平淡,从叙事手法和结构技巧上,也相对缺乏艺术性和丰富性,无法延展出多样化的内容。这种情况下，就需要我们适当添加支线信息，对主线事件加以补充，或是对主线事件中涉及的重要人物作进一步展开。换言之，就是围绕故事内核，丰盈主线，补充支线，增强故事的可读性，同时让人物形象更加立体鲜明，由此构成一套完整的故事构架体系。

补充支线的时候，同样可以借助传统的树状导图法。不过需要注意的是，一棵大树，需要剪去多余的分枝才能更加茁壮地向上成长，在使用树状导图法的过程中，往往会出现许多过于细碎，甚至走向枯萎的分支。对于这种分支，在最后的整合总结环节，要适当取舍，以保证整个导图清晰明了、重点突出，避免喧宾夺主、干扰主线。同样的，支线必须为主线和创作核心服务，一旦支线侵占主线的核心地位，让作品内容和主次出现偏移，就需要我们大刀阔斧地果断做切割取舍。

（四）精简冗杂，理清逻辑

优秀的文学作品，需要时时打磨，任何出色的故事，框架搭建都非一蹴而就，而是需要在反思复盘的过程中，不断精简冗杂，保证内部的逻辑自洽，保证故事发展紧凑有力。经过前面几步，我们固然可以暂时梳理出故事的主线和支线，但这并不代表故事构思环节就此结束。在最后，我们还需要对照树状导图，对故事线进行复盘梳理，自我检测反思，以确保故事的凝练集中、逻辑清晰。具体来说，主要分为以下几个方面：

1. 主、支线是否紧扣创作核心

就像是所有的支线都要为主线和人物服务，所有的主线支线，也需要为了创作核心这个共同的中心服务。这个中心呈现在树状导图中，就是统领性的核心主干。如果偏离了创作内核，就容易出现散乱不凝的情况，偏离主线还极易导致作品难以为继。因此，复盘梳理的第一要义，是检查主线和支线是否紧扣创作核心。一旦出现偏离状况，那么一定要慎重对待，及时修正，以保证故事的集中紧凑。

2. 复核支线，剔除冗杂

树状图中的主线和支线共同服务于创作核心，但支线还需要服务于主线。所有失去服务功能的支线，就算情节再出彩，在一部完整的作品里，也无法找到自己合适的定位。支线故事独立于主线之外，作品会难以自洽，读者阅读的时候，也会生出不适，给人一种支线故事与作品格格不入的突兀感。

一名优秀的创作者，必须要敢于大刀阔斧地剔除冗杂信息，唯有如此，才能让作品本身足够凝练。当然，被剔除掉的冗杂信息与情节，并非一无是处，这些内容虽然不适用于当下的文本，但也可用便签收集起来，在之后应用到需要的地方。

3. 故事与人设呼应

检验构思时，不仅要考虑故事情节，还要考虑下一章我们即将提到的人物设定。许多时候，我们对故事和人物的构思，会在同一阶段相辅相成地完成。角色性别、年龄、成长环境、成长经历等的不同，会导致人物的世界观、人生观和价值观，为人处世的方式以及处理问题的手段产生差异。甚至同一个角色在不同的成长阶段看待同一件事也会有不同的态度。我们的故事可以以人物形象为切入点展开设计。相对应的，设定的某些故事情节也必须符合人物形象。二者一致，才能避免故事与人物设定的割裂。

4. 把控逻辑，慎待奇思

故事真实动人，才容易让读者沉浸其中。此处的真实，与我们以往所谓的现实的真实不同，这是一种艺术的真实，一种艺术作品内部的逻辑自洽。因此，在利用树状导图梳理情节先后顺序并做出取舍的时候，故事内部自洽与否是重要标准之一。我们曾在第三章提到，外界对象对创作者的刺激和激发是不分时间场合的。它可能会在日常生活实践的某一瞬突然降临——路上、卫生间、阅读的某一刻，都有可能出现；也有可能在我们展开头脑风暴的时候，在天马行空的思考中到来；更有可能在我们已经利用树状导图法，设置好完整故事线，甚至连故事都已经创作完成之后到来。对于这些启发所得，我们首先要做的是记录。

将突如其来的奇思妙想熔铸进成熟的故事，必定会牵一发而动全身，所以接下来，我们必须纵观全局，结合故事的逻辑结构，宏观把握树状导图。然后认真考虑，一旦做出改动，会对故事的走向产生什么样的影响，这种影响相较于原来的内容，是会让故事更加出彩，还是稍显暗淡？所有的考量，都必须完整地展开对比。而对比的过程中，保证结构的逻辑性依旧是第一要义，不容忽视。唯有如此，我们的作品才能够真正抵达艺术的真实。

第三节 写作指导

一、树状导图法的实际应用

在第三章感受环节，我们主要借助头脑风暴法初步拟定故事的大致创作方向；在第四章选材环节，又以黑箱灰箱法为主进行小说选材，完成故事构思环节的初步准备。这一章，我们的主要任务则是根据已有储备内容，结合树状导图法，搭建完整的故事内容，敲定清晰的故事脉络，保证故事的完整性、流畅性、逻辑性。接下来，我们按照本章前两节所总结出的操作要点，结合附录作品，来回顾一下构思过程。

（一）明确创作方向

在第三章，我们已经初步确定创作方向，即：创作一篇以一个非独生且父母离异、生活中没有朋友、校园关系也不够融洽的初中二年级男生为主角的，展现青少年成长过程中校园、家庭问题的青春成长类小说。但就更具体的写作而言，这个创作方向还是稍显宽泛。因此在故事构思环节，我们需要进一步细化创作方向。这一步，我们可以借助几个问题来达成。考虑到版面问题，我们将大括号式的树状导图换成表格式的树状导图，具体如表 5－1 所示。

表 5－1　细化创作方向

创作方向细化	① 主人公是谁	① 主人公是康誉
	② 在他身上发生过什么事	② 康誉就读于初中二年级，15 岁，父母在他 5 岁时离异，改嫁后生了一个小他 8 岁的妹妹。康誉家境不佳，学习成绩不好，在学校里不受老师同学喜欢；家庭关系上，青春期的单亲男孩对执拗又窝囊的小贩父亲心有不满，对抛下丈夫和儿子改嫁他人的母亲心存怨怼，对从小被娇宠长大的妹妹颇有嫉妒。但从本质上说，康誉心地善良，早熟懂事。他一方面对现状不满，另一方面，又在成长的过程中，体谅到了父母的不易，也愿意默默保护幼小的妹妹。这个年龄段的他，早熟却又矛盾，懂事却又叛逆，处在成长的交叉点上。当母亲想要补偿他，带他随继父一起去新家生活的时候，康誉又割舍不下那个他曾经嫌弃的父亲，朝夕相处中，他虽然对父亲意见诸多，但打心底里还是爱他的，所以不愿随母亲离开。但母亲认为，生父不能给予康誉良好的学习条件，哪怕打官司，也要索要康誉的抚养权
	③ 主人公的核心目标是什么	③ 打消母亲索要抚养权，从生父身边带走自己的念头
	④ 主人公的核心目标实现了吗	④ 实现了
	⑤ 创作者的核心目标是什么	⑤ 借由这样一个故事，让主人公康誉从最初的叛逆一步步成长，最终理解父母的苦心和难处，和自己的原生家庭、和自己的父母和解，完成个人心智的蜕变，治愈单亲家庭留下的童年伤痕

（二）强制关联，梳理主线

借由上述五个问题，我们将小说创作方向进一步细化，接下来要做的，是围绕细化后的创作方向，进一步丰盈和梳理故事主线。纵览这个故事，我们会发现，它是一个按照时间顺序展开的线性事件，根据本章前文所讲解的思维训练方法，这种事件，最适合运用如图 5－7 所示的鱼骨图来梳理情节线。

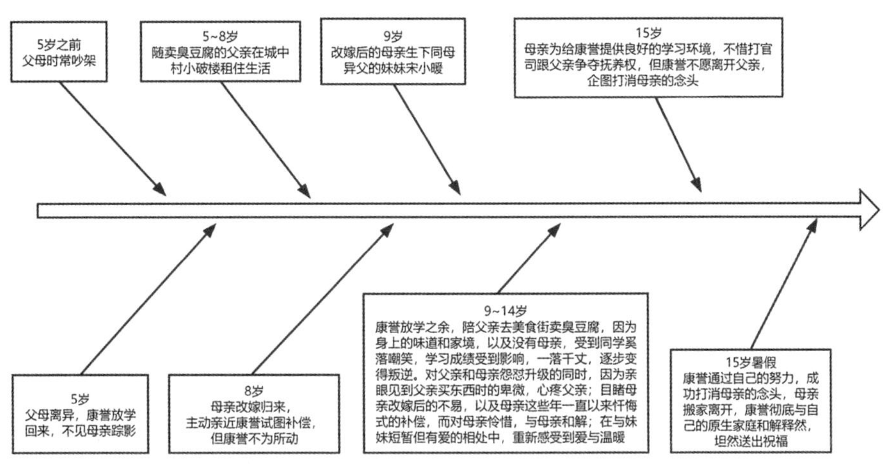

图 5－7 情节线鱼骨图

用鱼骨图梳理完故事线后，故事的前因后果及结局已经很清晰，但想要以此来创作一篇节奏鲜明、冲突集中的小说，还远远不够。纵览鱼骨图，我们会发现，主人公 14 岁之前的经历，更适合作为事件背景而非故事主体。整个事件的起因，应该是 15 岁时，母亲企图带走康誉，但康誉不愿意离开父亲；事件的主体与故事核心，则是康誉通过自己的努力，打消了母亲的念头，和自己的童年及父母和解。对应的，故事主线应该是他实现这一目标的过程。

已有的四个人物分别是生父康卫国、生母赵虹玉、继父宋鸿才、妹妹宋小暖。康誉想要打消生母赵虹玉的念头，如果采取正面行动，只能借助于说服或正面对抗的方式。但这样一来，首先，赵虹玉不会主动放弃，无法解决问题；其次，次要人物存在的必要性以及在故事中的功能会被抹杀，故事也容易落入俗套，无法出彩。针对这种情况，我们可以考虑在康誉和其他人物之间，利用强制关联法，构建起联系，同时让其他人物产生功能性作用。

如果我们以主人公康誉绑架事件为分析对象，以康誉为主体，那么运用思维训练方法中的强制关联法，可以如表 5－2 总结出主体与其他次要人物之间的关系。

表 5－2　强制关联人物关系

强制关联	人物关系	关系分析及情节设定
康誉与康卫国	阻挠者	康卫国自知能力有限，虽然从情感上不愿意儿子离开，但客观上儿子跟着前妻，的确会有更美好的未来，因此他支持前妻行为，那么相对应的，他对儿子想要留下来的决定，会持反对态度，甚至会主动提出让儿子离开
康誉与宋小暖	阻挠者	宋小暖与哥哥关系融洽，希望与哥哥朝夕相处，支持母亲带走哥哥一起生活，因此在去留问题上，依旧是康誉的阻挠者
康誉与宋鸿才	帮助者	宋鸿才已有女儿，前妻儿子的到来，对宋鸿才的家庭而言，是一种不愉快的体验，会造成经济和精力的双重负担，再加上宋鸿才出于老一辈的压力，一直想要生二胎，给老宋家添一个自家血脉的孙子，而非替别人养儿子。因此，纵然他喜欢妻子，但并不欢迎康誉的到来，不支持妻子的决定。虽然出发点不同，但从目的而言，他会是康誉行为的帮助者

经过分析，我们不难发现，康誉要想打消母亲的念头，康卫国和宋小暖都无法给他提供帮助，只有宋鸿才能起到最大的推动作用。但如果康誉直接与宋鸿才合作，故事又容易落入俗套，缺乏起伏。相对应的，宋小暖这一人物形象在小说中便可有可无。为了让所有人物都具有存在的必要性，我们可以借助宋小暖这个人物，加剧康誉和宋鸿才之间的矛盾。宋小暖是宋鸿才唯一的女儿，如果康誉伤害了宋小暖，那么他和宋鸿才的矛盾便会被激发，宋鸿才在康誉实现目的的道路上，所发挥的“帮助者”的作用，也会被放大。但我们的设定，是宋小暖和康誉关系融洽，因此便需要一场能够蒙蔽长辈的假意伤害。因此，我们设想康誉自导自演一场假意“绑架”来“伤害”妹妹，但实际上这场绑架只是一场善意的兄妹“冒险”。由此，兼顾伤害与融洽两个关系点，核心故事也构建完成。

接下来，我们进一步借助如图 5－8 所示的树状导图中的鱼骨图，来细化“康誉借助自己的努力”这一核心情节。

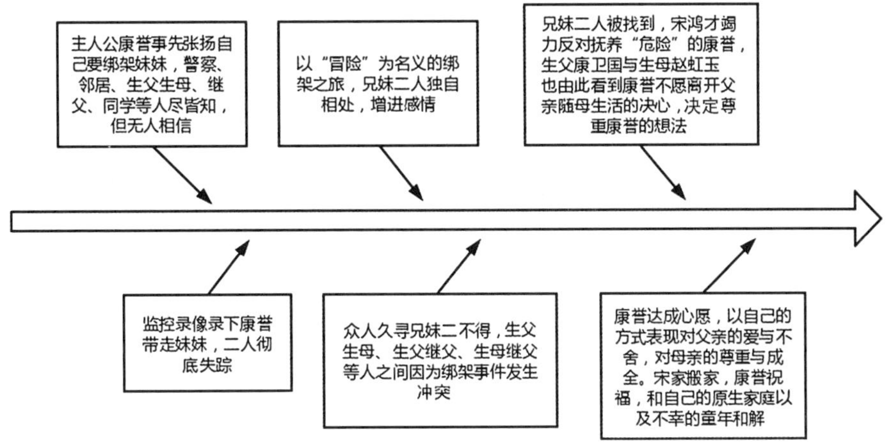

图 5-8 核心情节树状导图中的鱼骨图

至此，主线梳理完成。但一篇好的小说，只有主线故事经得起推敲还不够，为了增强故事的可读性和感染力，与次要人物相关的支线故事也需要在前期完成设定。在这里需要注意的是，支线故事不一定要详细呈现在故事中，但我们在构思情节时，必须把这一部分考虑进去，保证故事的逻辑性和内部自洽。

（三）丰盈主线，补充支线

我们所构思的这篇小说，其故事内核是体现主人公康誉在离异的家庭背景下，通过与妹妹的相处，感受爱、回馈爱，最终与童年不幸和解，获得成长。那么在主线故事中势必需要一定篇幅来展现康誉与妹妹的相处，体现兄妹之间的深厚情谊；此外是康誉对父母的不同态度，也应该是小说着力表现的主线重点。还有一个重点是两个孩子失踪后两个家庭家长们爆发的冲突矛盾，借此可以呈现两个家庭各自的不易。这就是我们所说的丰盈主线。

而支线内容，则包含康誉童年的经历，父母关系破裂的原因，母亲与现任丈夫宋鸿才之间的相处，以及宋鸿才其人，等等。以上种种，需要赋予人物行为合理性，才能保证故事的流畅连贯。这一点，和下一章人物构思有许多交融之处，因此我们在此处简单提及，在下一章，将重点结合人物塑造方法，具体展开讲解。

（四）精简冗杂，理清逻辑

前文我们结合树状导图法已经设定好主线和支线。但在实际创作过程中，还需要考虑每一部分在作品中的占比及呈现方式。所以接下来，我们还需要复盘梳理，查证问题，精简冗杂，理清逻辑。

譬如，要考虑主线是否紧扣创作核心，是否符合主人公的行动目的；同时要考虑次要人物及支线内容是否会喧宾夺主，是否会导致中心偏离。在《一桩事先张扬的绑架案》里，第一版初稿就存在这样的问题，一稿写作者为了呈现小人物的底层挣扎、女性自我意识觉醒以及家庭婚姻关系等次要内容，对与中心无关的部分着墨过多，但却鲜少描写康誉和宋小暖在“绑架”与“被绑架”途中的处境，使小说偏离“成长”这一最根本的核心定位，这就是显而易见的主次不分、本末倒置的情况。所以第二、三、四稿的修改中，我们围绕这一点进行了修改，以确保故事主次分明，条理清晰。

二、注意事项

构思故事是创作储备期最核心的环节，切不可轻忽大意。在这个环节，使用树状导图法的时候，也有许多地方需要我们注意，具体如下：

（一）记录思路，慎重选用

不管是在最初运用头脑风暴法感受外界刺激、激发创作的环节，还是在运用树状导图法构思故事的环节，我们都会有种种想法迸现。当新的思路和旧的构想彼此冲突时，要做的不是轻易否决新想法，也不是随意更改旧创意，所有的选择与取用，都需要深思熟虑。那些中途迸发的奇思妙想，要及时记录下来，然后和已有的想法进行比较，不仅要比较它在某一个节点的作用，更要联系这个节点分支在整个树状导图中的关联信息，把小创意放在大故事中，总揽全局，综合考量，验看它的融合度，从而择优选用。

（二）逻辑优先，内容自洽

一个优秀的故事，最基本的要求是内容自洽。艺术真实和现实真实之间，固然有一定的差距，但艺术想要观照现实，要让读者在阅读时有代入感及领悟，就必须达到内部自洽性的真实。同时，具有说服力的逻辑，不仅与故事本身的情节设定相关，更与人物设置相关，事件与人物必须相统一，这样才能在阅读时避免突兀，让故事构思合情合理。因此，创作者可以利用树状导图的层次关系，来强化逻辑问题。

（三）谨记核心，主次分明

初步构思环节，我们需要面面俱到，考虑多种可能性，以便保证故事的逻辑性和内部自洽，但在具体的梳理和排布环节，要根据树状导图的主次，结合一定的叙述技巧进行增删填改。但不管怎样，主次排布始终要围绕创作者的写作意图以及人物行动的核心目的展开。只有以此为驱动和准则，才能保证故事主次分明，详略得当，不偏不倚。

思考与练习

1. 树状导图法和强制关联法在使用过程中，有哪些优劣和注意事项？

2. 树状导图法除了可以作为构思故事的工具，还可以用在哪些创作环节？具体可以怎样使用？

3. 请结合前两章练习部分拟定的创作方向和选材内容，至少利用两条本章所讲的思维训练方法和创作技巧，完成故事的完整构思。

第六章　宫格发散法：人物形象的构思

本章提要：本章我们将以中国古典文学四大名著作为创作案例，分析宫格发散法在人物形象构思环节的应用，明确宫格发散法的一般程序和具体操作步骤，学习如何运用宫格发散法更系统、全面地构思人物形象，搭建人物关系。

第一节　案例分析

对叙事性作品来说，故事和人物如同人的骨架和肌肉，是最重要的两个部分。上一章，我们结合树状导图法与强制关联法，分析了如何构思和梳理故事；这一章，我们将以宫格发散法为主、树状导图法为辅，围绕人物在叙事作品中的功能类型，探讨如何对叙事性作品中的人物形象进行构思设定。

人物是事件的发出者、承受者，也是整个故事情节发展的推手，作者在自己塑造的人物身上，往往寄托着明确的价值取向与人格期待。批判或褒扬的态度在人物身上呈现得更为鲜明，也更加突出。如果说故事对读者来说，更多起到吸引阅读的作用，那么人物对读者而言，则是阅读过程中的观照对象，是真正能让读者引起反思和观照自我的部分。传世名篇中，让人赞不绝口的故事情节背后，也必定有鲜活丰满的人物在支撑。

当我们惊叹草船借箭的奇妙时，实质上感慨的是诸葛亮的谋略智慧；当我们传颂桃园三结义时，实际上动容的是刘关张之间的兄弟义气；提起《红楼梦》，我们或许会为贾府的兴衰没落感慨唏嘘，但记忆最深的，还是贾宝玉、林黛玉、薛宝钗等性格分明的角色；提起《西游记》，我们或许难以逐一列举九九八十一难，却能对唐僧、孙悟空、猪八戒、沙僧等人的人物形象侃侃而谈；《水浒传》精彩纷呈，但不管是拳打镇关西、倒拔垂杨柳，还是风雪山神庙，最终被读者铭记的，还是疾恶如仇的鲁智深，逆来顺受、最后被逼上梁山的林冲等作出行动的好汉。故事情节背后是人物，而人物的性格，则促使他彰显本色，合情合理地做出对应的行为，二者彼此呼应，紧密关联。经典作品尚且如此，作为普通创作者，要想给读者留下深刻印象，要想让作品有过人之处，便更应该在人物塑造上下功夫。而宫格发散法，正是人物形象构思环节作家们最常使用的思维训练方法。

宫格发散法的基础布局是九宫格。以人物作为最中心的一格，发散出周围八个格子，代表人物的八个不同侧重的设定和构思，它们环环相扣，彼此关联，最终由创作者在填充九宫格的过程中挖掘出人物的多种可能性。利用宫格发散法，可以帮助创作者从不同层面、不同维度加强人物形象的构思与梳理，使人物立体饱满，性格鲜明突出。但当一部作品人物较多时，想要逐一对每个人物都利用宫格发散法进行形象构思，便具有一定难度。所以这时候，创作者会先对人物按照其叙事功能进行分类，先简化，再在功能性人物的基础上，对人物进行个性化的设定。

格雷马斯按照人物在叙事中扮演的功能，提出与行动相关的三对六种“行动元”概念，这六种行动元本质是按照人物在故事中的不同定位，为创作者划分出基本的设定方向。虽然行动元被划分为六种，但是在利用这一理论为人物形象构思服务时，最常用的，还是主体、帮助者、阻挠者三类。就像情节的设置必须依照一定的目的和原则一样，人物的设置也应有一定的依据。按照功能来设置人物，是一种相对简单的人物设定方式。这种方法的优点在于功能先导，便于对人物进行分类，并在次要人物和主要人物之间构建起对应关系，初步织出一张清晰明了的人物功能关系网。这样可以防止我们在构思人物时，陷入人物过多但功能相对赘余的情况，避免视线被干扰。更重要的是，按照行动元之间的对应关系，率先划分人物关系，再反过来构想人物之间可能会发生的事件或情节，可以在构思情节时做到事半功倍。因此当我们利用宫格发散法梳理人物形象时，可以先按照这三类功能，设置基本的宫格发散方向。具体如图 6－1 所示。

E.	F.	G.
D.	A. 主体人物/ 阻挠者/ 帮助者	H.
C.	B.	I.

图 6－1　利用宫格发散法梳理人物形象

宫格导图中，帮助者和阻挠者是叙述性事件中极其重要的功能性人物，在任何波澜起伏的非单一角色的叙事性作品中，除了主角之外的其他功能性人物，大多数情况下都能起到帮助或阻挠的作用。阻挠者为主角设置障碍，增强主角跨越障碍的难度，由此增强文章的冲突性和节奏变化及故事的可读性；帮助者则作为主角的助力，辅助主角解决难题、跨越障碍。读者则在人物“被阻挠——解决阻挠——跨越障碍”的过程中，跟随角色一起，体验故事的跌宕起伏，获得阅读的快感。

以“废柴流”网络小说为例，主角在开篇之初，往往各项能力都不及周围普通人，由此遭受侮辱，承担非议，处在人生的最低谷。而这些行为的发出者，就是阻挠者。当障碍设置到一定程度，需要触底反弹，帮助者随之出现，可能是掌握武林秘籍的老爷爷，也可能是渡劫飞升被主角救下的神仙，更有可能是不被注意的“扫地僧”。由此机缘天降，主角在功能性帮助者的助力之下，走上“逆袭”的道路，网络小说带给读者的爽快感随之而来。许多传统通俗小说也是如此，在中国古典小说《西游记》中，如果以唐僧为核心人物，以西天取经为核心目的，那么沿途所遇的种种妖魔鬼怪，经历的九九八十一难，就都是阻挠者设置的障碍；而孙悟空、猪八戒、沙僧、小白龙以及沿途唐僧师徒求助过的神仙，则是核心人物的帮助者。在阻碍与帮助的推拉过程中，故事情节起伏波澜，张力由此而生。而以上这种不同人物的倾向和侧重，需要我们在宫格发散图中分门别类地标注出来，以便更清晰化地呈现每个具体要素的要求。

人物的功能决定了他们的形象根基。仍以《西游记》为例，从取经主体来说，师徒四人都要去西天取经，但每个人的动因不一致，唐僧去西天取经是个人主动，作为虔诚的佛教徒，他希望传经回东土大唐，其中有人间帝王的寄托和期盼，也因为他是观音选定的取经人，因此他一直有作为信徒的信念做支撑。孙悟空则不然，他大闹天宫后被压五指山下五百年，护送唐僧取经是不得已而为之，由此催生重要道具紧箍咒的出现。

吴承恩在构思唐僧这个角色时，由浅入深地围绕角色展开过多维度、多层面的挖掘。为了更加直观地分析唐僧的人物设定，并从中借鉴构思技巧，我们用宫格发散图来直观呈现。一般来说，宫格发散中的维度，大体包括人物性别、人物背景、人物喜恶、人物关系、人物性格、人物经历、人物诉求、人物诉求原因、人物诉求结果等诸多方面。但需要留意的是，《西游记》是经世累积型的小说，唐僧这个人物以唐代玄奘法师取经故事为原型，在后世民间流传的过程中不断扩充，最终由吴承恩执笔成书，在相关原型和传说素材的基础上，将之创作为我们今天看到的经典长篇。鉴于现实原型是人物构思的重要素材，所以唐僧的人物构思中，原型需要独占一格，而年龄、性别等信息相对简单，就不必单独拎出来强调。由此，可以简单制作出如图6-2所示的发散式宫格。

E. 人物性格：软弱胆怯、意志坚定、慈悲心善、固执死板、虔诚的佛教徒	F. 人物经历：金蝉遭贬，出生遭变，置于盆中遇水而流被僧人收养，年幼出家，因天资聪颖脱颖而出。受唐太宗之邀开“水陆大会”，被观音菩萨选定为取经人，与唐太宗结拜并前往西天取经	G. 人物诉求：取得真经
D. 人物关系：如来座下二弟子；唐太宗的“御弟”与使臣；孙悟空、猪八戒、沙僧三人的师父	A. 主体人物：唐僧（唐三藏）	H. 人物诉求原因：唐太宗亲派的使者；观音钦点的取经人；虔诚佛教徒的请经、传经信念
C. 人物背景：金蝉子，孤儿，江流儿	B. 人物原型：玄奘法师	I. 人物诉求结果：成功取得真经

图6-2 唐僧的人物构思

经过上图的宫格式梳理，我们不难发现，宫格发散法很容易从不同维度将那些和人物相关的信息分门别类却又彼此关联地整合在一起，能够让每一个宫格里的内容都有章可循，甚至可以进一步拓展延伸，再度深挖。以F人物经历部分为例，这一格可以进一步利用宫格发散，划分出金蝉遭贬第一难，出胎几杀第二难，满月抛江第三难，寻亲报冤第四难，出城逢虎第五难，落坑折从第六难，双叉岭上第七难……共八十一难，这些内容是层层围绕宫格核心的。当内容过多时，创作者也可不必拘泥于简单的九宫方式，不断扩充新的宫格，来为人物构思服务。

再以唐僧取经过程中的阻挠者为例。为唐僧师徒设置阻碍的妖魔鬼怪，虽然角色功能一致，但每个阻碍者的出发点也不尽相同。女儿国国王阻碍唐僧，是因为爱，背后是国王的深情；红孩儿阻碍唐僧，则是为了吃唐僧肉；铁扇公主的阻碍与拦截，是为了自己那被迫成为善财童子无法轻易相见的孩儿。甚至那些为了吃唐僧肉的妖怪，他们阻碍唐僧的深层原因，也不尽相同。红孩儿吃唐僧肉，是因为本性凶恶，曾食人肉喝人血，与其妖性有关，也因听人说唐僧肉可以长生不老。作为占山为王的小霸王，他吃唐僧肉，更多是自壮声威的方式和从众心理使然。相比之下，白骨精想吃唐僧肉，就单纯得多，是真的为了长生不老。到了黄袍怪，他的阻碍诉求又不一样，黄袍怪本就是二十八星宿之一奎木狼，位列天庭正神，无需唐僧肉就能长生不老，所以他宁愿吃人，也不吃唐僧肉，只是将唐僧变作一只老虎来羞辱。也正因此，纵然同为阻碍者，《西游记》里的妖精设定都能够各自出彩。换言之，我们在构思人物的时候，为了保证人物的丰富性和真实性，保证诸多人物不相重复，可以借助宫格发散法，为每个人物设置其独特的宫格人设表，以便更加直观地形成对比。

宫格发散法在人物构思环节，主要承担思路导引和逻辑梳理的作用。此外，我们还需要留意叙事性作品中人物塑造的几点基本要求，避免陷入盲从工具的误区。具体来说，在运用宫格发散法构思人物形象时，以下几点必须时时牢记：

第一，哪怕故事是虚构的，人物也依旧需要具备真实性。这里的真实并不要求人物有原原本本的原型或和现实生活中一模一样，而是指人物的形象要内部自洽，人物与其行动要具备一致性。只有这样，发生在人物身上的故事才能真实动人，小说人物才能抵达真正的艺术真实。譬如吴承恩笔下的孙悟空，七十二变和一个筋斗云十万八千里的设定显然具有虚构性，这在现实生活中是根本不可能出现的能力，但在神魔小说中，这样的设定便能够内部自洽，符合艺术的真实。也正因此，大闹天宫的孙悟空，才能真正让作者寄托蔑视和反叛权威的形象特征。这一点，与马克思主义叙事学所认为的人物能够体现具体历史语境中相互对立的阶级关系的观点是一致的。孙悟空代表的，不仅仅是机智、勇敢、敢于反叛、疾恶如仇的正面形象，更代表了一种对神权统治的否定，对上下尊卑等级的蔑视。再比如《聊斋志异》中，许多角色都是精怪修成人形，这与真实的现实生活并不一致，但这些精怪身上的七情六欲、爱恨痴嗔，都有人的影子，都符合人情社会的运转逻辑，也正因此，郭沫若才会评价《聊斋志异》“写鬼写妖高人一等，刺贪刺虐入木三分”。因此，在利用宫格发散法设定人物，尤其是幻想类作品的人物时，可以不必过分拘泥于现实限制。

第二，人物的设定原则和故事的设定原则一致，都需要围绕创作核心展开。从这一点而言，人物不仅仅是人物，更是作者观念和思想的寄托和表达载体，所以人物可以经由作者在艺术真实的前提下合理虚构，如此一来，人物塑造的禁锢便被打破，能够在一定程度上解放创作者的思想，给予创作者更多更广泛的创作自由度。通过这种方式塑造出来的人物，也能够满足不同的作品需求，在叙事作品中和故事相辅相成，从而通过不同层面来集中体现作者想要传达的核心信息。换言之，宫格发散法中，不管宫格发散多少层，始终要围绕着最中间的核心格，不能偏离方向。

第三，人物和行动要保持一致。人物的行动以及发生在人物身上的故事，与人物的经历和性格等内外在要素息息相关，我们甚至可以说，它们本质上其实是彼此在不同层面的表现。在这种关联性呈现在具象化的宫格图中，不仅要求每个发散性的宫格与中间的核心格紧密关联，还要求各个分散的宫格之间保持一致，彼此呼应，由此才能构成一个紧密联系且经得起推敲的人物形象。比如孙悟空大闹天宫的行为，本质上是对于绝对权力的反叛。正因为他本性疾恶如仇，不服管教，才会在受到不公和欺骗后，果断闹上天宫讨要说法。黛玉母亲早亡且寄人篱下的身世背景，决定了她性格的敏感多思，而书香世家的出身，则给了她良好的学识和教养。背景经历影响人物，在这样的环境下成长起来的黛玉，注定不会像宝钗一样在人情世故上游刃有余，更不会像王熙凤一样狠辣干练，性格强硬。看到落花飘零，她才会感伤己身，又怜又叹，做出葬花这样风雅的事情来。若是将史湘云醉卧芍药丛的娇憨举止放在黛玉身上，又或是将袭人的八面逢源放在黛玉身上，不管哪一桩哪一件，都注定突兀至极，成就不了《红楼梦》里多愁善感又惹人怜惜的林妹妹。因此，宫格发散法的效用，除了帮助创作者发散思维，还能利用宫格之间的关系，验证人物构思是否具备合理性。

第二节 操作要点

宫格发散法是人物构思环节的主要方法，属于发散性思维的一种，使用宫格发散法塑造人物时，可以与故事生成环节同时进行。此外，值得强调的是，构思人物除了设定人物形象本身之外，还包含对人物关系的构思。社会生活中，任何一个人都无法成为一座与外界毫无关联的孤岛，作品中的人物也是一样，哪怕只有一个角色，其背后也不可避免地会牵扯出其他人物关系。

叙事性作品中，故事与人物彼此呼应，不可分割。故事与情节的发展，与人物设定息息相关；人物特点和人物关系，也能够与故事情节彼此促进，彼此补充。譬如一部作品中，设置了人物 A 和 B，二者关系构建为仇人，那么随之而来的故事和情节中，便少不了二人之间如何结仇，以及未来的仇恨走向。可能是你死我活的决然，也可能是化干戈为玉帛的和解。所以，在故事构思阶段出现困难时，可以从人物构思和人物关系入手，为故事进展提供思路；而人物构思出现困难时，也可以从故事出发，赋予人物特定的身份背景和性格特点。

一、宫格发散法使用的一般程序

（一）人物形象的构思

最基本的宫格发散法，是5w1h路径分析法，但利用宫格构思本身就是在寻求how（如何做），所以宫格的路径中，更需要我们重点关注的其实是what、why、who、where、when等几个维度。乍一看这种追问与我们在后文展开的维度追问训练法一致，但若要将此方法运用到实际的人物构思中，我们还需要对其维度稍加调整，结合围绕式宫格发散法（指在九宫格中，以中间核心概念为起点，先向下再向左进行顺时针转动，产生类似流程图的效果。在进行简单的故事流程、主线设计、情节发展等线性构思的过程中较常使用），构成适合人物构思的追问式宫格。从而由浅入深，面面俱到，将所有的人物，不管主要还是次要，不管年老年少，全都按照这样的宫格追问填充，唯其如此，才能保证宫格发散法在人物构思的创意写作思维训练过程中，真正行之有效。

（二）人物关系的构思

单个人物的塑造固然重要，但一部作品中，人物之间的关系不可能完全割裂。在任何一个非单一人物的叙事性作品中，不同人物之间总会有种种连接。所以在人物构思环节，创作者除了需要考虑每个人物的形象，还需要思考人物和人物之间的关系。这种关系，构成了作品的隐性脉络（故事线为显性脉络），也成为凝聚故事的要素之一。宫格发散法除了可以帮助我们构思人物形象，也可以帮助我们搭建人物关系，以主要人物作为核心格，填充在周围格子中的其他人物可以与主要人物构成众星拱月之势。

但当人物较多、关系较复杂时，我们也可以使用树状导图法的变体之一网状图法来更直观清晰地呈现人物关系。在这里，我们不得不再次强调，任何思维训练方法和工具，都是为创作者更便捷高效的创作服务的，可以根据实际情况，灵活调整。

二、宫格发散法的面向

宫格发散法是一种发散性思维训练方式，同时又带有整合性质。最中间的宫格是收束所有发散格的核心，周围的发散格是核心格的延展。鉴于宫格发散法的这个特征，在创意写作的感受激发阶段、故事构思阶段，也可以根据实际情况，灵活运用宫格发散法。

在感受阶段，最常用的是头脑风暴法，这时可以将核心格作为风暴中心，让构思时刻围绕核心，避免思绪跑偏。

在故事构思阶段，宫格发散法特别适用于给定几个关键词，要求创作者将之串联成一个故事的创作情况。这种情况下，可以对每个关键词进行宫格发散，得到几个关联度高但面向广的宫格表，再将各个宫格里的内容筛选后进行排列组合式搭配串联，往往会有新的思路启示。

三、宫格发散法的具体操作步骤

（一）人物形象构思

宫格发散法是人物形象构思的核心方法，此外，归比演绎法、逆向思考法、宫格发散法等，均可用于人物塑造。这些方法彼此搭配，会让我们构思人物形象的过程更加高效。具体步骤如下：

1. 紧扣方向，确定角色功能

人物形象与创作者的创作初衷息息相关。在小说《人生》中，高加林这个人物身上有路遥关于农民和知识分子关系、城乡差异和社会等级观念的思考。在小说《创业史》中，梁生宝这个人物身上寄托着柳青对农民厚道、仁义、心胸开阔品质的认知与期待。所以创作者在塑造人物时，首先要梳理清楚整部作品的创作初衷及核心方向。在此基础上利用归比演绎法，能够在一定程度上帮助我们塑造典型人物和典型形象，这是一种相对简单的人物塑造方式。但需要注意的是，一定要避免人设的雷同和过分类型化，这时就可以利用逆向思考法从反面构思，赋予人物与我们固有认知相反的形象。譬如网络文学穿越文中，早期穿越者往往穿越为主人公，是样样出挑的正面人物；但随着小说的日益同质化，传统穿越文越发缺乏新意，由此催生出穿越成配角甚至反派，和拥有“金手指”的主角斗智斗勇的设定。这种“反套路”构思能够推陈出新让读者眼前一亮，这正是逆向思维的作用。

一般情况下，归比演绎寻找相同点，逆向思维探求区别。二者看上去是相反的两级，但从人物构思的最终目的而言，都是为最终的创作核心服务，也正因此，利用这两种方法塑造出的人物，在叙事性作品的功能上殊途同归，都避不开帮助者与阻挠者的定位。由此可见，有些时候，为了让我们的人物构思降低难度，功能先行很有必要。

2. 围绕宫格，深度设定人物

一般情况下，宫格发散法以最中间的格子为核心格，从最中间向外八个方向发散扩充，对每个宫格里的内容也并不作具体限制，只要和核心格有关即可。为便于初学者快速入门，我们在最常见的九宫格基础上，限定每个宫格的内容，并按照围绕式宫格发散法的顺序排列得出新的宫格内容，具体如图 6 - 3 所示。

A. 确定人物姓名

B. 确定人物性别

C. 确定人物年龄

D. 确定人物身份

E. 确定人物喜恶

F. 确定人物关系

G. 确定人物主要事件(关系与事件息息相关)

H. 确定人物核心性格

I. 确定人物诉求(身份、关系、事件、性格、人物诉求等五点需要彼此呼应，以保证人物形象的统一性，避免割裂)

E. 喜恶	F. 关系	G. 主要事件
D. 身份	A. 人物姓名	H. 核心性格
C. 年龄	B. 性别	I. 人物诉求

图 6-3 以人物姓名为起点进行人物构思

利用宫格发散法，以人物姓名这一基本信息为起点，先向下再向左顺时针转动，由浅入深地完成人物基础信息宫格图，填满整个九宫格，就可以完成第一轮的人物构思。正如头脑风暴不是漫无目标地胡思乱想，宫格发散法也并非完全无联系地自由发散。所有的发散内容都要和人物基本信息相关，每个宫格之间，也需要一定的关联度。

以人物姓名为例，姓名需要和人物的身份、性别相关，富家千金的名字不会叫翠花，富贵公子的名字也不会叫铁蛋。此外，也可结合人物诉求以及人物命运、性格等，在姓名中进行隐喻。如《红楼梦》中的人物名贾宝玉(假宝玉)、甄士隐(真事隐)等，就是此类应用的典范。其次，人物的年龄和身份，人物所经历的种种事件，人物处理问题的方式等，彼此之间也有密切关系。性别有时候也会影响人物的思考方式，反性别式的思考，会更容易让人物性格突出。此外，人物关系还会影响故事走向，反过来，故事走向也会影响人物关系，二者应当保持统一。当然，人物身份、关系网络、所经历和将要面临的事件以及人物性格、诉求等应该保持一致。如果有不一致处，就需要梳理彼此之间的逻辑关系，以达成统一。

运用以上围绕式宫格发散法，能够涵盖大多数人物形象的构思要求，但上图所示的九宫格模式，并非一成不变。本书只提供范例，而非标准，在具体的创作环节，读者可根据自身情况灵活调整。有些宫格如年龄、性别等效用不大，也可自由替换成其他内容；如果填满所有宫格后，依旧觉得对人物形象挖掘不够，那么可继续就单个宫格继续挖掘。如图 6－4 所示的宫格，就是我们在围绕人物诉求这一项展开发散：

A. 人物诉求

B. 诉求内容

C. 诉求原因

D. 诉求实现与否

E. 诉求实现中遇到的障碍

F. 化解障碍的方式（个人/同伴）

G. 化解结果

H. 化解过程对人物产生的影响

I. 折射到人物性格与行事上的表现

E. 诉求实现中遇到的障碍	F. 化解障碍的方式（个人/同伴）	G. 化解结果
D. 诉求实现与否	A. 人物诉求	H. 化解过程对人物产生的影响
C. 诉求原因	B. 诉求内容	I. 折射到人物性格与行事上的表现

图 6－4　围绕人物诉求设定人物

经过第二轮宫格发散，我们的人物设定更加深入、更加集中，对人物行为背后的深层原因也挖掘得更加透彻。值得强调的是，任何一个人物，哪怕只是配角，在自己的设定宫格中都是主角。所以我们在构思人物的时候，将某一个角色当作功能性的行动元，只是第一步。第二步，要让人物活过来，必须将角色当作真正的人来对待，挖出角色本身的丰富性，这样至少在构思环节，能够保证人物的多面性和多元性，在写作过程中取用时，也能更加自如。

3. 归比演绎，塑造典型人物

典型人物是恩格斯在《致玛·哈克奈斯的信》中首次提出的概念：“据我看来，现实主义的意思是，除细节的真实外，还要真实地再现典型环境中的典型人物。”一般情况下，典型人物往往孕育在典型环境中，指小说等叙事性文学作品中塑造的具有鲜明典型特征，又能反映出特定社会生活的普遍性，揭示出社会关系发展的某些规律性和本质方面的人物形象。典型人物的性格是共性与个性的统一，一方面受人物所处的历史条件制约，另一方面又受作家创作意图的影响，只有直接体现时代的特色和要求，引起作者特别注意，并被用以寄托作者对社会、人生等重大问题的态度和看法的性格成分，才能成为典型性格中反映某些社会本质的东西。因此，典型人物的共性一般都带有阶级性，带有某一时代、民族、地域、阶层的人物所共有的属性。

也正因此，在创作初衷相对模糊，或是人物形象不够明确的情况下，我们可以利用归比演绎法，归纳总结文学经典中典型人物、典型性格的同时，结合当下时代背景或作品中所描写的时代，演绎出既具有代表性，又具有时代性的典型人物形象，为我们文学创作中的人物塑造提供便捷之处。

（二）人物关系构建

宫格发散法结合人物功能，可以构建最基础的人物关系。在人物众多，关系错综复杂的长篇作品中，我们还可以利用树状导图法，进一步梳理人物关系。这一方法，我们之前在故事构思环节也使用过，只是当时更侧重于树状导图的线性功能，尤其是鱼骨图的使用；但在人物关系构建环节，树状导图法的其他几种类型，则能更好地发挥作用。

1. 传统树状导图法

构建人物关系最常用的思维训练方法是传统树状导图法。即按照一定的时间线或层级关系，以类似树状图的方式搭建人物谱系。这种方法能够让同一体系下的人物层级关系更加分明。但这种传统的树状导图法，更适用于人物之间存在统摄性关系或传承性、结构性关系的情况。譬如我们可将《红楼梦》中宁、荣二府的主要人物关系如图 6－5 所示进行梳理。

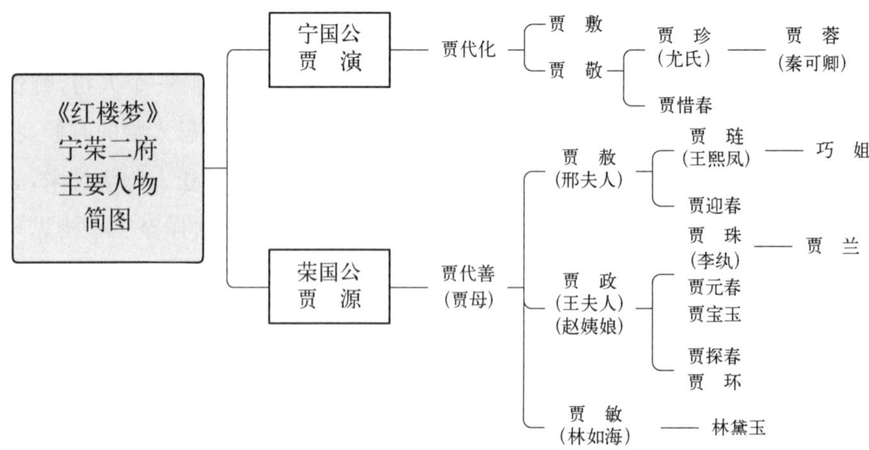

图 6－5　《红楼梦》中宁、荣二府主要人物关系

以树状导图法为基础构建家族或势力内部的谱系关系，交待了不同人物之间的关联，可以让整部作品的人物脉络更加清晰，人物关系也更加明了。层级性是传统树状导图法最大的特征。

2. 变体树状导图法（人物关系网）

在人物谱系非常明了的情况下，传统树状导图法效用显著，但对于错综复杂的人物关系，宫格发散法和传统树状导图会丧失优势。这时候，需要在树状导图线性关系的基础上进行变体，将树状图转化为人物关系网络。

如《庆余年》中的人物关系，如果利用树状导图表示，就很难清晰呈现各方势力之间的勾连关系。利用人物关系网，则会比传统树状导图法更清晰有效，彼此之间牵一发而动全身的复杂联系也会更加突出和明显，具体如图 6－6 所示。不过这种人物关系网，也存在一定的弊端，譬如在幅面不够的情况下，这种关系网会使界面混乱，层级结构的划分也不够明显。

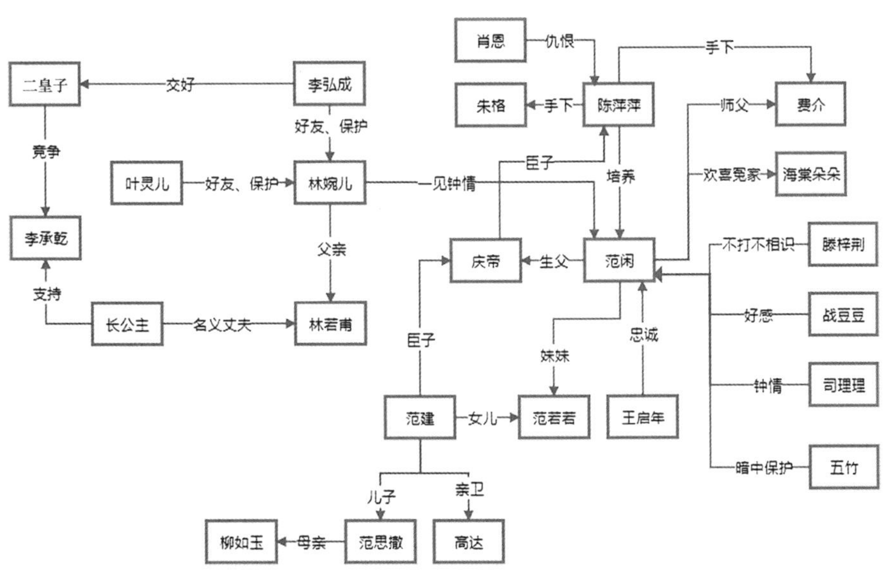

图 6－6 《庆余年》人物关系①

以上，我们结合部分实例，重点分析了构思人物时的两个主要方面，即人物形象塑造和人物关系构建，也指出了不同思维训练方法的使用范畴与优劣。总而言之，不管在写作的哪一个阶段，所有思维训练方法的选取与应

① 《〈庆余年〉人物关系图》，亿图图示，链接：https://www.edrawmax.cn/templates/file/1026657

用，一定要适应实际需求，灵活变通，为创作效果服务。

第三节 写作指导

如果说故事是小说的骨架，那么人物就是让这个骨架活动起来的开关，也是一部优秀的小说不可避免的驱动力。如何避免刻板，创作出形象鲜明、鲜活立体的人物来点亮整个故事，是我们这一章主要解决的问题。本节我们将以宫格发散法为主，结合归比演绎等方法，以《一桩事先张扬的绑架案》中的人物塑造为例，具体展开分析讲解。

一、宫格发散法的实际应用

（一）人物形象构思

好的故事，一定是流动的故事；出彩的人物，也必定是鲜活的人物。就像在生活中，每个人都是各自生活中的主角，都有自己的故事，因此千人千面各有不同。小说中也是如此，不管是主要人物还是次要人物，都有自己的人物故事，并非某个单一的功能性角色。所谓主要、次要，不过是根据故事的创作目的，被作者有选择地以或多或少的笔墨呈现罢了。

在写作《一桩事先张扬的绑架案》时，抛开题目不谈，如果我们想展现的是单亲家庭少年的成长，那么康誉就是主要人物；如果我们想要呈现的是一个女人的觉醒与沉沦，走出与归来，以及女性在个体和母亲身份之间的权衡割舍，那么赵虹玉就应该是主要人物；如果我们想表现的是社会底层小市民在生活中的无奈，在婚姻以及亲子关系中的茫然无力，那么康卫国就是毫无疑问的主人公。

不同的主体与写作目标，影响着同一事件中不同人物的主次划分。因此，在塑造人物之前，我们首先需要明确的是，故事可以设定主要人物、次要人物的区别，但在具体的人物塑造和设定环节，我们必须公平地对待每一个角色，一定要赋予每个人物性格生成的合理性，给予每个人物属于他们自己的成长故事，这样才能保证人物的鲜活性和感染力。作者只有在创作阶段真正把角色当作活着的人，读者才能从作品中读出鲜活的人物形象。接下来，我们围绕《一桩事先张扬的绑架案》中的各个人物设定进行具体分析。

1. 紧扣方向，确定角色功能

在创作环节，为了保证故事中某个人物存在的必要性，我们首先要结合归比演绎法或逆向思考法确定该角色的功能，明确在整个故事中，该人物起到怎样的作用。譬如，我们想要表现一个从小父母离异、深陷原生家庭影响的初二中学生的成长蜕变，那么毫无疑问，这个中学生就是行为主体；为打消母亲带走自己这一念头而实施的绑架计划，就是他的行动客体。在这个主客体关系中，绑架行为的发出者是康誉本人，接受者是康誉的妹妹宋小暖。从他的根本目的出发，母亲赵虹玉是阻挠者，希望他跟随母亲一起生活的生父康卫国和妹妹宋小暖，也是阻挠者；继父宋鸿才，客观上成为他行动的帮助者。这一过程中，看似生母、生父以及宋小暖功能一致，但宋小暖是内嵌故事即绑架事件的客体，生父康卫国是主要人物想要留下的原因和行为动力，母亲则是他实施绑架的根本原因，均不可取代。由此，故事中出现的五个人物，就都具有了不可取代的地位，不能合并，也不能删减。

我们根据故事中的角色功能，设定了相应的人物。在这一过程中，康誉这个青春期的少年身上有着无数单亲家庭孩子的共通之处，如叛逆、敏感、渴望爱等，是我们根据无数案例归比演绎出的形象元素。而康誉的“绑架”行为，又是我们在设定人物时，运用逆向思考法的结果。一般而言，实施绑架行为，是恶与坏的表现，但主人公康誉所施行的这场“绑架”，却是出于善意与爱的“冒险”，这在一定程度上打破了我们的固有认知，从逆向思考的角度，增强了故事的可读性与趣味性，避免落入俗套。

2. 围绕宫格，深度设定人物

上一步中，我们首先确定了故事需要哪些承担不同作用的功能角色。但所谓功能，只是从效用而言，具体的小说写作过程中，我们需要的还是鲜活的人物。因此接下来，我们要进行第二步，即借助围绕式宫格发散法，拓展延伸，活化功能性人物，展开深度设定。

首先，我们以主要人物康誉为例，利用发散式宫格，在宫格图 6 - 7 中，展开第一轮追问。

A. 确定人物姓名

B. 确定人物性别

C. 确定人物年龄

D. 确定人物身份

E. 确定人物喜恶

F. 确定人物关系

G. 确定人物主要事件

H. 确定人物核心性格

I. 确定人物诉求

具体人物信息设定构想，如下图 6－7 所示。

E. 前期喜欢一个人独处，对原生家庭逃避不喜，对“窝囊”无用的生父不满，对丢下自己离婚的母亲有怨；后期理解父母的不易，谅解并成全	F. 主人公，康卫国和赵虹玉的儿子，宋小暖的哥哥，宋鸿才的继子	G. 5 岁前，在父母的争吵中度过； 5 岁时，父母离异，母亲离开，与生父相依为命； 8 岁时，母亲归来； 9 岁时，妹妹宋小暖出生； 9～14 岁，与妹妹相处融洽，但因为学习不好，身上又常年有家中臭豆腐的味道，在学校不受欢迎； 15 岁，母亲意图带走他，给他更好的生活和教育条件，出于对生父的不舍和对母亲现有生活的尊重与成全而拒绝好意； 15 岁暑假，自导自演一桩事先张扬的绑架案，打消母亲带走自己的念头，和自己的童年以及父母和解
D. 初二学生，暑假过后升初三	A. 康誉	H. 叛逆，执拗，早熟； 但善良体谅，懂事，外冷内热，嘴硬心软
C. 15 岁	B. 男	I. 让母亲打消带走自己的念头

图 6－7　以主要人物康誉为例，利用发散式宫格设定人物

以上宫格从八个层面简单剖析了主人公康誉的设定，但这样的挖掘远远不够深入，所以我们需要进一步挖掘人物。以最后一点“人物诉求”为例，可以进一步追问如图 6－8 所示。

A. 人物诉求

B. 诉求内容

C. 诉求原因

D. 诉求实现与否

E. 诉求实现中遇到的障碍

F. 化解障碍的方式(个人/同伴)

G. 化解结果

H. 化解过程对人物产生的影响

I. 折射到人物性格与行事上的表现

E. 生父因为疼爱康誉，支持母亲的决定，妹妹也希望和康誉一起生活。康誉无法仅靠语言来说服众人，只能凭借自己一人的努力，来实现个人诉求	F. 个人——选择假意绑架妹妹的方式，激化自己和继父家庭的矛盾，让继父排斥反感自己，拒绝收容自己；同伴——利用继父对女儿的疼爱，对自己这个外来者的戒备，使继父在客观上成为自己达成目标的助力	G. 成功绑架妹妹，激怒继父，破坏母亲的计划，如愿留在生父身边，也成全母亲，避免母亲因为自己受到继夫一家的苛待
D. 具有现实性和可操作性	A. 让母亲打消带走自己的念头	H. 促进主人公康誉的成长成熟，让他体谅父母的不易，在选择中，与父母、童年、自我和解
C. 理解母亲在新家庭的不易与难处；理解生父这些年的艰辛与疼爱；出于对父母的爱，策划“绑架”来成全彼此	B. 让母亲放弃带走自己的念头，专注于当下新的家庭和妹妹；希望自己能够继续留在生父身边，与生父相依为命	I. 绑架妹妹后并未苛待妹妹，反而事事照顾关心，与绑架行为形成反差；解开与父母之间的心结，能够和父母平和沟通；心智上逐渐成熟，能更主动地学习

图 6－8　围绕人物诉求进一步挖掘人物

至此，主要人物康誉的完整人设基本成型。处理次要人物时，也可以用同样的方法。譬如，我们以次要人物康卫国为例，在图 6－9 中利用发散式宫格，展开第一轮追问。

A. 确定人物姓名

B. 确定人物性别

C. 确定人物年龄

D. 确定人物身份

E. 确定人物喜恶

F. 确定人物关系

G. 确定人物主要事件

H. 确定人物核心性格

I. 确定人物诉求

E. 喜欢喝酒，没文化，不喜欢读书，但希望儿子好好读书	F. 赵虹玉前夫，主人公康誉的生父，一直和康誉生活在一起	G. 29 岁大龄成婚，因为没文化没本事，被前妻赵虹玉瞧不起； 30 岁儿子康誉出生； 因为与妻子价值观不合，时常吵架，激烈时骂人，动手； 儿子 5 岁时，夫妻离婚，一人抚养康誉； 儿子 15 岁时，前妻要带走儿子亲自教导抚养，康卫国自知不能给孩子更好的未来，虽有不舍但为了孩子答应
D. 居住在城中村的小摊贩，以美食街摆摊卖臭豆腐为生	A. 康卫国	H. 常年在底层摸爬滚打，最初性格冲动，最后逐渐被生活磨平棱角，为了生计失去尊严，老实懦弱，对儿子要求严苛，信奉棍棒底下出孝子，疼爱儿子却选错了方式
C. 45 岁	B. 男	I. 希望儿子康誉能有一个光明的未来

图 6－9　利用发散式宫格设定次要人物康卫国

康卫国虽然是次要人物，但以上信息依旧不足以支撑他的人设，所以我们还要进一步挖掘，展开更深入的追问与剖析。以最后一点“人物诉求”为例，我们可以进一步追问如图 6－10 所示。

A. 人物诉求

B. 诉求内容

C. 诉求原因

D. 诉求实现与否

E. 诉求实现中遇到的障碍

F. 化解障碍的方式（个人/同伴）

G. 化解结果

H. 化解过程对人物产生的影响

I. 折射到人物性格与行事上的表现

E. 自身经济和文化条件有限，无法给儿子提供较为宽裕的教育支持；儿子叛逆不愿意好好学习，自己不懂如何教导	F. 个人——拼命赚钱，转严厉为温和； 同伴——忍痛让文化水平更高经济条件更好的前妻带走儿子教导	G. 愿意忍痛割爱让孩子离开自己跟着前妻生活；但儿子康誉不愿意离开生父，通过自身努力，拒绝母亲的好意，留下来与父亲一起生活
D. 依照自身当下的条件，实现难度较大	A. 希望儿子康誉能有一个光明的未来	H. 看到儿子内心对自己的爱；反思自己的教育方式；缓和僵化的父子矛盾，与儿子融洽相处
C. 作为父亲对孩子的疼爱	B. 希望孩子懂事，不再叛逆，同时学习成绩进步，自己能给孩子提供尽可能多的帮助	I. 改变棍棒底下出孝子的观念，学会让步；尊重儿子，把儿子当做小大人；因为儿子挺直了脊梁，变得更加无畏，更加勇敢地面对生活和人生的失败

图 6－10　围绕人物诉求进一步挖掘人物

至此，次要人物康卫国的形象设定基本完成。小说中其余人物如赵虹玉、宋鸿才、宋小暖等，同样可以按照这样的宫格发散方式完成设计，读者若有兴趣，可依照此方法尝试分析，也可以在自己的小说中，利用围绕式宫格发散法塑造人物。

3. 归比演绎，塑造典型人物

在《一桩事先张扬的绑架案》一文中，除了上文所述五位有完整姓名出现的人物之外，还有一部分没有名字但却对人物形象塑造有帮助的隐性人物。如为了让儿子有钱娶媳妇儿，将高中毕业的女儿赵虹玉嫁给大龄男光棍康卫国的赵母。这个人物没有直接出现，但她却是赵虹玉婚姻不幸的直接原因，也代表 20 世纪农村一批具有典型重男轻女思想的人物，折射出 20 世纪农村婚嫁方面的一些普遍现象。同样的，还有没有直接出现的宋鸿才的长辈，为了抱孙子，也为了“不给别人家养孩子”，宋家长辈对儿子宋鸿才施压，要求儿媳妇赵虹玉生二胎。在赵虹玉拒绝之后，一直鼓动儿子拒绝康誉来宋家生活。这也是老一辈对待家事传承和重男轻女思想的折射。两位长辈是我们利用归比演绎法所塑造的能够代表 20 世纪农村地区老一辈古旧思想的典型人物。

（二）人物关系构建

《一桩事先张扬的绑架案》作为短篇小说，人物较少，人物关系也相对简单，在梳理过程中，可以结合变体树状导图法来梳理人物关系网，让人物关系更加清晰。前文我们对角色功能的梳理，某种程度上也是人物关系网的一种呈现，但当时只局限于功能作用，此时为方便创作，则可以细化关系网，进一步明确人物之间的关系和相关事件。案例人物关系网如图 6－11 所示。

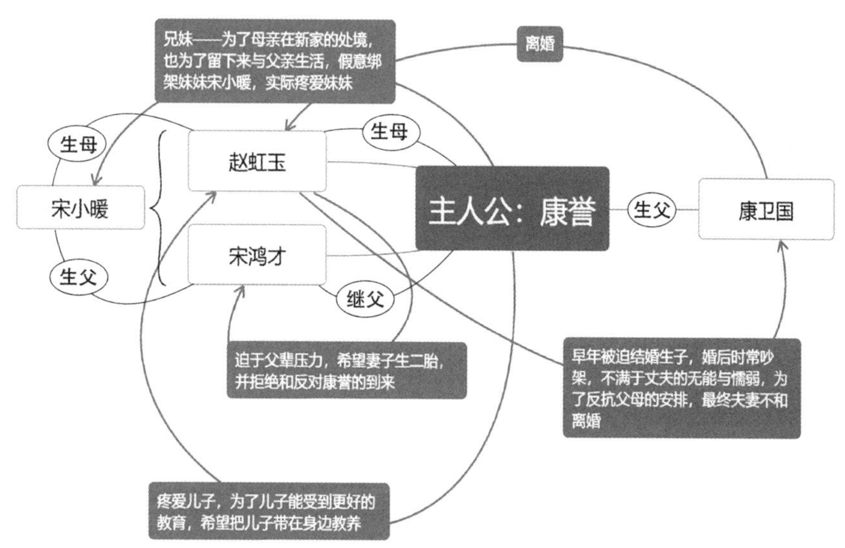

图 6－11 结合变体树状导图法梳理人物关系

二、注意事项

宫格发散法在人物形象的构思与塑造环节，有着画龙点睛的效用。只有人物鲜活起来，生动起来，故事才能随之变得真实，情感也才能更加动人。在这一环节，有以下几点需要我们注意：

（一）功能优先，降低难度

根据故事内容设定人物的时候，可以参考叙事学中行动元的功能分类，首先根据行动元的六种类型，来设置基本人物框架。这样能够保证功能人物对故事的推动作用，同时也能避免一时兴起，设置过多功能一致、冗杂赘余的次要人物。以功能人物为牵引，利用宫格发散法区分模块，在此基础上，再进一步补充或者丰富人物的多样性，能够帮助我们把握要点，降低人物构思的难度。

（二）避免刻板，保持鲜活

真正能让读者留下深刻印象的人物，要么具有一定的典型性，要么形象立体，具有多面性。因此在人物设定环节，需要按照围绕式宫格法深入挖掘，哪怕是次要人物，也需要完成人物宫格式小传，让人物“活”起来，避免刻板僵化。

（三）人物与行动彼此统一

同一事件中，人物行为的差异受到身份、背景、年龄、性别、行动出发点等诸多方面的影响。因此在人物构思时，万不可想当然，必须根据人物身份、背景、年龄、性别、出发点等诸多影响要素，综合考虑，保证人物与其行动相匹配，这样才能使塑造的人物真实可感，富含逻辑，避免人、事分离。呈现在宫格发散法的运用中，就是要做到每一个宫格之间都相互呼应。

（四）突出主要人物，主次分明

情节设定分主次，人物也有主要人物和次要人物之分。构思时，一方面为了方便写作环节随取随用，对主要人物、次要人物要一视同仁，细致设定，来保证他们的生动鲜活；另一方面，在具体写作和谋篇布局过程中，又要注意区分主要人物和次要人物的着墨多少，避免出现本末倒置的情况。

思考与练习

1. 叙事性作品的人物和故事之间有怎样的关系？

2. 请比较头脑风暴法、宫格发散法、树状导图法之间的异同，并分析它们各自的优劣。

3. 请利用本章所讲的思维训练方法，为你上一章课后练习阶段构想的故事，构思出至少三个人物，并搭建人物关系。

第七章　逆向思考法：写作观念的形成

本章提要：本章我们将通过古诗词、网络小说、广告剧本等多个案例，分析逆向思考法为写作观念服务的过程，明确逆向思考法的一般程序和具体操作步骤，结合创作实践，学会如何使用这一方法创造出既出乎意料又合乎情理的创意作品。

第一节　案例分析

写作观念是创作者对作品主题立意、整体构思和表达、审美偏向等多方面取舍的综合呈现。在创意写作中，写作观念能够对创作者的创作起到指导作用。在本章，我们将学习如何用逆向思考法指导写作观念的构思。

逆向思考法的应用在写作中十分普遍，中国唐代诗人杜牧在创作《题乌江亭》时，就将逆向思考法应用在主题立意的构思中：

题乌江亭

胜败兵家事不期，包羞忍耻是男儿。

江东子弟多才俊，卷土重来未可知。

项羽鸿沟和议后被刘邦围困在垓下，几经周折后逃到乌江，兵马也已折损殆尽。乌江亭长曾劝说项羽回到江东休整，日后再卷土重来。项羽却认为自己无颜见江东父老，最后自刎乌江。杜牧在游历乌江亭的时候，从已有的历史事实出发，根据项羽战败自刎乌江的故事，应用逆向思考法创造性地从相反的角度思考，先假设项羽“包羞忍耻”回到江东，或可以凭借江东弟子东山再起，从而确立了胜败是兵家常事，真男儿应当忍辱负重的主题立意。

逆向思考法就是这样一种反常规的思维训练方法。创作者采用正向思考时，往往会沿着习惯的思考方向去进行创作。以描写项羽为例，采用正向思考的创作者往往会根据项羽自刎的史实渲染项羽的勇武和悲壮，而杜牧恰恰相反，他通过逆向思考增添了一种历史的假设，在立意上做到了创新。

杜牧创作《题乌江亭》时的思维方法，恰好和我们所要讲到的反转型逆向思考法类似，两者都是根据已有事物的结论，从相反的方向进行思考，从而得出新结论的过程。两百年后，北宋的王安石也用一首《叠题乌江亭》回应了杜牧的《题乌江亭》：

叠题乌江亭

百战疲劳壮士哀，中原一败势难回。
江东子弟今虽在，肯与君王卷土来？

这首诗同样也是以史实为例，先描述了项羽方的士兵和人民都因为战争而疲劳衰败，中原战败后大势难回，同时又认为即使项羽未死、江东的子弟仍在，也不肯再卷入战争之中。王安石在这首诗里同样也运用了逆向思考法，他首先把握住项羽战败乌江自刎的现象，从这个现象出发逆向去追寻史实背后的本质和规律，最后找到了项羽战败的原因——大势已去。王安石的这首诗，正是通过溯因型逆向思考法，把握住了项羽战败的深层次原因，从而在历史的必然角度剖析了项羽屡次不听劝告、刚愎自用，最后大势已去无力回天的历史现实。

由此可以看到，杜牧和王安石二人在叙述这件事的时候都采用了逆向思考法，杜牧巧妙地利用反转型逆向思考法，假设项羽未死，从而体现新的主题立意。而王安石使用了溯因型逆向思考法，追寻事物背后的本质规律，认为项羽的战败是由于多种因素综合下的大势已去，从而可以从历史的角度看待问题。《叠题乌江亭》可以看作是王安石对杜牧《题乌江亭》的回应，两首诗思考的向度并不相同，创作出的作品中的立意和主题也各不相同，我们在创作时可以尽可能地根据自己的需要在这两种逆向思考法中进行选择。

通过上述案例，我们论述了反转型逆向思考法与溯因型逆向思考法在诗歌的主题立意中的应用，那这两种逆向思考法能否用于其他文体和内容中呢？答案是肯定的。

逆向思考法的新颖之处在于，它可以帮助创作者突破思维常规，激发创作者的创作灵感，从而创作出令人眼前一亮的新奇作品。因此，逆向思考法不仅仅可以被用在明确作品的主题立意上，还可以被用于创作的方方面面，如在小说创作中可以用逆向思考法来指导写作策略，另辟蹊径，以达到独特的艺术效果。

例如，网络小说作家猫腻创作的《庆余年》中，虽然主人公范闲和他的母亲叶轻眉同为穿越者，但在塑造人物时作者采用的写作策略却完全不同。对于范闲，猫腻大都采用聚焦人物的视角，直接通过情节的发展与故事的推动塑造人物形象。范闲的人物形象，完完全全得益于猫腻在故事中的直接表达。而猫腻对叶轻眉的人物塑造策略并不相同，虽然《庆余年》的整个故事都是围绕着叶轻眉展开的，不论是四大宗师的修行过程，还是庆帝的登基过程，又或者是监察院的建立，背后都有叶轻眉作为主导力量，就连贯穿故事始终的重要线索狙击枪也是叶轻眉所留。然而对于这样一个关键性人物，猫腻却始终没有从正面描写过她。叶轻眉在小说开始之前就已经去世，《庆余年》中也少有直接描写叶轻眉的片段，反而是通过陈萍萍、肖恩、范建等人的回忆去刻画叶轻眉。猫腻也偏好通过叶轻眉遗留下来的庆余堂、内库、监察院、五竹等人或事间接塑造其人物形象。可以说，《庆余年》这本小说处处都无叶轻眉，但处处都是叶轻眉。

这样的写作策略正是在逆向思考法的指导下产生的。在塑造和构思一个人物的时候，创作者的常规思路通常是希望采取一系列的情节和事件，用行动描写、语言描写、思想描写等一系列直接描写来刻画表达人物。然而猫腻在塑造叶轻眉的时候跳出了人物塑造的藩篱，在描写叶轻眉的时候统统采用侧面描写的方式，虽然斯人已逝，但她发明的肥皂、玻璃、报纸还在庆国被广泛使用，她建立的机构和商会还在庆国屹立不倒，她结识的朋友伙伴还在一遍遍回忆她。张爱玲说过："每个男人生命中都会有这样的两个女人，娶了红玫瑰，久而久之，红的变成了墙上的一抹蚊子血，白的还是'床前明月光'；娶了白玫瑰，白的便是衣服上的一粒饭粘子，红的却是心口上的一颗朱砂痣。"叶轻眉这样一个在故事中已经死去的人物，就像是张爱玲所说的白月光和朱砂痣，越是随着故事的推进，读者就越感慨于叶轻眉的风华绝代与惊才绝艳，越为叶轻眉的死而惋惜。猫腻这样的写作策略，就是采用逆向思考法的结果。

逆向思考法还可以被应用在写作的各个领域，以我们常见的广告为例，某知名游戏厂商在宣传旗下游戏的时候别出心裁地制作了一款创意广告，广告中的大部分篇幅讲述了一个男人为女儿做饭、为妻子梳妆、送家人出门旅游的故事，展示了一个顾家的好男人对妻子、孩子的爱和他对家庭的付出。在广告的末尾，男人送走妻子和女儿之后，镜头突然一转，配合着"爱自己，从现在开始"这一主题，男人开始与二三好友享受这款全新发售的游戏。广告的文案剧本如下：

爱你的家人，从心开始。

为心爱的女儿做一名厨师。

为心爱的妻子，成为造型师。

为你爱的家人成为一棵爱心树

然后，为你爱的自己成为一名——死灵法师。

爱自己，从现在开始。

这个时长1分4秒的广告，有40秒在讲述男人为家庭付出的琐事等与游戏无关的内容。因为该系列游戏最早发布于1995年，其核心受众如今大多是已经成家立业的男性，因此这个广告充分地考虑了受众的属性，灵活运用了逆向思考法，在宣传游戏之前先是站在一个有家庭的男性的角度，突出男性在家庭中为家庭成员的付出，最后再将主题落脚到“爱自己”之上，顺理成章地引出玩游戏就是爱自己的体现。

这样创造性地逆向思考，突破了观众所熟悉的直奔主题式广告，也突破了旧有的陈规和平庸的思维模式，带来的是一种全新的创作改变。用家庭男性作为游戏广告的例子，可以在更大程度上引起目标用户的共鸣，使得目标用户能将自己代入广告角色之中，从而获得更大的关注度。同时，这样的广告形式也摆脱了洗脑式广告的弊端，其新奇的表现形式打破了单一趋同的广告模式，从而引发观者的兴趣，使得观看者自发转发、评论，成为广告传播的一分子。游戏公司的这一广告，正是巧妙利用逆向思考法并且正确把握住互联网用户和游戏玩家心态之后的产物，广告策划用新鲜的思考方式创作广告，用新的视角思考问题。

逆向思考法在广告方面的应用还有很多，有些广告特意从产品的缺点出发，有意将产品的缺点通过逆向思考法指导转变成优点。在我们选购商品的时候，价格就是一个很重要的参考指标，有些广告就从这一点出发，采用逆向思考的思维方法，通过宣传其定价高，打造“轻奢”或者“商务”的概念，从而将价格高的缺点创造性地转变为优点。

总之，逆向思考法的特点就是有意识地打破常规思维惯性，从一个全新的角度思考和分析，从而创造性地站在事情的对立面解决问题，带来全新的解题思路和效果。因此，逆向思考法也具备着独特的创造性和批判性。正向的思考方式是通过传统的常规的、惯性的方式进行思考和行动。而逆向思考法的应用正是反传统、反常规和反惯性的。因此逆向思考法作为对常规的挑战，能够帮助创作者在创作之中克服思维的定式，跳出僵化的认知。在我们日常的写作中，不论是细节的处理，还是主题立意的构思与确立，都可以采取逆向思考法作为我们创意写作、打破常规的方式，创造出既出乎意料又合乎情理的创意作品。

第二节　操作要点

写作观念的构思阶段主要用到的方法是逆向思考法，前面已经介绍过，逆向思考法就是打破常规思维路径，从事物的结论出发，逆向沿着推理的路径或事物的反面去思考，最终以创造性的方式解决问题的思维训练方法。逆向思考法是一种有悖于正常逻辑的一种思考方式，常常在不经意间为问题的解决提供一种剑走偏锋的独特解法。这一节将具体介绍创意写作的写作观念构思过程中使用逆向思考法的具体步骤。

一、逆向思考法的一般程序

逆向思考法具备正向思考所没有的批判性和创造性。通常来说，正向思考都是按照正向的、常规的、大家公认的方式进行思考，而逆向思考则打破了常见的思考方式，克服了公认的思维定式，能够摆脱思维的僵化和习惯的束缚，创造出独特的思维产物。逆向思考法适用于难以通过正向思考得出答案的情况。在我们使用逆向思考法的时候也需要注意，逆向思考并不是不受约束地随意列举事物的对立面，而是在对事物有一定认识和了解的基础上，采用逆向的角度思考问题。逆向思考法包括反转型逆向思考法和溯因型逆向思考法两种。

(一) 反转型逆向思考法

反转型逆向思考法，就是根据已有事物的结论，从相反的方向进行思考，从而得出新结论的思维训练方法。我们往往是在使用常规思考方式受阻时才选择使用反转型逆向思考法，所以反转型逆向思考法就要求我们转变看待问题时的角度和方式，看到解决问题的对立面。

反转型逆向思考法的一般程序分为两步：

1. 明确角度

反转型逆向思考法强调的是从另一个角度看待同样一个问题，以期获得不同的视角和感悟。因此使用反转型逆向思考法的第一步就是要明确当前看待问题的角度，只有明确了当前看待问题时的角度，才可以找到问题的对立面。例如前文所举杜牧的《题乌江亭》，实际上也是先明确了大众在看待项羽时，普遍以表现项羽的悲壮惨烈为主的角度，才能够看到项羽乌江自刎的对立面，进一步使用逆向思考的方法，创造性地提出自己的观点。

2. 寻找对立，探索方向

在明确了当前看待问题时的角度之后，就需要我们调动抽象逻辑思维，去发现当前角度的对立面，以获得看待问题的新感触、新视角、新方向。仍以前文杜牧的《题乌江亭》为例，杜牧创造性地假设项羽没有自刎的情况，认为项羽如果回到江东，或许可以再次集结江东子弟东山再起，并由此确立了胜败是兵家常事，真男儿应当忍辱负重的主题立意。

在使用反转型逆向思考法时可以从事物的优劣、功能、状态、结构等几个维度入手，明确当前看待问题的角度：

(1) 优劣角度。

从优劣角度出发使用反转型逆向思考法，是在看到一件事物的优点或缺点的基础上，找出事物优劣的对立面。老子所说的“祸兮，福之所倚；福兮，祸之所伏”就是从事物的优劣角度出发进行的逆向思考。创作者在创作的时候，可以先分析事物的优点或缺点，并从不同角度思考这些优缺点是否有可能在某种状态下相互转换，就像一些手机制造厂商在打造高端系列手机的时候，会将价格高这一不利因素包装成“商务”概念，以期满足目标受众的心理预期，成功获得目标受众的欢迎。我们在创意写作中也可以从事物的优劣角度出发，尝试使用反转型逆向思考法来反转事物的优劣属性，从而打开新思路。

(2) 功能角度。

从功能角度出发使用反转型逆向思考法，可以先明确一个事物在惯性认知中的功能和作用，再尝试去寻找这个事物的新功能或将这个事物原本的功能用在别处。例如，跑步机最早是作为刑具产生的，早期英国的很多监狱都会通过强迫犯人重复使用跑步机的方式，起到惩罚犯人和完成研磨玉米、抽水等劳动生产的作用。直到 19 世纪，人们发现跑步机的功能结构不仅可以作为生产工具和惩罚措施，还可以用来健身休闲，因此才对跑步机加以改造。这就是从功能角度出发使用反转型逆向思考法。

(3) 程序角度。

程序指的是事情原本发展的过程和顺序，从程序角度出发使用反转型逆向思考法，就是先明确事物原本的发展过程和顺序，通过适当调整和改变，从原有过程中获得新发现，找到解决问题新方法。从程序角度出发使用反转型逆向思考法时，可以打破原有循规蹈矩的解题思路，在过程中进行创新。

(4) 观念角度。

创意写作在很大程度上依赖于创作者看待问题、思考问题、解决问题的方式和观念。创意写作中的创新很多时候都是对既有观念的反叛和突破，新观念、新观点的产生往往是对前人的突破和否定的过程，因此我们在使用反转型逆向思考法时，可以从观念的角度出发，对既有的观点进行改造和创新，由此形成独特的创作理念，创作出惯性思维难以创作的新事物。

（二）溯因型逆向思考法

溯因型逆向思考法就是从现象或结论出发，逆向追溯和推理，最后得到造成现象或结论的原因的思维训练方法。溯因型逆向思考法要求我们先对现象进行描述，然后找出造成这种现象的原因。溯因型逆向思考法的一般程序分为三步：

1. 明确已有的现象或结论

溯因型逆向思考法强调的是找到造成某个现象或结论的原因，从源头出发进行逆向思考，从而获得对同一个问题的创新认识和独特感悟。因此使用溯因型逆向思考法的第一步同样是要先明确已有的现象或结论，只有明确了已有的现象或结论，才可以找到造成问题的原因，并进行逆向思考。

2. 分析原因

在明确了已有的现象或结论之后，就可以去厘清造成这些现象或结论的原因，为我们从源头的对立面思考做准备。溯因型逆向思考法注重把握思维的方向性，常规思维大多是正向进行的，使用溯因型逆向思考法的前提就是把握这些正向思维的过程，从而追溯到问题的原因。在追溯到问题原因之后，我们才可以进行下一步。

3. 把握对立面，逆向思考

溯因型逆向思考法的最后一个步骤就是，根据已经找到的问题原因，从原因的对立面进行思考，从而获取看待问题的另一个角度。如前文提到王安石，在创作《叠题乌江亭》这首诗的时候首先明确了已有的现象或结论，也就是项羽乌江自刎的历史事实，又一步步追寻项羽落到乌江自刎这样凄惨境地的原因及过程。项羽一直以来刚愎自用，虽然自己带兵打仗的能力非凡，但一遇到有关权谋的事往往容易冲动，也不愿意听人劝告，致使他一步步把江山拱手让给刘邦。王安石正是看到了项羽的性格和历史发展之间的矛盾运动，才从乌江自刎源头的对立面出发，认为项羽战败最大的原因就是大势已去，这样就从历史必然的角度写成了这首《叠题乌江亭》。

二、逆向思考法的面向

俄国形式主义评论家什克洛夫斯基提出的文学上的“陌生化”就是逆向思考法追求的目标。“陌生化”强调的是在内容与形式上违反人们习见的常情、常理、常识，是对常规常识的偏离，具体体现在造成语言理解与感受上的陌生感。在创意写作中，逆向思考法的适用范围非常广，当我们使用正向思维很难得到新颖的结果时，就可以选择使用逆向思考法来寻找新的思路。当创作者进行创作实践时，可以在人物、故事和写作观念的构思及文学修辞的表达等多个阶段使用逆向思考法。

当我们在进行创意写作的表达阶段时，可以通过使用逆向思考法，发掘字与句的对立面，为文章表达赋予新意。创作者在写作时可以在字与句上下功夫，营造语言理解和感受上的陌生感，以延长读者的感受时间，激发读者对文章的思考。鲁迅就是擅长将逆向思考法应用在写作修辞表达阶段的大师。鲁迅在遣词造句时经常采用逆向思考法故意混淆语法和词义、违反词句的正常使用方式，将原本含义相反的词语组合在一起，从而形成了其独特的创作语言。鲁迅在《且介亭杂文》中的《病后杂谈》一文中就有这样的句子："其实，'君子远庖厨也'就是自欺欺人的办法：君子非吃牛肉不可，然而他慈悲，不忍见牛的临死的觳觫，于是走开，等到烧成牛排，然后慢慢地来咀嚼。牛排是决不会'觳觫'的了，也就和慈悲不再有冲突，于是他心安理得，天趣盎然，剔剔牙齿，摸摸肚子，'万物皆备于我矣'了。"①其中，很多词句的意思都被鲁迅"篡改"了，比如"万物皆备于我矣"一句，原是出自《孟子·尽心上》，意思是万物的本性我都具备了。而鲁迅在这里改变了这句话的意思，并且将如此庄重严肃的话安插在一件小事的叙述之上，使得这段文字略带滑稽和讽刺的意味。

逆向思考法还可以用来构思人物。创作者在构思人物时，如果感觉人物过于类型化，对人物的塑造不够富有新意，就可以尝试使用逆向思考法。就如同前文举例的猫腻塑造叶轻眉时所用的手法，在正面、正向塑造人物很难再令读者产生新鲜感时，就巧妙地完全采取侧面描写的策略，在塑造人物的过程中完全不出现对人物的直接描写，从而让读者在阅读时感到眼前一新。这样的创作手法就是逆向思考法在构思人物时的一种用法。

逆向思考法还可以被用于情节的构思。在实际写作过程中，创作者也会面临剧情难以构思推进、主题立意不够明确等多种常规思考方式无法解决的困难，这时就不妨尝试逆向思考法，在已知信息的基础上逆向寻求解决问题的新方法、新途径。在我们面对写作中遇到的情节构思困难时，尝试换一个角度采用逆向思考法进行思考，或许会有独特的效果。

由此可见，逆向思考法在写作中的具体应用是十分广泛的。逆向思考

① 鲁迅：《且介亭杂文》，人民文学出版社2006年版，第173页。

法既可以用在构思人物与故事情节上，也可以用在创造性地遣词造句上。逆向思考法在创意写作中的面向非常丰富，几乎囊括了写作的各个阶段。由于篇幅和选择问题，本章节着重强调逆向思考法在写作观念的构思中的实际应用。

三、逆向思考法的具体操作步骤

所谓的写作观念的构思，既有写作时对作品主题立意的构思，又有对不同写作策略的选择。在实际创作当中，写作观念对写作起着指导性、纲领性的作用。能否确立起一个好的主题立意，能否在构思时选择合适的写作策略，都对创意写作的成败起着决定性的作用。

在创意写作的过程之中，写作观念就是创意思维的直观表达。一个优秀的创作者，其写作观念应该具备新颖性、深刻性、广泛性和创造性等特点。也就是说，优秀的创作者在创作时，既能够把握住事物的内涵与本质规律，为文章赋予独特的主题立意，表达自己内心的独到思想，又可以在写作的构思过程之中，针对不同面向为构思与写作选择合适的针对性写作策略，以创造出别具创造性的独特作品。深刻隽永而又别出心裁的写作观念永远是创作者的最高追求。

写作观念和思维类似，同样不是由创作者的天赋所决定的，而是创作者从一次次的写作积累和写作训练中不断吸取经验教训，最后形成的一种创作思想的集合。而逆向思考法是一种可以从原有角度的对立面出发进行思考的一种思维训练方式，恰可以用在写作观念的培养之中。创作者经过逆向思考法的训练，可以打破原有的思维定式，从问题的相反面进行思考和选择，从而树立兼具新颖性、深刻性、创造性等特质的写作观念。我们在使用逆向思考法培养写作观念的构思时有以下四个具体的程序：一想，二寻，三问，四翻转。下面我们来具体看一下这四个程序分别是如何进行的。

一想，就是在面对一个问题或结论时，想一想是否可以从结论的反面出发，以确立自己独特新颖的立意。当我们面对司空见惯的事物或结论时，往往会顺从于思维定式，沿着大众的思维方式进行思考。然而创作者在创作时，也要对常见的事物进行反思，想一想是否可以从结论的反面出发，找到他人忽视的一面。就如同鲁迅所推崇的“正面文章反面看”的“推背式”创作方法，面对日常事物和结论，多尝试从事物的反面思考，往往就可以推出一些潜藏在日常思维背后的逻辑，找出普通人时常忽略的一面，发掘出事物背后的深层内涵。创作者在构思阶段，如果能够学会多从事物或结论的反面出发，应用逆向思考法思考和解决问题，必然可以为文章的立意主题挖掘出更加丰富和新颖的内涵。

二寻，就是寻找已有的事物的其他用途，看看这些事物能否在另一个角度下发现新的用途。当创作者面对一件已有事物的时候，可以暂时摒弃对它的原有认知，去探索这件事物能否被应用在其他的领域，产生新的功用。在我们构思悬疑侦探类小说时，常常会涉及“延迟触发装置”，即事先在现场布置一种装置，只有等到一定时间过去或到某个特殊时间才会触发，以制造作案人的不在场证明。许多作家就常常用冰块作为这类延迟触发装置的触发器，等到冰块融化到一定程度就会自动触发装置。冰块原本的作用只有降温、保鲜等功能，创作者采用逆向思考的方式，暂时搁置了冰块原本的用途，反而去考虑冰块在延迟装置中可以起到的作用，从而构思出新奇的剧情。而创作者能否看到事物的其他用途，关键就在于是否具备逆向思考的意识和能否掌握多样化的写作策略。在创作中培养逆向思考的意识，积极寻找已有的事物的其他用途，就是逆向思考法的第二个步骤。创作者只要在创作中熟悉这一步骤，就可以借此来激发自己的灵感，为写作策略的选择提供帮助。

三问，就是时常问一问自己，在构思主题时或在处理其他写作上的具体问题时，能不能找到一个新的观点或角度，采取新的方法。创意写作最独特之处就在于写作的创造性。创意写作必须克服写作中老生常谈的陈词滥调和人云亦云的从众心理。因此，创作者在构思文章的主题立意时，可以多问一问自己，是否可以从旧的观点中找到新的思想，是否可以跳出思维定式，从而构思出新的思想内涵，获得新的灵感和新的认识。

四翻转，就是在构思立意和主题或选择写作策略时，有意反其道而行之，故意看到事情的对立面。就好比我们在面对“近朱者赤，近墨者黑”这一观点时，有意将这一观点翻转过来，变成“近朱者未必赤，近墨者未必黑”的观点。作家们时常用这种方法为自己的作品选取独特的观照角度，或树立新颖的主题立意。著名的儿童文学作家郑渊洁就时常采用翻转的创作策略，为自己的作品赋予独特的内涵。郑渊洁曾经写过一篇文章《请让孩子输在起跑线上》，在这篇文章里郑渊洁批判了“别让孩子输在起跑线上”的观点，认为这句话对家长的误导十分严重，他将这句话的含义翻转过来作为文章的基本思想。郑渊洁以逆向思考法作为起点，认为对输在起跑线上的担忧只适合短程竞赛，而人生是一场马拉松长跑，因此起跑线上的输赢也就无足轻重。

以上这四个程序就是逆向思考法在创作的写作观念构思这一阶段的实

际应用，这四个程序也不是必须按部就班进行的，而是可以在写作中根据不同需要不同情况自主进行选择。总之，在我们创作的写作观念构思这一阶段，可以充分采取逆向思考法进行训练，以挖掘日常事物背后隐含的深层内涵，从而深化创作主题，丰富写作策略。

写作观念的进步是长期有意识训练的结果，并不能一蹴而就。逆向思考法对于写作观念的培养和训练有着重要的意义，可以引导创作者在创作的过程中突破旧有观念，为写作提供新的角度和思路。利用好逆向思考法培养创作者的创作技巧，也可以为创作提供更加个性化的构思和表达方式，增添作品的创造性、批判性和新颖性。同时，创作者在使用逆向思考法时，还可以帮助自己增加对问题的理解程度，贴近事物的本质规律和深层含义。逆向思考法可以帮助创作者脱离惯性思维的束缚，使得创作具备“出乎意料，合乎情理”的特点。因此，使用逆向思考法指导实际的写作实践，往往能够使得创作者跳出原本的陈词滥调，从新的角度观察和剖析事物，突破原有的认知局限达到新的认知高度。

第三节　写　作　指　导

一、逆向思考法的实际应用

在这一节中，我们将以创作实践为例子，深入剖析逆向思考法在小说创作写作观念构思过程中的写作指导。由于篇幅限制，我们在本节中仅结合自己创作的作品论述逆向思考法在小说创作写作观念构思过程中的实际应用。在实际写作过程中，创作者可以灵活使用逆向思考法，将其应用在各个合适的创作阶段。相关作品可以在附录中找到。

上一节我们集中讨论了使用逆向思考法培养写作观念的构思时的四个具体的程序（见表 7－1）：一想，二寻，三问，四翻转。在本节中，我们将结合具体的作品以及创作实践，来看一下“一想，二寻，三问，四翻转”这四个逆向思考法的具体程序在培养写作观念的构思时的实际应用。

表 7－1　逆向思考法构思的具体程序

想	想一想是否可以从反面出发：通过逆向思考法从反面出发，将康誉与宋小暖之间的关系由最开始的单方面“绑架”，变成双方的“冒险”
寻	寻找已有的事物的其他用途：反复思考小说中赵虹玉照片的用途，去寻找这件事物能否被应用在其他的领域，产生其他功用，为它赋予全新的意义和价值

续 表

问	问自己能不能找到一个新的观点或角度：以二人对街边小吃的态度为切入点，展现康誉和宋小暖的成长环境差异，表现出不同阶层下人们不同的生存状态问题
翻转	反其道而行之，故意看到事情的对立面：在塑造宋小暖父母得知女儿被"绑架"时，没有简单地将赵虹玉的情绪处理得与宋鸿才相同，而是采用逆向思考法，从事物的对立面出发思考，塑造人物情绪

（一）思考是否可以从反面出发

在这部小说的实际创作过程之中，我们有意识地应用了逆向思考法，试图在面对司空见惯的事物或结论时，违背大众所习惯的思维定式，对常见的事物进行反思，想一想是否可以从结论的反面出发，找到其他创作者所忽视的一面。

以标题为例，标题中所提到的"绑架"，原本指的是以暴力手段挟持人质的一种违法犯罪行为。而在小说之中，随着阅读的深入，读者们应当会发现，康誉与宋小暖之间的关系由最开始的单方面"绑架"，变成了双方的"冒险"。这一点在小说中也多有提及，例如在宋小暖摔倒受伤想要回家的时候，康誉就以"冒险"为名宽慰自己和宋小暖。

实际上，这个故事中的"绑架"更近似"冒险"。康誉在刚刚带走宋小暖的时候的确是出于对宋小暖的嫉妒，出于对母亲赵虹玉和妹妹宋小暖的怨恨。康誉在实施"绑架"之前，也多次写信声明。但在"绑架"的过程中，康誉确实尽到了一个做哥哥的责任和义务。妹妹宋小暖提出的要求，作为哥哥的康誉都尽自己所能去满足，就连没钱的时候，也心甘情愿地将鸡腿让给妹妹吃，自己去啃馒头。

但我们在创作时仍然将标题拟定为带有贬义的"绑架"，并没有选择"冒险"，这就是选择使用逆向思考法的结果。选用"绑架"一词，一方面可以激发读者的阅读兴趣，使得读者对"绑架"一事进行联想。另一方面，也可以为后续的故事发展设置悬念，掩饰从"绑架"到"冒险"的创作意图。由此，就形成了这个与故事内容截然相反的标题。

另外，在标题的选取组合中，我们也用到了逆向思考法。小说的标题是"一桩事先张扬的绑架案"，绑架在大众的日常观念中，应该是暗中进行的活动，不应该大张旗鼓地事先张扬。列夫·维果茨基指出，思维和语言之间是相互影响、相互依存的关系，有时候甚至不能分别对待①。因此，依托逆向

① ［俄］列夫·维果茨基：《思维与语言》，李维译，北京大学出版社2010年版，第139—142页。

思考法展开的思维训练，同样可以应用到写作的语言之中。而我们正是利用逆向思考法，创造性地将“张扬”和“绑架案”两个看似不相干甚至相反的词组合在一起，营造出“陌生化”的效果，用对立和冲突的语义达到激发读者阅读兴趣，引起读者思考的目的。

（二）寻找已有事物的其他用途

在创作实践的进行过程之中，我们可以反复思考作品或构思中一件事物的用途，甚至可以暂时摒弃对它的原有认知，去寻找这件事物能否被应用在其他的领域，产生其他功用。在这部小说的创作实践里，我们创作团队就巧妙地对作品里出现的各类事物采用逆向思考法，为它们赋予全新的意义和价值。例如，小说中三次出现了有关康誉母亲照片的描写，每一次都分别有着不同的含义。

第一次对照片的描写出现在康誉十二岁的时候，那时的康誉学习成绩不好，不论是在学校还是日常生活中，都备受折磨和欺辱。在学校，康誉因为学习成绩不好，常常被老师叫家长，而懦弱的父亲由于学历不高，不懂得教育，不但没有给予康誉正确的引导，反而时常打骂责罚康誉，使得康誉养成了一副臭脾气。康誉的爸爸康卫国靠卖臭豆腐为生，因此康誉身上总有着家中挥之不去的豆腥味和臭味。同学们也因为康誉身上的臭豆腐味和臭脾气而疏远他，没人愿意和他坐同桌。生活上，母亲赵虹玉离婚后又改嫁，康誉自小便缺失了母亲的关怀，高年级同学敲诈勒索康誉，他也无处申诉。就在这样一种生活和学习处处受阻的境遇下，康誉常去暗中窥探母亲赵虹玉的生活，却发现母亲的新生活要快乐许多，还有了个女儿，回家途中失魂落魄的康誉又接二连三地遇上麻烦，最后因为回家太晚又挨了父亲的一顿揍。这个时候，母亲的照片就顺理成章地出现了，这不仅是康誉感情的寄托，展现着康誉对母爱的追求和渴望，更隐喻着康誉对这份母爱的当下拥有者宋小暖的嫉妒。

第二次对照片的描写出现在康誉十五岁的时候，也就是康誉“绑架”宋小暖的前夕。那时的康誉被父亲送去补习班，然而却遇见了妹妹宋小暖和妈妈赵虹玉的亲昵场面。而当宋小暖和康誉同处一处时，赵虹玉的眼里却只有宋小暖，完全没有注意到康誉，这也为康誉的心里深深埋下了一根刺。于是嫉妒和失落并存，康誉选择了撕掉母亲的照片，这也预示着康誉对母爱的期望破灭，为康誉下文的“复仇”提供了合理性。

第三次对照片的描写是整个“绑架案”结束之后。那时的康誉早已在和妹妹宋小暖的“冒险”中原谅了妹妹，不再嫉妒妹妹。并且在两天两夜的旅途中，康誉也悄然成长，不再是那个把人生寄托在对母爱渴求之上的少年。

因此，第三次的照片出现，并非由康誉引发的，而是母亲赵虹玉将被撕毁的照片贴好，重新交还给康誉。这样的转变，体现出赵虹玉对儿子的爱，并不会随着婚姻和时间而变淡。康誉与母亲的关系也从康誉单方面渴求母爱变成了母子之间双向的亲情。同时，我们也期望利用宋小暖在照片上的画作，为故事提供更丰富的层次感。

创作之初，照片只是故事中一个可有可无的小道具，并没有如今这么多样的用法。然而，在创作过程中我们发现，康誉“绑架”妹妹的合理性仍然不够，并且故事缺少层次感。为了弥补这两个缺点，我们采用了逆向思考法，希望找到小说中原本存在的事物，为它赋予更多的含义。经过多次的取舍与对比，我们最终选择了“照片”这样一个事物，对它进行加工改造，最终扩写成了文中三次提到照片的结果。有时候在小说创作的具体过程中，与其引入一个新的桥段和事物，不如直接采用故事里原有的元素，利用逆向思考法，为它赋予新的含义，这样既可以增加故事原本的层次性，又可以避免因引入太多元素导致故事过于庞杂烦冗。

创作者在实际的创作实践之中，也可以采用这样的方式，面对已经出现的物件，暂且搁置它的原本用途，反而去考虑这件物品在其他方面中可能起到的作用，从而构思出新奇的剧情或联想到新的写作手法，借此来激发自己的灵感，丰富创作者自身的写作策略。

（三）找到一个新的观点或角度

在构思这部小说的主题时，我们原本设定的就是一部男主康誉在“绑架”途中选择与妹妹和解、与家人和解、与自己和解的一部成长小说。但在实际写作中，我们不想将故事仅仅局限在这单一的角度之中，于是采用了逆向思考法，通过重新考量，希望在构思主题时或在处理写作上的其他具体问题时，找到一个新的观点或角度，采取新的方法。由此我们关注到，男主康誉和妹妹宋小暖的家境有着巨大的差别。康誉的家庭比较贫困，家里住在城中村的一间窄小的屋子里，父亲的学历较低，依靠卖小吃为生。而妹妹宋小暖不仅家境优渥，其父母的学识更是远超康誉的父亲康卫国。由此，创作团队的成员又通过逆向思考法，希望在康誉和宋小暖家境的对比中，寻找到新的表达与反映的角度。在寻找康誉和宋小暖的表现新角度时，创作团队的成员充分发挥了自己的创造力和联想能力，最终通过深入的体验和尝试，将表现的方向确定在了康誉和宋小暖的饮食之上。小说中的康誉由于父亲的职业问题，加上家境一般，因此常吃的都是小吃街上“臭豆腐”“无骨鸡柳”等相对廉价的小吃。而宋小暖家境富裕，父母的管教也都比较严格，较少尝试这类街边食物。这也导致了在兄妹二人的冒险途中对路边摊秉持着截然相反的态度。常以路边小吃为食物的康誉对此产生了抗拒心理，“对这种食物避之不及，若不是情况所迫，不会以此饱腹”，尤其是自己接触最多的臭豆腐。而平日没怎么吃过这类食物的宋小暖却对此大为好奇，不仅“死死盯着各种苍蝇摊，麻辣烫、炸串、棉花糖，见什么要什么”，还“格外兴奋”，认为“康誉是专门带她出来尝鲜”。通过描写和对比两个人对路边摊的不同态度，不但巧妙引出了贫富差距和家庭教育差距的问题，还通过宋小暖对这些新鲜事物的热情为这场荒诞的“绑架”最终转变为“冒险”提供了合情合理的解释。

因此，在实际创作实践中，逆向思考法通过对原有事物的追问，可以为作品找寻新的观点或表现角度，充分发挥创作主体的创造性。创作者可以多问一问自己，是否可以从旧的观点中找到新的思想，是否可以跳出思维定式，从而构思出新的思想内涵，获得新的灵感和新的认识。

（四）反其道而行之，看到对立面

上一节在讲到翻转时提到过将“近朱者赤，近墨者黑”翻转成为“近朱者未必赤，近墨者未必黑”的例子。在实际创作实践之中，作为逆向思考法的具体步骤之一的翻转的应用远不止于此。翻转可以作用到对人物性格的塑造上，也可以作用到对人物关系的处理上，甚至可以作用到情节的发展之中。

以小说中，宋鸿才与赵虹玉面对女儿被“绑架”时作出的反应为例。在面对女儿被“绑架”的事情时，创作团队本想为宋小暖的父亲宋鸿才和母亲赵虹玉都设置紧张、生气的情绪，但在创作时，我们考虑到这场“绑架案”的“实施者”和“受害者”均为赵虹玉的亲生孩子，赵虹玉本身也在前夫和现任丈夫之间周旋。因此我们并没有简单地将赵虹玉的情绪处理得与宋鸿才相同，而是采用了逆向思考法，从事物的对立面出发思考。作为宋小暖父亲的宋鸿才越是生气、慌张，作为两个孩子母亲的赵虹玉则越是要平静，想方设法不让事态扩大，以此来同时拯救两个孩子，这也是作为母亲和妻子的隐忍与妥协。秉持着“反其道而行之，故意看到事情的对立面”的理念，我们没有将赵虹玉的情绪处理得过分激动，希望借助宋小暖双亲面对“绑架”的不同反应来推动情节的发展，并且塑造出一个“每临大事有静气”的母亲形象。这样的处理也为赵虹玉这一人物形象的立体化塑造提供了帮助。

总之，逆向思考法在写作实践中所涉及的内容极广，对于写作观念的培养和训练有着重要的意义。创作者们如果可以将逆向思考法真正应用到自己的写作当中，必然可以为创作提供更加个性化的构思和表达方式，增添作品的创造性、批判性和新颖性。逆向思考法对写作观念的提升与改变是一个长期的过程，因此我们要充分理解和把握逆向思考法，从写作实践中将逆向思考法融会贯通。

二、注意事项

在使用逆向思考法进行写作观念构思过程时，我们同样发现了以下几点经验和教训：

（一）全面、准确地理解和拆分原材料

逆向思考法的本质是从原有的事物出发，从该事物的源头或对立面为其寻找新鲜的角度与思路。这样的思维训练方法，也就决定了使用者在使用时必然要对自己选取的对象有着充分而深刻的认识。我们的创作团队在使用逆向思考法时发现，如果不能准确把握住一件事物的本质，就很难成功运用这种方法。因此创作者在使用逆向思考法时，最好选取作品中那些自己所熟悉的事物，把握住原有的视角，如此才能够通过逆向思考法得到自己满意的结果。

（二）不能一味地只追求创新

逆向思考法并非一种万能的方法，在使用这种方法的时候也要注意适用性。许多情节、事物本身并不适合使用逆向思考法。一味地追求标新立异，只会导致为创新而创新。

因此使用逆向思考法时也需要创作者有足够的节制，在使用前充分评估创作对象是否适合使用此类方法，否则就容易将创作引入歧途。

思考与练习

1. 比较反转型逆向思考法与溯因型逆向思考法的异同。

2. 从逆向思考法的应用过程出发，尝试分析欧·亨利小说的结尾艺术。

3. 请对此前在思考与练习环节构思出的故事，从场景搭建、情节构思、人物塑造和人物关系等角度展开逆向思考，生成新的故事并和原故事进行比较。

第八章 排列组合法：表达结构的选择

本章提要： 本章我们将通过《檀香刑》与《红楼梦》两个案例，分析作家如何使用排列组合法设计作品的表达结构，通过明确排列组合法的一般程序和具体操作步骤，学习如何使用这一方法为作品的结构设计服务。

第一节 案例分析

创意写作表达过程中的结构，指的是文章各部分内容搭配和排列的形式。结构涉及创作中的很多领域，例如在小说创作中的结构就涉及情节的安排、叙述方式的选取、场景的转换等各个环节。

作品最终呈现的效果和它的结构有着密不可分的关系，一篇优秀的作品不仅要有好的构思，还需要通过精巧的结构将这些构思传达给读者。如果没有优秀的结构，再好的构思和观念也难以组成优秀的作品。

结构的创新就是能将各部分按照独特、新颖、合适的方式搭配组合起来，以达到让读者耳目一新的组合效果。因而我们在这一章将重点讲述排列组合法在创意写作表达过程中结构环节的具体应用。

排列组合在故事结构中的应用很早就被理论家所注意到，法国叙事学家克洛德·布雷蒙(Claude Bremond)在其论文《叙事可能之逻辑》中就以排列组合的方式提出了“三合一体”理论模型。布雷蒙认为，但凡叙事就必须遵循一定结构和逻辑的制约，这样才可以构成故事。从这一理念出发，布雷蒙提出了叙事的三个基本序列：问题形成、采取措施、产生结果。布雷蒙认为，所有的故事形式都是这三个基本序列通过排列组合形成的，并在此基础上提出了接续式、镶嵌式、并列式三种结构模式。这也为我们组织故事结构提供了一定帮助。

排列组合法经常被作家用来有意识地组织和创新文章的结构，莫言在

《檀香刑》中就有意识地将全书十八章的故事分为《凤头部》《猪肚部》《豹尾部》三个部分。凤头、猪肚、豹尾等名称来自元代文学家陶宗仪所写的《南村辍耕录》，其文曰："乔孟符吉博学多能，以乐府称，尝云：'作乐府亦有法，曰凤头、猪肚、豹尾六字是也。'"凤头，意思是文章的开头要像凤凰的头一样华丽多彩，其目的在于吸引读者的目光，激发读者的阅读兴趣。猪肚，就是指文章的主体部分要和猪的肚子一样饱满充实，正文必须在情节的安排上详略得当、布置合适，给读者充实的感受。豹尾，就是指文章的结尾就要像豹的尾巴一样刚劲有力，决不拖泥带水。这样的分类方式本身就体现了排列组合法的特质：根据文章的不同部分，搭配合适的写作策略，满足读者的阅读习惯，以营造出统一、连贯的行文风格。

莫言深谙此道，其《檀香刑》的《凤头部》只有《眉娘浪语》《赵甲狂言》《小甲傻话》《钱丁恨声》四章，每章都用不同人物的视角以带有强烈感情色彩的声音叙述，像是从舞台的一角揭开了整个故事的大幕，恰如凤头一般能够激发读者了解故事的兴趣，吸引读者继续阅读下去。而莫言在《猪肚部》中足足安排了九个章节，占了全部章节的二分之一，将故事的主体部分娓娓道来。最后在《豹尾部》的《赵甲道白》《眉娘诉说》《孙丙说戏》《小甲放歌》以及《知县绝唱》五个章节中，莫言将故事的高潮与结尾安排在一起，叙述了"檀香刑"的准备、开始与结束的全过程，使得结尾如同豹尾一样一气呵成。《檀香刑》一书常常带给读者极大震撼，一定程度上是因为莫言采用了排列组合法，为故事的每一部分都安排了合适的写作策略，使得开头引人入胜，中间详略得当，结尾气势宏大，让读者的情绪可以随着连贯的结构不断累积，最终为"檀香刑"中的社会背景、故事情节、不同人物的选择与命运所震撼。

在写作《檀香刑》时，莫言还在各个章节的安排中运用了排列组合法。莫言并没有采用连贯的叙述视角，而是进行了一定程度的排列和组合，为各个章节选取了不同的叙述视角。在《凤头部》的《眉娘浪语》《赵甲狂言》《小甲傻话》《钱丁恨声》四章中，莫言采取的是一种限制式人物视角，采用第一人称讲述故事，将故事的叙述聚焦在人物之中，这样就营造了多重叙述声音的复调氛围，利用多个人物视角从不同方向引出故事。而在故事的主体部分，也就是《猪肚部》的《斗须》《比脚》《悲歌》《神坛》《杰作》《践约》《金枪》《夹缝》和《破城》九章当中，莫言更多选择的是全知式的叙述视角，用第三人称叙述。选择这样的叙述方式，可以更好地讲述故事，叙述事件发展的全过程。这样，莫言就利用了排列组合法，根据各个章节不同特点，为他们安排和组合了不同的叙事方式。

此外，莫言在《檀香刑》一书中安排故事结构时，选取的并非单向的、线性的结构，而是将原有的故事打散，重新安排在各个章节。在《檀香刑》开头第一章的《眉娘浪语》中，莫言就时常打乱叙述的顺序，采用倒叙或插叙，例如：

那天早晨，俺公爹赵甲做梦也想不到再过七天他就要死在俺的手里；死得胜过一条忠于职守的老狗。俺也想不到，一个女流之辈俺竟然能够手持利刃杀了自己的公爹。俺更想不到，这个半年前仿佛从天而降的公爹，竟然真是一个杀人不眨眼的刽子手。①

这段以眉娘为视角叙述的文字，涉及了多个时间。苏眉娘本身是从故事中的未来某一天开始进行讲述的，然而讲述的却是“现在”，也就是这段文字开头的“那天早晨”。这段文字所讲述的内容里，又涉及了“再过七天”和“半年前”的事，使得多个时间都容纳在这短短一百多字的段落里。莫言在开头选取这样的方式，为故事增添了魔幻感和宿命感。

《檀香刑》故事发生的顺序本应该是：

1. 咸丰年间赵甲在刑部狱押司担任刽子手
2. 光绪年间钱丁考中进士
3. 钱丁调往高密东北乡任知县，并和孙眉娘、孙丙等人相识
4. 孙丙反抗德国鬼子
5. 赵甲返乡
6. 袁世凯等人审判孙丙，为孙丙动用檀香刑
7. 钱丁刺杀孙丙，孙眉娘杀害赵甲

而在故事叙述中，莫言将赵甲在刑部狱押司担任刽子手的经历放在了小说的后半部分，反而先讲了赵甲返乡的故事，改变了故事叙述的顺序。这就是排列组合法中有关“排列”的应用，将原本线性的故事顺序打乱重组，以营造出合适的氛围。

莫言将排列组合法应用到了小说的方方面面，就连人物的名字都有排列组合法的影子。赵甲、钱丁、孙丙等名称，原本就是由百家姓和天干地支排列组合得到。由此也可以看出，排列组合法在小说的创作中有着广泛的面向。

莫言本人在获得诺贝尔奖后曾在接受采访时说：“《聊斋志异》是我的经典。我有一部家传的《聊斋志异》，光绪年间的版本，上边我题了许多歪诗……魏晋传奇我也非常喜欢，也是我重要的艺术源头。”由此可见，莫言的小说技巧与中国古典小说有着无法剥离的内在联系。作为中国古典小说的

① 莫言：《檀香刑》，作家出版社 2012 年版，第 5 页。

巅峰《红楼梦》，其结构中也可以看出作者对排列组合法的应用。

《红楼梦》的结构首先是为其内容和主题服务的，因此我们在分析《红楼梦》的主题之前就不得不先明确此书的内容和主题。《红楼梦》以贾宝玉、林黛玉的爱情故事为纽带，讲述了一个百年封建大家族由盛转衰的全过程，书中情节纷繁、人物密布，全书总共描述了上至王爷王妃下至仆人丫鬟大大小小四百多个人物。曹雪芹借助贾府败落和爱情悲剧，采用了亦幻亦真的创作手法，揭示的主题本身就是多角度的、多层次的、多侧面的，从不同的侧面和角度去观察，每个人的感悟也并不相同。

《红楼梦》的结构是多样化的，为了配合《红楼梦》的内容和主题，曹雪芹在作品的结构上花费了许多巧思。在《红楼梦》的开头，曹雪芹主要使用了悬念法的谋篇布局技巧，也就是我们所熟知的“草蛇灰线、伏脉千里”的手法。曹雪芹对悬念法的使用主要体现在各类诗词、判词之中。在《红楼梦》的第五回《开生面梦演红楼梦　立新场情传幻境情》中，就借助贾宝玉梦游太虚幻境时，警幻仙子为其准备的《红楼梦》《终身误》《枉凝眉》《恨无常》《分骨肉》《乐中悲》等十四支曲，巧妙地将全书的情节用隐晦的词句展示出来，又在其中点评“若非个中人，不知其中之妙”。此外，作者在太虚幻境这一情节中，还通过“薄命司”中金陵十二钗的判词点明了某些人物的命运。例如，下面这段我们所熟知的判词，就通过短短几句话，在作品的开头点明了晴雯悲剧的一生：

霁月难逢，彩云易散。心比天高，身为下贱，风流灵巧招人怨。寿夭多因诽谤生，多情公子空牵念。①

曹雪芹选择将悬念法应用在《红楼梦》的开头，将故事的谜底蕴藏在最开始，不仅用悬念吸引了读者的眼球，激发了读者的阅读兴趣，还丰富和完善了作品的结构。曹雪芹在《红楼梦》的主体部分，也选择了合适的结构组织技巧。《红楼梦》的中心人物是贾宝玉、林黛玉和薛宝钗，曹雪芹将贾宝玉和林黛玉的爱情故事作为主线，围绕三个中心人物，使用了多线并行的方法。作者围绕着宝黛爱情，讲述了秦可卿之死、贾元春省亲、修建大观园、马道婆施魇、刘姥姥进荣国府等多个故事，描绘了包括贾母、刘姥姥、王熙凤、贾政在内的数百个人物。这样多线并行的手法为小说的主体部分提供了多样化的情节与声音，使得《红楼梦》这部小说涵盖了社会的广阔图景，使作品获得了难以想象的深度，体现出生活的不同面向。由此也可以看出，曹雪芹在处理《红楼梦》各个部分的时候，选用了不同的写作策略，运用排列组合

---

① 曹雪芹：《红楼梦》，齐鲁书社2002年版，第13页。

法，为各个部分选取了最优的写作技巧。可以说，《红楼梦》能够成为一部经典的伟大著作，和曹雪芹有意识地为不同部分采取排列组合法选择合适的写作技巧是分不开的。正是曹雪芹看到了写作过程中小说不同部分之间的差异，才会有选择地将自己所掌握的小说技巧和各部分相结合，为小说提供了饱满丰富的结构，使得小说的结构得以支撑起作者的意图和表现的内容。

作品的结构，从来不只是简单的形式问题。有些时候，作品的结构甚至会影响作品的表达和含义。好的结构，可以为作品提供更好的表达方式和意义表现形式。前面我们分析了莫言和曹雪芹是如何使用排列组合法组织作品结构的例子，接下来我们将通过例子详细学习排列组合法是如何应用到写作实践之中的。

第二节　操作要点

排列组合是一种被广泛运用于数学计算的方法。排列指的是将指定个数的元素进行排序，而组合指的是在不考虑顺序的情况下将指定个数的元素进行搭配。创意写作中的排列组合法继承了数学中排列组合的思想，是一种在已有的素材库中选取合适的素材，经过一定形式的排序和组合，构思出新事物的思维训练方法。

我们在构思故事情节时，常常会用到头脑风暴法，然而这种办法强调的是漫无目的、无拘无束地自由发散思考，耗费大量的时间和精力进行思考的结果有时并不能直接投入到创作中去。排列组合法就很好地解决了这个问题。我们可以在已有的素材中挑选出可能与主题有关联的一部分，并把他们重新排列和组合，以此来发现一些素材之中新的联系和组合的可能，继而创造新的情节。由此我们也可以看出，排列组合法成功的关键就是能否在素材的重新排列中发现新的东西，这和创作者的观察力、想象力密切相关。这一节将具体介绍创意写作的写作结构的表达过程中使用排列组合法的具体步骤。

排列组合法是排列法和组合法的综合产物，因此在使用的过程中既可以单独使用“排列法”或“组合法”，也可以将它们合并使用。

一、排列组合法的一般程序

（一）确定已有的素材

在使用排列组合法时，首先要明确已有的素材。成功使用排列组合法的前提就是找到足够多的素材。这里所说的素材包括人物、道具、场景、线索、情节，等等。这些素材是使用排列组合法的基础，只有前期素材准备充分，才可以将排列组合法应用到写作的各个方面。

（二）重新排序和组合

在确定好已有的素材之后，就可以进行排列组合法的第二步，将确定好的素材进行重新排列和组合。排列就是将已有的素材改变顺序，重新安排。组合就是将原本不相干的两个或多个素材组织在一起，以创造出新的事物。这一步的关键就是将这些素材尽可能多地组合和排列在一起，既可以将两个素材组合在一起，也可以将三个素材组合在一起。总之，只要是可能组合和排列的方法，都可以尽可能地尝试。

（三）发现灵感和思路

在我们完成了素材的排列与组合后，由于这些素材的排布与组合是随机产生的，有些组合并不协调，所以不能简单地将排列组合的产物直接应用到写作之中。创作者必须重新检查和审视素材的组合，进行一定程度地筛选和扬弃，才可以从中发现值得利用的部分。因此，在排列组合法的第三步中，要求创作者充分调动起想象力、创造力，细致观察步骤（二）中的组合，筛选出能够使用的组合，并从组合中获取灵感和思路。

二、排列组合法的面向

排列组合法在写作过程的面向非常广泛，在创作中的选材、构思、表达等阶段都可以使用排列组合法为作品增添独特性和新颖性，寻找新的灵感和思路。

排列组合法可以通过将已有信息排布重组的方式，为情节的构思提供极大的帮助。当我们深陷在情节构思过程中，苦于没有灵感时，就可以将故事中出现过的场景、人物、情节、物品等重新组合，以获得新的灵感。有人针对网络小说的写作提出了七条富含“爽点”的常见情节：获得“秘籍”、实力提升、获得宝物、情场得意、扮猪吃老虎、摆脱危机、敌人受损害。那么，当我们在构思网络小说情节的时候，就可以根据这些信息结合七种情节模式进行排列组合。例如，我们可以选取故事中原本出现过的人物：主角、主角的仇敌，将他们按照“摆脱危机”和“获得宝物”的情节模式组合起来，这样就可以得到新的灵感：主角在惹怒仇敌后遭遇围困，历尽艰辛摆脱困境后反而因祸得福，获得了宝物。这样的情节在各类小说中都出现过，武侠小说里的“藏宝洞”、《西游记》中孙悟空被困炼丹炉后练成火眼金睛，都是这类剧情的具体表现形式。

排列组合法也可以被用来构思人物，我们在创作过程中可以事先将人物的外观、事件、性格列出来，通过将这些要素排列组合的形式来构建新的人物。例如，人物的外观可以有美丽的、普通的、丑陋的，人物的命运可以有好运的、一般的、悲惨的，人物的性格可以有坚毅的、胆小的、多情的、普通的、热情的、聪明的，等等，我们可以从中选择并不互斥的几种特质任意组合，形成新的人物。例如，当我们想创造一个悲情人物时，就可以选取外观美丽、命运悲惨、性格热情坚毅，通过这些特质的组合，呈现出一个与命运抗争的人物。

同样地，在遣词造句的过程中我们也可以使用排列组合法。语言文字是创作者传达思想、表现主题的重要媒介，因而遣词造句的创新也是创意写作的一部分。巧妙利用排列组合法，可以使文章的语言兼备陌生化、个性化和创造性等特质，使创作者打破语言的成规，创造出具备生命力的、反常规的个性化语言。鲁迅的独特语言也离不开排列组合法的运用，他常常将一些词义不同、甚至相反的词语组合在一起，以达到陌生化的效果，例如“有理的压迫”“跪着的造反”等词语。这些词汇，都是将含义相反的词语通过排列组合的方式结合在一起，造成了这种不和谐的、违反语言常规的效果，从而引起读者的关注和思考。

综上所述，排列组合法可以被应用在创意写作的各个过程中，贯穿写作从构思到表达的过程，为写作提供全方位的帮助。当我们在写作中遇到创新困难等障碍时，就可以使用排列组合法，将原来没有联系到一起的素材进行重新排列和组合，并从新的排列组合中找到灵感与思路。可以说，排列组合法是写作中应用最为广泛的思维训练方法之一，创作者可以灵活地根据自身需要选择使用排列组合法。

三、排列组合法的具体操作步骤

结构是一个作品的骨架。从写作的角度看，好的作品结构可以帮助创作者更好地组织材料，表达思想，使得文章的强弱、节奏都合乎安排。从阅读的角度看，好的作品结构可以激发读者的阅读兴趣、吸引读者深入阅读，并且能够更好地调动起读者的情绪和思考。创作者通过作品表达思想和传递情感时，一定会关注素材的排列和架构方式，关注谋篇布局，这就是我们本章中所讨论的结构。

优秀结构的出现，离不开创作者的创新思维与意识。恰当地在结构的表达中应用排列组合法，可以充分调动起创作主体的创新能力，激发创作主体的创新意识，扩大创作主体的视野范围，从而创造出新的作品结构。

（一）确定已有的谋篇布局技巧

创作者在将排列组合法应用到结构的表达中时，首先要明确常见的一系列谋篇布局的技巧，并将这些技巧作为排列组合的基础素材。常见的谋篇布局技巧有以下几种：

分条切割法：分条切割法指的是将原本大的问题或论点，切割成小的问题或分论点，分条进行论述。面对庞杂纷乱的问题时，使用分条切割法可以迅速理顺问题的条理，为文章寻求好的切入点。

时评论证法：时评论证法指的是从社会生活中的某些现象、心理出发，发表自己的观点和看法，深入地进行分析和论证。时评论证法是一种比较自由的谋篇布局技巧，可以巧妙引入作者的观点，丰富作品内容。

多线并行法：多线并行法指的是为文章设置多条线索，使之同时发展。使用多线并行法可以丰富作品结构，为作品提供多重声音。

一字立骨法：一字立骨法也可以叫作一字经纬法，指的是把一个字或一个词作为文章的焦点，使整篇文章都围绕这个字或词展开。一字立骨法可以为作品提供一个焦点，将所有纷繁的线索和素材统一在这个焦点上，使得文章逻辑严密、论点突出、主题明确。

嵌入法：嵌入法是指将文章一部分内容嵌入到另一部分之中。嵌入法可以为文章创造出多层嵌套的内容，丰富作品的层次感和纵深感，使得作品更加耐人回味。

托物言志法：托物言志法是指通过对某一物品的叙述和描写，来表达创作者的情思和志向，用某一物品来比拟或象征某种精神、品格、思想、感情等。使用托物言志法时要注意把握客观物品的特点与创作者内在情感的联系。

时序法：时序法是指打破原本线性顺序的叙事，综合运用顺序、倒叙、插叙、补叙四种方式进行叙述。顺叙是指按照故事发生的顺序进行叙述。倒叙是根据表达的需要，把故事的某些部分提前进行叙述。插叙是在连贯的叙述过程中插入一段与主要情节相关的内容。补叙，也叫追叙，是对背景的简单补充或交代。

对照法：对照法是指把两种相似或者有差异的事物放到一起进行比较。将同一时期的两件事物放到一起对比的方法叫作横向对比，将不同时期的两件事物放到一起对比的方法叫作纵向对比。

设置悬念法：设置悬念法指的是在文章写作过程中通过设置问题引出矛盾，不直接写出结果的一种写作技巧。设置悬念法可以激发读者的阅读兴趣，为文章增添神秘感和悬念。

此外，在写作中常见的谋篇布局技巧还有移步换景法、欲扬先抑法、欲抑先扬法、结尾转折法，等等，这些谋篇布局技巧可以看作是使用排列组合法时的基本素材。在明确已有的谋篇布局技巧之后，我们就可以通过将它们和文章不同部分进行排列组合，从而获得创新的文章结构。

在结构的表达中成功使用排列组合法的前提就是能否明确和理解足够多的谋篇布局技巧。只有学会了足够多的谋篇布局技巧，才能有足够的素材用以排列组合，并将排列组合法应用自如。

（二）结合文章，排序组合

在确定好已有的谋篇布局技巧之后，就需要将这些技巧和文章的各个部分组合起来。在实际写作之中，创作者可以根据自身需求和作品实际情况，将作品分成自己所需的部分。本章为了展示排列组合法的实际应用，将作品简单分成开头、主体和结尾三部分。

将作品分好部分之后，就可以选取适合作品调性和题材体裁的谋篇布局技巧。例如，当我们想写议论文时，就可以选择一字立骨法、多线并行法、托物言志法、对照法等方法，并将这些方法组合成“素材库”。

在明确了作品的部分划分、确立好素材库之后，就可以从素材库中选取素材和作品的各个部分进行排列组合。按照前文所说，我们总共划分了开头、主体、结尾三部分，素材库中选取了一字立骨法、多线并行法、托物言志法、对照法等四种方法。根据各部分的比例，我们假定在开头、结尾两部分各使用一种素材库中的谋篇布局技巧，在主体部分使用两种。因此就有了12种排列组合的情况，列举其中的部分如下。

A.

开头：一字立骨法

主体：多线并行法、托物言志法

结尾：对照法

B.

开头：一字立骨法

主体：多线并行法、对照法

结尾：托物言志法

C.

开头：一字立骨法

主体：托物言志法、对照法

结尾：多线并行法

D.

开头：托物言志法

主体：一字立骨法、对照法

结尾：多线并行法

E.

开头：托物言志法

主体：一字立骨法、多线并行法

结尾：对照法

F.

开头：托物言志法

主体：对照法、多线并行法

结尾：一字立骨法

……

这样我们就将四种方法和文章的三个部分一一对应，这一步的目的就是尽可能地探索作品的各部分与谋篇布局技巧结合的可能性。因此我们在进行这个环节的时候，要尽量地将有可能组合在一起的素材进行任意地安排与搭配，以此来提供更多的可能性。上述只是一种简单的尝试，为了避免论述过程过于烦琐，我们只简单地假设了一种谋篇布局技巧只出现一次，实际上我们可以在使用排列组合法时将这些技巧反复使用。

值得注意的是，为了避免重复性工作，在实际的写作过程中，我们常常会为排列组合法加上诸多限制。例如，在上述过程中，如果我们发现作品开头更适合一字立骨法，就可以限定开头只与一字立骨法组合，这样就将排列组合的结果从 12 种减少到了三种。

总之，在进行排列组合法时，切忌简单机械地按图索骥，创作者可以自由发挥自身的主观能动性，以排列组合法的基本原理为思路，根据实际情况选择最适合自己的方式完成表达中的结构安排。

（三）发现灵感，拓展思路

当创作者完成上述两步工作之后，就可以在排列组合产生的新结构中寻找自己所需的结构。排列组合法的最终目的就是从尽可能多的结构分布中寻找最适合作品的那一种结构。而我们之前得出的结构组合，往往是简单拼接在一起的，并未经过创作者的筛选。因此这些结构并不能直接拿来使用。在结构的表达过程中使用排列组合法的第三个步骤就是对已经产生的结构组合进行检查和审视，并通过比较选择出最合适的一种结构。

我们在上文总共提出了 12 种排列组合后的结构分布，假使我们通过观察和比较，认为结构 B 更适合作品，就可以将结构 B 作为作品的主体结构。也就是在文章的开头选择一字立骨法，用一个字或词点明中心，全文都围绕这个字或词进行论述。在文章的主体部分选择使用多线并行法和对照法，通过几件实例的对比对照和多个分论点同时论述，完成文章的主体。最后在文章的结尾部分，以托物言志法重新声明主题，并且通过托物言志的形式表达作者的情思和志向。在这一过程中，我们仍然可以根据具体写作实践，对选取的方法和结构的排布进行一定程度上的调整。

以上就是结合实例展示的排列组合法在结构的表达中的具体应用。排列组合法可以为写作提供一种有别于常规思维方式的特殊素材组合方法，可以帮助创作者打破常规思维的限制。当创作者感到灵感枯竭时，就可以采用排列组合法，通过列举的方式寻找新的灵感和思路。利用好排列组合法，可以为创意写作实践提供更多的可能性，为作品的结构提供更丰富、更优质的排列方式。

第三节　写 作 指 导

一、排列组合法的实际应用

在这一节中，我们将以实际创作实践为例子，深入剖析排列组合法如何在小说创作结构表达过程中指导写作。由于篇幅限制，我们在本节中仅结合自己创作的作品进行讨论。在实际写作过程中，创作者可以灵活使用排列组合法，将其应用在各个合适的创作阶段。相关作品可以在附录中找到。

在上一节里我们集中讨论了使用排列组合法时的三个具体的程序：① 确定已有的谋篇布局技巧；② 将挑选好的方法结合文章进行排序和重新组合；③ 从新的组合中发现灵感和思路。此外，还需考虑使用排列组合法的限制性因素：① 明确好“素材库”是排列组合法成功的关键一步；② 排列组合前一定要为排列组合设定好合理条件；③ 排列组合时一定要充分考虑各种情况，尽可能穷举所有可能性；④ 一定要对排列组合的结果进行重新审视和筛选。然而在实际创作实践中，使用排列组合法仍然有着诸多的条件和限制，也面临着许多的挑战。附录中的小说为团队集体创作产生，在创作的过程之中，我们遇到了许多集体创作的困难。例如，在创作伊始，我们选择的集体创作方式是接力式的，也就是几名创作成员事先拟定好大纲，每个人负责一部分，互相接力进行写作。这样的创作模式固然有其优点：每个成员只负责自己的一小部分，注意力更加集中，可以充分调动自身的想象力和创作力为自己负责的这一部分添砖加瓦。并且这样的写作模式进展极快，由于是接力写作，可以更好更充分地利用时间，每个人都有足够的时间和精力进行创作与构思。但这种创作模式也存在明显不足，即由于需要贯彻上一写作者的剧情和思路，故事常常过于平淡，叙事大多呈线性。为了解决这一问题，我们创作团队在集体创作时选择了一人主笔多轮修改的方式，利用排列组合法，使得故事的结构更加符合预期，为故事增添更多的趣味。在创作故事的时候，我们首先将故事的整个线性发展脉络理清，故事的主要阶段如下所示：

1. 赵虹玉嫁给康卫国，但仍然继续学习

2. 赵虹玉在康誉五岁时和康卫国离婚

3. 康誉因为在作文中提到“绑架宋小暖”被老师批评

4. 康誉初二暑假被迫上补习班

5. 康誉“绑架”宋小暖

6. 赵虹玉一家搬家，和康誉告别

这是整个故事实际发生的顺序，而在创作过程中，我们希望这个故事的最终以非线性的方式呈现，并且在作品结构上产生相互之间的联系和呼应。克劳斯·迈因策尔曾指出，复杂性和非线性是物质、生命和人类社会进化中的显著特征，也往往是一种更好的思考问题的方式①。创作者在写作中通常不希望通过线性的叙事呈现故事，往往会选择打乱故事中的时间顺序。因此，在实际创作中我们使用排列组合法将原本的六个重要时间点打乱顺序，希望从中找到最合适的排列方式。在排列组合的过程中，为了避免浪费过多的时间和精力，我们要对排列组合的具体应用进行一定的限制。例如，我们在最开始使用排列组合法确定故事结构时，就决定首先从上述的六个事件中选取一个作为小说的开头，为了贯彻排列组合法的精神，我们将每一种可能性都一一列了出来，以备对比和选择。

如果使用事件1“赵虹玉嫁给康卫国，但仍然继续学习”作为全文的开头，虽然可以更好地介绍故事和人物的背景，但会将叙事的时间拉得太远，不利于讲述作为核心的情节“绑架案”一事。同理，如果选取事件2“赵虹玉在康誉五岁时和康卫国离婚”和事件6“赵虹玉一家搬家，和康誉告别”作为故事开头，同样有这样的弊病。如果选取事件4，即“康誉初二暑假被迫上补习班”这一事件作为故事的开头，好处是将叙述的时间跨度拉近，但坏处

① ［德］克劳斯·迈因策尔：《复杂性中的思维：物质、精神和人类的复杂动力学》，曾国屏译，中央编译出版社1999年版，第3—7页。

是仍摆脱不了线性叙事的框架。而事件 3“康誉因为‘绑架宋小暖’作文被老师批评”和事件 5“康誉‘绑架’宋小暖”两个作为故事的开头显然更加合适，不仅和标题中的“绑架案”贴合得更加紧密，而且也可以起到改变叙事的时序这一目标。以事件 5“康誉‘绑架’宋小暖”开头，可以起到倒叙的作用，为整个故事增添悬疑。但我们的创作意图是希望创作一部成长小说，通过不同情节促进主人公康誉性格的转变，因此，过早地揭示结局会影响对主人公成长变化过程的叙述。而选择事件 3“康誉因为‘绑架宋小暖’作文被老师批评”作为开头，不仅和标题对应得更加紧密，而且可以使得故事由一种紧张的氛围开始，为读者阅读增加使命感和任务感，吸引读者的阅读兴趣。经过充分的对比，我们最终敲定了以事件 3 作为小说的开头。这也是排列组合法的实际应用。

至此，我们在创作实践中就以排列组合法指导了文章结构的构思，这样的应用方式同样符合排列组合法的一般过程。首先，我们确定了参与排列组合的具体要素，即六种事件，并对它们进行初步的分析和筛选。其次，在确定参与排列组合的具体要素的基础上，我们将所有的要素进行重新排序和组合，最终确立了两种可能的组合——事件 3 和事件 5 分别作为小说开头，并将他们一一列出。最后，我们充分评估了新组合的可能性与创造性等因素，从中选择出最佳的组合，为我们的创作提供了新的灵感和思路。这就是排列组合法在小说创作结构表达过程中的实际应用。

在写作中我们发现，排列组合法不仅可以作用于小说的整体结构，还可以体现在各个部分的结构之中。在小说剧情的结构中，也可以应用排列组合法。在本章的第一节我们提到过法国叙事学家克洛德·布雷蒙在其论文《叙事可能之逻辑》中提出的“三合一体”理论模型。克洛德·布雷蒙为叙事提出的问题形成、采取措施、产生结果三个基本的序列，恰巧也可以用作排列组合法中的三个位置，并由此构思出新的情节。“问题形成”即作品中所产生的矛盾，而“解决方案”也可以看作是人物为了达成目的所付出的努力，最后“产生结果”的情形简略来说只有两种：成功或不成功，由此也可以构成具体情节结构上的排列组合。从这种角度来说，我们可以将上文提到的“康誉‘绑架’宋小暖”这一事件中的所有情节用三合一体的方式表示出来，示例如下：

情节 1：

问题形成：康誉生活遇到挫折，嫉妒宋小暖“抢走”自己母亲的爱

解决方案：康誉“绑架”宋小暖

产生结果：“绑架”成功，故事也由此开始

情节 2：

问题形成：康誉兜里没钱，但宋小暖饿了要吃饭

解决方案：康誉选择让宋小暖吃鸡腿，自己啃馒头

产生结果：虽然康誉心里委屈，但兄妹二人的感情升温

情节 3：

问题形成：康誉因宋小暖数年前欺负他的言行生气

解决方案：宋小暖安慰康誉

产生结果：康誉化解了心头的疙瘩，二人也由“绑架”转变为了“冒险”

情节 4：

问题形成：宋小暖在“冒险”中发烧

解决方案：康誉拨通了赵虹玉的电话

产生结果：“冒险”结束，宋小暖得到救治

以上这四种情节，就是我们在设计“康誉‘绑架’宋小暖”这一事件中具体情节利用排列组合法采取的构思方式。这样的情节结构方式，可以为我们的创作提供新的思路。这四个情节中，每个情节都是经由排列组合的方式形成的。这些情节的“解决方案”都是由“人物＋行动”的模式构成的，这就为排列组合法的使用提供了可能性，在选取执行行动的人物，可以用排列组合法考察所有与该情节相关的人物，从中挑选出合适的人物。“产生结果”这一项与排列组合法的联系更加紧密，“产生结果”中的所有结果，简化来看仅有“成功”和“不成功”两种可能性，其余所有情况都是由这两种基本情况演变而成的，因此我们同样可以使用排列组合法，充分尝试“成功”和“不成功”这两种有限的可能，为情节寻找到最合适的结果。

类似的写作方式，国内学者田洪鋆在《批判性思维与写作》一书中也有提及，认为写作的框架结构也至少要经过“提出问题——分析问题——解决问题”三个阶段才可以完成①。诸如此类的模块化写作程式，都可以引入排列组合法进行重新排序编组，从中找到新的思路。这也可以看出排列组合的适用范围极大，可以应用到写作各个方面。

二、注意事项

在使用排列组合法进行写作结构的表达时，我们同样发现了以下几点

① 田洪鋆：《批判性思维与写作》，北京大学出版社 2021 年版，第 283—300 页。

经验和教训：

（一）明确好素材库

对结构的表达使用排列组合法的关键，是确定素材库，排列组合法的实质是将已有的素材通过全新的排列方式组合起来，以获得新的创作。因此，想要有物可排，就需要在使用排列组合法前做好积累，本章总共为谋篇布局详细列举了 9 种常见的技巧，实际上在写作实践中的技巧远不止此。创作者在写作中也要注意积累相关技巧，为排列组合法的使用打好基础。

在具体选取素材库的时候，也要根据创作者擅长的技巧、作品的调性、主题和体裁等因素，选择合适的谋篇布局技巧进入素材库。谋篇布局的技巧中有些方法的面向更广，多线并行法就可以广泛应用在小说、散文和议论文的写作之中，但一字立骨法在小说写作中应用的就远没有议论文写作中的多。因此，在写作小说时，就可以有选择地舍弃一字立骨法。

（二）根据需求，灵活使用

排列组合法的使用更接近数学解题的思路，排列组合的元素个数如果太多，那么使用排列组合法的工作量就会成指数级上升。如果仅仅考虑从数学角度考量排列组合法的使用难度，三项素材的排列组合就有六种结果，四项素材的排列组合有二十四种结果，五项素材的排列组合足足有一百二十种结果。而在创意写作中的排列组合法，其复杂程度要远远大于数学中的阶乘。因此我们在使用这种方法时，一定要尽可能地设定好合理的前置条件，比如我们可以将某种方法固定在文章的某个部分上，以减少实际工作量，或者选取有限个数的方法组成素材库。这些都会帮助我们用更少的工作量完成更多的有效尝试。

此外，在实际写作实践中我们发现，很多场景下对于排列组合法的应用都很难直接契合本章第二节中的排列组合法在小说结构中的具体应用步骤。前面所叙述的有关具体情节结构上的排列组合，就是一种对排列组合法的变形。规定出“问题形成”“解决方案”“产生结果”三个层面，实际上是将原本复杂的排列组合法模块化了，从原本按部就班地使用排列组合法变成了根据框架和模板使用排列组合法，这样的灵活变形应用，大大减轻了使用排列组合法时的困难。

因此，在使用排列组合法的时候，创作者可以根据自身的需求以及实际情况，灵活地将排列组合法进行变形，改动其使用方式，不必完全遵循原有的步骤和顺序。只需要在使用时把握住排列组合法的思想，“取一点因由，随意点染”即可。

（三）重新审视，温故知新

由于排列组合法是对素材进行无差别的、随机的组合，因此未经创作者重新审视的组合中必然会存在着大量无法使用的组合类型。这就使得对排列组合的结果进行重新审视和筛选显得十分必要。只有经过创作者审视和筛选的过程，才可能从排列组合产生的样本中选取到合适的结果。并且，当创作者重新将目光投向多种多样的排列组合结果时，往往会从这些全新的组合中获取新的灵感和思路，为创作开辟出一条新的道路。

在实际使用排列组合法时我们发现，虽然有些时候排列组合法得出的并不都是有用的结果，但仍可以从其中通过思维的联想与发散，获得全新的体验和灵感。例如上文提到过的例子，我们通过排列组合法列举了故事中六个事件作为开头的可能性，尽管我们最后只选取了其中一种，但在比较的过程中我们发现，剩下的几个事件依然有其各自的作用。最终我们也根据其余五种事件各自的特性，利用插叙、补叙等方式，为他们安排了各自的位置。当创作者在完成排列和组合步骤后，一定要对每个答案重新审视，以获得新的认识。这一方面可以通过重新审视的形式获得新的灵感和思路，另一方面，也可以加强创作者对各个排列组合结果的认知，从而选择出最合适的选择。

思考与练习

1. 与头脑风暴法相比，排列组合法有哪些优点和不足？

2. 为什么使用排列组合法时一定要为排列组合设定好合理条件？

3. 在上一章正向构思和逆向构思的两个故事中任选其一，对故事发展阶段进行切分，并在此基础上利用排列组合法重新调整顺序，打破故事的原有线性发展，看看会有哪些新发现。

第九章　维度追问法：表达中的叙事方式

本章提要：本章我们将通过多位作家的创作实例，分析作家如何使用维度追问法设计作品的叙事方式，并通过明确维度追问法的一般程序和具体操作步骤，学习如何使用这一方法为作品选取和安排合适的叙事方式。

第一节　案例分析

作为一种具备普适性的思维训练方法，维度追问法能够灵活地适应几乎所有的叙事文本。维度追问法常常以“七何”(5w2h)检讨法的形态出现，为创作提供完善的、关键的指导。what(什么)、why(为什么)、who(人物)、when(时间)、where(地点)、how(如何)以及 how much(何种程度)可以作为维度追问法使用的七个维度，在这七个维度之下，我们可以对每一个具体维度再次套用该方法，从而得出更详细更具体的思路。

叙事方式，即作者对自己故事的描述和呈现方式。具体而言，就是从哪个视角讲故事，用什么时间顺序讲故事，从哪个空间开始讲起等。叙事方式与文学作品的呈现息息相关，其中包含了作者前期的全部准备，不仅能够直接体现作者的行文技法，还能彰显作者的艺术特色和结构巧思。

在叙事学中，常见的叙事方式有三种：叙事时间、叙事视角和叙事声音。叙事时间包括时距、时序、时态和频率，叙事视角包括全知式视角、人物视角、客观视角，叙事声音，也可以看作叙事者，有隐蔽的、公开的、缺席的三种。叙事方式涉及话语中故事的呈现，体现着创作者的意愿和构思。成熟的作家会根据自身的写作意图和目的，选择合适的叙事方式。例如，陈忠实在写作《白鹿原》的时候，就会有意识地改变叙事的时间顺序，将原本线性的故事通过插叙、倒叙、补叙等不同的时序展开，搭配不同的篇幅，以达到起伏合理、节奏得当的文本呈现效果。

叙事是一个完整的流程，创作者在将脑海中形成的故事世界用话语呈现时，需要采用合适的策略，选取恰当的叙事方式。维度追问法就是一个可以帮助创作者根据自身创作意图匹配最佳叙事方式的一种思维训练方法。如果用摄影来类比写作，维度追问法就如同摄影师的“稳定器”，可以帮助创作者稳定地记录某个角度的画面。

维度追问法适用于叙事视角、叙事时间、叙事声音三种叙事方式的选择，本章将选取若干案例分析维度追问法在各个作家笔下的应用。

维度追问法可以被用在第一人称视角的写作之中，作者通常会通过几个问题明确创作意图，然后根据答案安排角色的活动和视角，以达成自身创作意图。例如，土耳其作家奥尔罕·帕穆克创作的长篇小说《我的名字叫红》之中出现了多个不同的叙述声音，其中有普遍认为可以自主发声的角色，如黑、姨父、奥尔罕等，也存在客观世界中无法自主表达的事物，如死人、狗、红色等，作者运用第一人称的叙事方式，将各个叙事者的故事独立成篇，以此表达角色的声音，呈现角色的视角。这样繁杂的设计实际上是帕穆克巧妙运用维度追问法精心设计后的结果。帕穆克在谈及创作思路时说：“《我的名字叫红》，里面有很多人物，每个人物我都分配好章节。写的时候，有时候会想继续‘做’其中的人物之一。”[①]这就是在谈维度追问法的使用方式，帕穆克提前预设的“人物”和“做”，设定好了 who 和 how 的问题。who 就是每章中充当叙事者的主要人物，how 就是该人物充当叙事者的视角和方式。帕穆克根据这些已确定的问题，给每个人物分好章节，选取合适的叙事视角，构思该人物相关的内容，以达到叙述视角的统一与圆满。下面我们将以《我的名字叫红》第三章《我是一条狗》为例，来剖析出作者实际创作时的思维过程。在这一章中，狗作为一个主角出现，它必定能传达出本书想要读者体会到的信息。《我的名字叫红》涉及了大量有关宗教和艺术的内容：关于伊斯兰教的理念，关于细密画的描述，以及由此想要表达出的不同文化的冲突。这些内容都不同程度地反映在每一章的叙述中，这是作者（叙述者）意志在文本中无意识的体现，也是我们在叙事分析时必须要考虑到的。基于以上几点考量，采用维度追问法分析作品创作过程，可以列出以下几条维度：

what：狗要说些什么？

why：狗为何想要表达这些？

① 美国《巴黎评论》编辑部编：《巴黎评论·作家访谈 1》，黄昱宁等译，上海文艺出版社 2015 年版，第 303 页。

who：一条狗，什么样的狗？

where：什么地方的狗？

when：狗在何时发言？

how：狗如何证实自己的观点？

how much：狗对自己观点坚定到何种程度？

设置狗这个角色，是用来表达异教徒与伊斯兰教徒之间的矛盾的：它是一条穆斯林狗，狗在伊斯兰教中本身并不是受欢迎的存在，它应对异教徒表示鄙夷。因此，为了能够更好地完成狗这个角色的使命，帕穆克别出心裁地为其搭配了第一人称内视角的叙事方式，从第一人称内视角展开。作为一只狗，它的视角无疑是受限的，但能涉及人类异教徒的行事领域的只有“狗”，它通过对异教徒养狗方式的嘲讽和轻蔑，来声明自己的立场，严正捍卫自己作为一条穆斯林狗的尊严。这就回答了维度分析法基础七个问题中的五个问题：who、what、why、how，how much。由此可以发现，帕穆克在创作《我是一条狗》这一章时，从构思到写作都与维度追问法相关。此外，作者通过对 who 的追问，为作品赋予了更多的含义。本章的 who 是什么？正如标题所言是一条狗。联系 where，对狗的身份再做追问，可知这是咖啡馆里的狗。如果作者仅仅将故事的深度停留于此，便消解了作品本身思想的深刻性和闪光点。通过维度追问法，我们可以继续挖掘故事中狗开口说话的原因，分析作者的意图。《我的名字叫红》是较为典型的第一人称视角作品，在作品中我们还有一个不能忽视的重要信息：叙述声音和叙述视角的统一问题。作者采用某个角色的叙述声音（第一人称）时，很容易将作者的眼光与角色的眼光相混淆。单凭一只狗的眼光是无法对宗教或是身份有任何评价和见解的，它甚至对人类世界的饮食没有确切的认知，更何况是一只画在纸上的狗。所以，狗的视角与话语背后另有其人，操纵狗开口“说话”的是说书人，而实际上输出观点的则是作者自己。

在前一章《我的名字叫黑》中，黑来到了一家咖啡馆，听一个说书人表演，“他挂起了一幅图画，粗糙的纸上有一条狗”，“说书人扮演狗的角色说起了故事，不时地伸手指向图画。”[①]这里又一次采用了维度追问法，“狗”实际上是第二章的说书人扮演的角色，是被画在纸上的。由此，作者就将无法使用语言表达思想的物（狗、树、马），以图画的方式作为一个“人物”出现在故事里，使得这些生物可以围绕主题展开叙述，这种独特的呈现方式，也是以维度追问法为基础的。

---

① ［土耳其］奥尔罕·帕慕克：《我的名字叫红》，沈志兴译，上海人民出版社 2016 年版，第 11 页。

在同样采取维度追问法使用第一人称叙述的情况下，根据作者意图的不同，追问的结果也会出现差异，从而导致作品呈现效果的差异。巧妙地利用维度追问法，可以使得作品更加真实，为读者营造一个真实的世界，使读者在阅读时获得更多的代入感。例如《我的名字叫红》中的另一章，从一个孩子的视角出发的《我是奥尔罕》。为了使得作品的叙述更加真实，作者利用了维度追问法，分析了儿童视角下的文体特点，在故事中大量直接引用对话、不加修饰地记录儿童的感受，又舍弃了成年人独有的复杂心理活动。通过这样的设计，作者展现出了一个六岁孩子天真纯粹的、受好奇心驱使的心理活动。于是，故事的最后，奥尔罕告诉妈妈镀金师被杀害这一事件也变得顺理成章。现在，我们尝试利用维度追问法还原作者在《我是奥尔罕》这一章的写作状态：

what：从他的世界能看到什么？

why：他为什么在黑和姨父交谈的现场？

who：奥尔罕，一个六岁的孩童。

where：自己的家中，姨父大人的家，谢库瑞的家。

when：他是什么时候误入谈话现场的？

how：他是怎样参与谈话的？

how much：这件事情对于他而言有何种程度的影响？

利用维度追问法，作者从上述七个维度出发，选择不加修饰地直接陈述儿童的心理活动，模拟了一个六岁儿童的口吻，将奥尔罕这一章的叙述声音和叙述视角统一，作者本人则规矩地隐藏在角色之后，没有露出任何“马脚”，使得读者在阅读时能够获得充分的代入感。

维度追问法不仅可以用于营造文学作品的代入感和真实感，也可以用在剧本、游戏、文案、文化创意产品之中。作为当代年轻人聚会娱乐的热门选项之一，剧本杀实际上可以看作是第一人称叙事的游戏。每位玩家在游戏中分别持有一份以自己独特的、私密的视角展开的剧本。作为完全的第一人称，剧本中既包含了“我”过去经历事件的回忆，也陈述了“我”的心理，同时展示了主要故事发生当天的第一人称视角，玩家完全了解的内容只有自己和自己过去确切经历且得到的经验教训的事情，对其余玩家的了解只能依靠外视角和个人经验判断得出结论，不具备可靠性和真实性。剧本杀的趣味性正是在于利用逻辑推断填补视角的空白，达到还原真相的满足与快乐。因此，依靠维度追问法事先明确各个角色的功能和视角限制，可以帮助创作者在写作时将视角限制在人物之内，不做出超过人物视角的叙述，从而完善剧本杀的代入感和真实感。

维度追问法不仅可以在使用中完整应用 what、why、who、when、where、how 以及 how much 这七个维度，还可以拆开使用，单独应用其中的某一个维度，以此来统筹安排叙事视角、叙事声音和叙事时间。短篇小说《小狗》中，乔治·桑德斯就通过单独使用一个维度的维度追问法，将玛丽和卡莉两个角色的不同叙事声音统筹运用在第三人称的叙事视角之中。乔治·桑德斯采用维度追问法，事先明确自身创作的 why 是体现美国社会的贫富差距和阶级差异，因此在故事中作者选择了同时呈现富人家庭和穷人家庭的两个孩子不同的叙事声音，将两种声音放在同一篇作品中，以达到对比的效果。小说里的玛丽和孩子们在一辆不错的凌志车上，卡莉则住在“脏兮兮的房间”里；玛丽为了让孩子开心来买小狗，卡莉为了不给丈夫添麻烦不得不卖掉小狗；玛丽认为自己现在很幸福，卡莉觉得生活会越来越好。作家选择在人物的叙述中融入大量的人物心理和回忆，以此来回答自身提出的 why。由此可以看出，维度追问法在单独使用某一个维度的时候，同样可以起到统筹安排全文，合理选择叙事方式的作用。

维度追问法也可以帮助作者更好地搭配合适的叙事方式，完成叙事时间、叙事视角、叙事声音上的挪移和转换，以造成欣赏上的起伏感和节奏感。在《包法利夫人》中我们很难不注意到，作者在叙述主角之间游刃有余地转换和移动，开篇使用了“我们”这个第一人称的称呼，之后就转换到了第三人称进行叙述。为何在一部第三人称叙述视角的作品里会出现“我们”呢？其实这是作者福楼拜利用维度追问法有意为之的结果。作者在创作《包法利夫人》的时候，通过维度追问法，明确自己在创作时希望叙述者本人现身作品，将开头的叙述者作为自身话语的象征。福楼拜使用叙事声音转换的方式宣告自己的存在，又很快隐匿于文本后，为下文中多个叙述主体的展开奠定基础。于是，小说就在曲折又自然的叙述者主体变换之中，维持着核心思想不变。

维度追问法在这部小说的其他方面中也起到了重要作用。通过维度追问法，被叙述的主体就可以承担统领责任，爱玛作为故事的核心，可以作为突破点来搭建叙事的框架，引导故事的发展。作品在时间的跨度上有爱玛从修道院里的少女到成为“包法利夫人”的转变，我们可以分别展开讨论，再进行对比联系。

在第一部第四章后，爱玛与查理结婚成为“包法利夫人”，因为怀着对浪漫的憧憬和激情，她对婚后所谓平静的幸福感到无比失望。刚办完婚礼，爱玛的情绪就低落了下来。“结婚以前，她以为自己有爱情；可是应当从这种爱情得到的幸福不见来，她想，一定是自己弄错了。欢愉、热情和迷恋这些字眼儿，从前在书上读到，她觉得那样美，到底在人生上有什么正确意义，爱玛极想知道。”①这段话里分析的维度，即是爱玛渴望的追求的核心是什么，也就是回答了 what 的问题。作者在接下来用一整章的回忆来解释这个意识形成的原因，这是对少女时期的爱玛使用维度追问法得出的结果。

表 9-1　两个时期爱玛的维度追问法分析对比

what：追求“浪漫”的生活	what：追求“浪漫”的生活
why：受浪漫小说的影响	why：受浪漫小说、渥毕萨尔的舞会的影响
who：爱玛	who：包法利夫人
where：修道院	where：道特
when：少女时期	when：婚后
how：消极厌学	how：模仿贵妇的生活方式
how much：退学回家	how much：消极、生病

如表 9-1 所示，通过比较作为包法利夫人的爱玛和少女时期的爱玛，可以得知在两种身份之中，艾玛对浪漫的幻想始终如一。作者维持 what 这一维度不变的基础上，又在其他的维度加以调整，使叙事更加丰富。例如，查理与爱玛受邀参加侯爵在渥毕萨尔的舞会这一情节，成为爱玛中期浪漫幻想达到顶峰的重要依托，回答了图中前后一致的 what。在 where 方面，福楼拜又力求变化，给予了浓重的笔墨。作者一方面刻画了由物质因素决定的自然环境，另一方又描写了由人物组成的社会环境。至此，华丽的建筑，贵族们的画像，丰富诱人的美食，漂亮华丽的贵妇，将“何地”这一维度扩展发挥到了极致。

第二节　操 作 要 点

第一节中，我们从叙述视角切入分析了维度追问法在文学作品叙事方式上的实际应用，从中不难发现，虽然作家们都有意在创作中使用维度追问法指导自身的创作实践，但各个作家使用维度追问法的流程不同、方式不

① ［法］福楼拜：《包法利夫人》，李健吾译，江西教育出版社 2016 年版，第 35 页。

同，达到的效果也不同。因此，在本章中，我们会总结维度追问法的操作一般程序，为创作者提供写作上的范式。

关于维度追问法的运用，还需要作进一步的梳理和说明。因为维度追问法是辅助思考的有效工具，它的具体应用实际可以随主体意愿自由变化、随时调整，以便适应即时的需求，正如人类身体发生的疾病不可能完全契合医学课本的描述，所有的故事也不可能精准地遵循标准化结构。在具体的创作实践中，创作者碰到的情况要复杂得多。因此我们所提供的维度追问法的一般程序，只是使用这一方法的简单模板。在实际创作中，创作者可以根据自身需要灵活使用维度追问法。“七何”(5w2h)检讨法是维度追问法的别称，也是它最重要的形式，但不能完全同维度追问法画等号。“七何”检讨法仅仅是维度追问法的一种典型形式。本章中，维度追问法中的“维度”并没有明确地限于七个，创作者大可以根据自身需求，在创作中根据实际情况进行维度的增删。

维度追问法通过不同角度的几个关键性设问来辅助思考，从而把握核心问题，有效避免盲目性。维度追问法还可以针对一个问题反复使用多次，通过调整各维度追问的内容，或细化或扩展，最终达成问题的最优解。因为我们已经强调过多次关于维度追问法的“工具”属性，所以它必然拥有多种面貌和样态，它是一个可以自由创造的空调色盘而非固定的颜料盒。在写作过程中同样如此，创意思维的可训练，不仅基于思维自身的过程性、大脑的记忆功能，还包括自身的主观能动性。

一、维度追问法的一般程序

维度追问法的一般程序体现为“七何”检讨法，并且可以继续划分成“回答式”和“提问式”。在本章开篇，我们已经对这两个类型有所讨论，在此将对它们进一步扩展和细化。

(一) 回答式

依次回答 5w2h 的每一个问题，只要给出最直白，最基础的信息即可。

what：何事？

why：为何？

who：何人？

where：何地？

when：何时？

how：如何？

how much：何价？

（二）提问式

将5w2h作为提示来提问。针对更加细节的叙述，第二种维度追问法很难总结出统一的模板，几乎都需要在某特定的情境之下才能完成，下面列举的问题方向和类型可供参考。

what：事情的发展方向会是什么？

why：构成此事的前因？

who：可使用的人物有哪些？

where：是现实的困境还是抽象的困境？

when：事情发生在什么时间点，同时还有什么事情正在发生？

how：困难如何对人物产生困扰的？

how much：为处理此困难产生了多少损耗和代价？

在进行提问时有两种可用的方法，一是将七个问题作为关键词包含在新的问题中，如why（为什么）的提问可以是"为什么××需要××"；二是只将问题作为一个参考维度，提出更具自由度的问题，如what（是什么）的提问可以是"提高效率的措施有哪些"。

以上两种类型的维度追问法的最根本区别在于宏观和微观，前者能够作为简单的框架，把握叙述的核心；后者可以用来补充具体的内容和细节。在实际的运用中，创作者可以将两者结合，也可以有选择地使用其中的一部分。如第一节用来作为案例的小说《我的名字叫红》，由于作者选择了第一人称叙述，有些章节事件发生的地点与时间就隐藏于主人公之后。因此，作者有意忽视了背景的问题，在使用维度追问法时没有将where作为考量的维度。方法二存在几种常见的使用方式：

（1）增删维度。维度追问法本身具有灵活性的特点，并不是一成不变的。创作者可以根据自己的创作经验和实际情况，有选择地增删维度追问法的维度。例如当创作者发现"七何"检讨法的格式不能满足创作需求时，就需要适时地增加设问条目；

（2）针对同一问题多次使用维度追问法。我们在前面分析《我的名字叫红》对维度追问法的运用时，就提到了这一使用方式。作者可以针对同一问题反复多次使用维度追问法，以便更加深入地剖析情节与实践，多角度完成叙述。

二、维度追问法的面向

维度追问法的适用范围十分广泛，小到叙事视角的展开，大到整体故事的构思，都能借助这一方法获得有条理的指导。创作者也可借助维度追问法，分析创作的细节和方向，以达成创作的严密性、合理性和创造性。

在写作的构思阶段，创作者可以用维度追问法构思情节和人物。采用回答式的维度追问法，可以很快构思出人物的小传。当我们在构思时使用维度追问法的时候，可以从以下几个问题出发：who——具体人物，what——人物身世，why——人物动机，where——人物环境，when——人物年龄。通过对这五个问题的追问，创作者就可以简单直接地得出人物的背景信息。

而在情节的构思阶段，我们也可以采用维度追问法。例如，在针对一个具体的人物构思情节时，我们可以利用 what 来对应人物需要达成的目标，利用 how 来对应人物为了达成目标需要付出的努力，用 how much 来对应人物在完成这一目标时作出的牺牲或取得的回报。由此，就通过以上三个维度，根据具体人物构建出一个简单的情节。

此外，维度追问法还可以有效解决"穿帮"的问题。赵毅衡在《广义叙述学》中认为叙述应当符合"某个主体把有人物参与的事件组织进一个符号文本中"和"此文本可以被接收者理解为具有时间和意义向度"①。对这一定义，我们可以提取出两个关键词：人物与时间。这两个关键词是整合维度追问法追问结果的要点，也是决定叙事是否"穿帮"的重要因素。人物决定了人称，也关系到叙述的声音和视角，是构成整部小说的重要基础。时间代表了一系列动态变化的、流动的过程。

"穿帮"这一问题的核心就在于人物与时间的矛盾。当主人公获得了视角之外的信息，在叙事中展示出了不符合当下时间的心理或话语时，就会造成"穿帮"。例如创作者以一个三岁的幼儿作为故事的主体时，却运用大量的笔墨书写他的心理活动，使得叙述完全跳脱出了一个幼儿应有的心智能力，读者在阅读时就会产生疑惑，此即所谓的"穿帮"。这就类似观众在观看古装电影或电视剧时，从画面中捕捉到了带有明显现代元素的物品：手机、摄像头，甚至是玻璃镜子反光中显示的剧组人员。这些都是创作中不应有的瑕疵，因为它们完全破坏了作品的氛围。

为了解决叙述中"穿帮"的问题，顺利地完成叙述过程，我们也可以采取维度追问法，将故事拆分成多个维度（或多条线索），划分和选择合适的叙事视角与声音。例如，创作者可以按时间顺序，明确作品的起因、经过、结果；或是根据多线并行的明线、暗线等不同线索，选取合适的维度，明确各部分的内容。然后再选择合适的叙述视角，明确回忆叙述和现时叙述的边界，区

---

① 赵毅衡：《广义叙述学》，四川大学出版社 2013 年版，第 7 页。

分过去的“我”和现在的“我”的成长差异、思维差异、体态差异。至此，创作者就可以通过维度追问法解决“穿帮”问题。

三、维度追问法的具体操作步骤

维度追问法作为一种创作的工具，具有极大的灵活性和机动性。前文业已明确维度追问法的一般程序，接下来我们将通过具体的步骤，明确写作实践中应该如何使用维度追问法。

（一）审视自身，列出问题

在写作实践中，为了顺利使用维度追问法，首先要设置恰当的维度追问的问题。一般来说，我们可以直接借鉴“七何”检讨法对故事作整体规划。根据 5w2h 的问题设置，简单列出故事涉及的角色有哪些（who），故事发生的地点（where）、年份、时间（when）等。提供思路如下：

what：故事中的主要情节和事件是什么？故事想要呈现和表达什么？

why：人物行动、情节发展的原因和动力是什么？

who：人物是谁，有什么样的性格特点？

where：主要场景有哪些，日常活动路线是什么？

when：故事发生的时间、时代背景，主要人物所处的时间。

how：人物喜欢什么样的行动方式和风格？

how much：人物是如何参与到故事的发展之中的？

通过对问题维度的列举，我们得出了在叙述时需要强调和注意的问题，通过回答这些问题，可以明确作者的创作意图，对故事中各个因素进行分析。列出问题是使用维度追问法的前提，只有准确列出符合作者主体需求的问题，才能顺利开展使用维度追问法的后续工作，为作品匹配合适的叙事方式。

（二）回答问题，明确意图

在列出使用维度追问法的问题之后，创作者必须通过回答这些问题，以明确自身的创作意图。只有明白了自己想“讲”一个什么样的故事，才可以根据维度追问法安排符合自身预期的叙事方式。因此，使用维度追问法的第二个步骤就是回答问题，明确自身的创作意图。回答问题的时候要尤其注重 what、why、how 和 how much 这几个维度，这些问题都是构建故事架构的核心，这里提供几种回答这些问题的范式：

what：写下故事梗概，包括所有你想得到的内容，不必在乎逻辑是否通顺，也不用在意完整度。

why：思考以下问题，从作者个人意图出发，你想要在这部作品中传达什么信息？你希望接收者如何理解你的作品？从文本和故事的层面出发，故事的主人公发生此动作的原因/形成此个性的原因/获得成功或是失败的原因……

how：从个人意图和故事两个层面出发。你希望这部作品以何种形式呈现出来？故事中各个人物的行动原则是什么？

how much：这部作品的规格如何，是短篇、中篇还是长篇？故事进行到哪里结束，是有完整的结局还是要戛然而止，供人思考？

以上或许和创作过程的构思环节重叠，但这一步骤的目的在于明确叙事的条理，而并非真正对故事做计划。

（三）利用“七何”检讨法，设计叙事方式

在完成上述两个步骤之后，创作者就要依据在前两个步骤中得出的结果继续使用“七何”检讨法，为作品搭配合适的叙事方式。这次使用“七何”检讨法的方式与上一次有所不同，我们需要通过对 what、why、who、where、when、how、how much 等问题的追问，挑选出最合适的叙事方式。

what：关键事件、主要情节是什么？

why：叙事故事的声音来自哪里，即谁是故事的叙述者？

who：主角和主要的参与者都有谁，除了叙述主体之外还有哪些重要角色？

where：涉及的场景有哪些，故事该采用何种视角展开？如何将场景和场景转换展示出来？

when：故事的时间顺序是怎样的？叙事的顺序和篇幅该如何分配？

how：如何将故事中的事件统筹到话语之中，以达到合适的节奏？

how much：在叙事中该强调或省略什么？

可以发现，创作者通过对这些维度进行追问，实际上已经解决了叙事时间、叙事声音、叙事视角等有关叙事方式的问题。通过追问 why，我们可以明确谁是故事的讲述者，叙事声音究竟来源于何处。解决了应该如何选择恰当的叙事声音后，作者就可以根据之前自己确定的创作意图，按照希望展示的故事内容，从而适当隐蔽或显露叙事声音，以达到适度的显和隐。

通过追问 where、who 等问题，创作者可以确认故事中事件发生的地点和经历事件的人物，并根据自身的意图确定叙事的视角。

通过追问 what、when、how 等问题，创作者能够明确故事中事件实际发生的顺序和时长，自由安排叙事所要花费的篇幅和叙述的顺序、重复的频率，以选择符合自身要求的叙事时间。

维度追问法可以对一个案例反复使用多次。多次利用维度追问法分析同一问题，是为了让我们有更好、更精彩的叙事手法。创作者在一开始就可以使用维度追问法，厘清创作的目的和标准，为创作制定准绳，使得一切内容都在符合叙述视角的框架内展开，提高创作的精确度。同时，创作者也可以反过来通过维度追问法来检查核对目前有哪些漏洞和不足，在反复的核准校验中得出最后的成果。

第三节 写作指导

前两节中，我们对维度追问法的创作实例和一般程序作了介绍和分析，接下来将结合具体的小说创作实践来讨论如何运用维度追问法。

一、维度追问法的实际应用

（一）叙事视角的选择

在前文中我们将叙事视角作为主要讨论对象，分析了不同叙事视角下文学作品的创作方式，因此在集体讨论《一桩事先张扬的绑架案》的叙事方式时，首先需要做的就是确定叙事视角。尽管创作过程可以分割成多个不同的环节，但各个环节仍是一个有机整体，思维具有过程性，但仍具备整体性。在我们开始着手计划写一篇作品的时候，大多数环节都是同时进行，且互相关联的。叙事方式的选择和运用，必须基于故事整体的构思。

因此，创作团队在使用维度追问法时需充分着眼于故事的内容，即故事的起因、经过、结果，或是多线并行的明线、暗线。《一桩事先张扬的绑架案》一文的主线内容是少年康誉在短短两天的时间内的经历及内心发生的变化，核心主旨是缺失爱的青春期少年的自我救赎与和解，因此聚焦主人公康誉的视角是创作的最优选择。在讨论主人公康誉成长路上的矛盾核心时，我们提出了“青少年时期的敏感导致的对于父母关爱的感知障碍”这一设想，因此“内心戏”（心理、回忆）就成为了叙述中重要的一环。传统的第三人称内聚焦视角有利于专注表现角色的内心，在人称方面运用第三人称，从而适应对主人公大量的心理和回忆内容的描写。

（二）叙事视角的运用

在第二节操作指导中，我们提出了叙述中的一个问题，即描写边界混乱导致的“穿帮”。叙事视角的运用也要围绕叙述的边界问题，根据不同角色选择相应的视角展开叙述。我们利用维度追问法的 5w2h 模型，希望在小说中的人物叙事上形成完整的闭环，成为独立的“逻辑圈”，明确彼此的界限，避免模糊和混淆带来叙事上的漏洞。以小说的主人公康誉为例，具体操作过程如下：

what：他喜欢用什么样的方式来表达自己，靠心理活动还是直接表达出来？（心事诸多，靠内心活动表达。）

why：他会因什么而行动？（由于冲动和积压的心事，一点刺激就会让他爆发。）

who：他是什么样的人，有什么样的性格特点？（敏感、冲动、单纯、善良……）

where：与他关联最密切的地点有哪些，是否是他的日常活动路线？（他没有能力真的远离生活的地方，流浪地点在家附近。）

when：他处在哪个年龄段？（初中。）

how：他偏好什么样的行动方式和风格？（先行动再做计划，冲动而又直接。）

how much：他是一个谨慎的理性派还是随意的感性派？（感性派。）

运用维度追问法，结合之前已完成的人物设定，康誉表现出的冲动单纯、口是心非、故作凶恶，以及充满怨愤的回忆、矛盾的心理，就构成了他的独特个性。在前期执着于“不被爱着”的康誉，贬低自己，怨恨父母，嫉妒同母异父的妹妹，在回忆中不会出现体现父母不易和苦衷的部分，随着与宋小暖的相处，他的心防松动，在心理描写中也逐渐增添了相关的内容，使得心理活动与外在人物变化保持一致。

明确了主人公的心理活动范围后，我们就可以使用维度追问法继续设计小说的内容。初二的少年康誉“绑架”了自己同母异父的妹妹宋小暖，两个人在外游荡了两天，因为妹妹生病，他主动联系了父母回家。这是故事主线的简单框架（what），在此之上我们对其进行追问，利用维度追问法的方式构思更详细的内容。

康誉为什么要“绑架”宋小暖（why）？这个原因在最初的构思和设定时就已经暗暗埋藏好了伏笔。康誉生活在城中村，家里经营臭豆腐摊，他生活在一个离异家庭，情感笨拙粗糙的父亲难以体察青春期儿子敏感叛逆的情绪，他因学习差被忽视，陷入了一个青少年常常容易萌生的“被抛弃”的情绪之中。而再嫁的母亲却有了完全不同的生活环境，在优渥的生活条件之下诞生了一个与康誉截然不同的孩子，就是宋小暖。孩子之间抢夺母爱的威胁感，以及对比产生的落差，让康誉很轻易地把矛盾源头指向宋小暖，这是富有现实特色的一种“矛盾转移”，也是康誉行为的诱因。康誉和宋小暖的形象也在通过追问完善故事背景的过程中逐渐丰满起来。

关于人物的形象（who），我们用维度追问法，对康誉的特征进行追问，得到了“城中村”“离异家庭”“成绩差”等标签化的内容。我们又根据这些标签，分析了康誉的心理和性格的变化，试图将这一主要人物树立成既能够体现社会共性又能拥有独特性格的典型化人物。作品中，我们对康誉这一人物的许多视角的设定、心理的剖析，都是使用维度追问法反复考量的结果。

除了康誉外，宋小暖也是一个重要的“功能性”角色。我们在使用维度追问法的过程中，得出她是康誉前期冲动离家出走的主要原因，也是后期康誉转变的重要动力。为了匹配宋小暖的这些功能，我们最终将她确定为康誉母亲赵虹玉的第二个孩子，生在环境优越的家里，享受着父母的宠爱。由此，宋小暖的角色为主人公康誉一系列的行为提供了逻辑和因果上的合理性：康誉羡慕宋小暖同时有爸爸妈妈的关怀，嫉妒她能够享受丰富的物质条件，又因意外发现宋小暖头脑聪明，成绩优异而产生自卑情绪，这些都促成了康誉这个十四五岁，性格敏感的少年做出故事中的那些疯狂举动。

最后是场景（where）的问题，作为现实主义题材作品，两个孩子离家出走后的经历要有戏剧性，但不应脱离生活实际。故事发生的场所应当既能够满足主人公精神蜕变的要求，具备矛盾冲突的充分条件，又不超过两个孩子的能力范围。介于以上种种条件和考量，为了使得康誉实现思想上的变化，我们最终将场景定在康誉家附近，解决了创作这部小说时遇到的场景选择的难题。

（三）时空切换、回忆插入的选择

我们在创作过程中还多次利用维度追问法，使用时空切换、回忆插入（插叙）等手法。为了达成结构上的呼应，我们运用了维度追问法来统筹叙述。按照每一个人不同的故事线，排查逻辑漏洞，选择合适的节点或创造合适的节点进行切换、转场。

在具体的维度追问法使用过程中，我们主要从 where、when、how 等维度分析，安排时空切换和回忆插入。例如，在安排作品第一章的叙述视角和叙事时间等问题时，我们首先通过维度追问法明确了创作的目的：

where：第一章的主要场景是学校和康誉家；故事主要采用主人公康誉的视角；通过回忆的方式展示场景和场景的转换。

when：第一章的主线展开自康誉 15 岁的课堂经历，中间插入回忆。

how：在叙述康誉故事的基础上，引出康誉的父母和父母离婚的经历。

明确了这几点后，第一章的叙述安排就变成了故事所呈现的那样，第一章的开头先是将叙事的视角聚焦在主人公康誉的身上，选取了康誉 15 岁时因为作文内容是“绑架宋小暖”而在课堂上受到老师批评的事件作为叙事的起点，以达到引起悬念、激发读者阅读兴趣的目的。同时，在叙事之中又通过主人公康誉的联想和回忆，采取插叙的手法，引出次要人物——康誉的父亲康卫国和康誉的母亲赵虹玉，以及康卫国和赵虹玉之间的矛盾。

当然，在小说的整体叙事中，为了保证故事的完整性和阅读的连贯性，我们并未过多使用时空切换和回忆插入的手法。为了能够在尽量连贯的叙事中涵盖时间、空间跨度较大的故事，我们也根据特征期待法为作品设计了合适的叙事方式，即在每一章节中设定主要的时间段和场景，所有的时空切换和回忆插入都围绕这一主要时间段和场景展开，确保故事不会因为时空的展开而缺失完整性与连贯性。

二、注意事项

（一）把握整体性原则和融合意识

创作过程是一个整体，叙事也是一个整体。我们在使用维度追问法设计叙事方式时，可以根据一定的原则搭配叙事的时间和顺序，但需要照顾小说写作和读者阅读的完整性和连贯性，把握整体性原则，合理安排叙事方式。

根据整体性原则，我们也可以将其他思维训练方法（如特征期待法、归比演绎法等）应用到叙事方式的设计中去，在创作过程中选择适用的思维训练方式进行构思。但要注意方法之间的相互配合，以融合的意识合理使用不同的思维训练方法，各取所长，达到更好的效果。

（二）掌握创作主动权

在第二节“操作指导”中我们已经强调，在实际运用维度追问法时要注意掌握创作主动权。作为辅助创作的思维训练方式，它的使用应当依靠创作者的主观能动性。灵活性是维度追问法的一大特色，创作者在创作时不必完全拘泥于已有的创作实践要求，也不必完全遵照维度追问法的固有程序。创作者可以根据具体情况，合理地增减、更改使用维度追问法时的维度，通过合理的变形达到创作目的，掌握创作的主动权。

（三）叙事方式与作品表达

在实际创作中，我们在初期阶段曾尝试按照故事实际发生的顺序线性地叙述故事，最终因为小说整体呈现过于平淡，故事缺乏悬念等诸多问题放弃了这一安排，转而重新利用维度追问法将小说设计成为多视角、乱时序的非线性叙事。这一过程同样启示我们，利用维度追问法设计作品叙事方式的时候，要充分考虑到作品的主旨和结构，考虑作品表达的各个方面，为作品选择恰当的叙事方式。

思考与练习

1. 请根据本章内容，总结维度追问法的概念和特点。

2. 简述维度追问法运用的两种方式和两种变形，并列举三种使用情境。

3. 在之前练习环节构思的所有故事中，选择自己最满意的一个，对高潮部分的片段进行不同叙述视角的描写，并对比其不同的呈现效果。

第十章　特征期待法：表达中的文学修辞

本章提要：本章我们将通过以海明威为代表的作家的创作实例，分析作家在文学修辞中如何使用特征期待法，明确特征期待法的一般程序和具体操作步骤，通过结合创作实践，学习这一方法在文学修辞中的使用。

第一节　案例分析

文学修辞就是通过选择语句、加工语句的方式来美化语言，让它们适于所处的情境，表达作者意图和思想感情。文学修辞的“选择”和“加工”各有作用。“选择”的作用体现在同义词的替换，例如“月亮”就有无数可替换的同义词：玉盘、玉钩、桂宫、蟾宫，这些词汇虽然在含义上没有区别，但在情感意蕴、感情基调和语义侧重方面却有许多区别。“加工”的作用则重在“修”，主要以运用辞格、添料加色为主，如我们众所周知的修辞手法比喻、拟人、夸张等。广义的修辞指的是调整文辞，狭义的修辞则单指修饰。鲁迅在《书信集・致李桦》中说“正如作文的人，因为不能修辞，于是也就不能达意”①。文学修辞是创作过程中重要的一环，能够体现作者的文学造诣和语言把握能力。

修辞作为一种创作表达活动，具备几个因素：主体、客体、语境/情境、目的、话语和效果。结合以上因素，我们可以运用特征期待法的方式来指导创作中的文学修辞问题，通过剖析事物的特性或属性，针对每项特性提出改良或改变的构想，不断地提出希望和改良意见，从而实现词能达意，丰富情感的效果。本节，我们将着重讨论特征期待法在具体作品修辞中的应用。

特征期待法强调使用者在创作的过程中根据自身需求，观察和分析事物或问题的特性或属性，然后针对每项特性提出合适的构想。当创作者将

---

① 鲁迅：《鲁迅选集・第四卷》，人民文学出版社 1995 年版，第 518 页。

特征期待法应用在文学作品的修辞中时，首先应对事物事先具有清晰的定位或期待，然后才能根据这些预设条件，展开特征期待，从而选择合适的文学修辞。

创作者使用特征期待法时可以根据自身创作需求，选取恰当的修辞来展现事物的特征。在文学创作中，作家经常依据自身不同的需求和情感，选取事物不同的侧面，采用不同的修辞方式进行表达。李白《静夜思》可谓家喻户晓，前两句“床前明月光，疑是地上霜”将月光比作一地霜华。这种将月光比作“霜”的写法，源于作者自身对创作的特征期待。《静夜思》后两句“举头望明月，低头思故乡”点名整首诗表达的内涵是思想，李白心中怀着对故乡的思念，故而见月光也满是秋日萧瑟苍凉之感，才以“霜”比喻月光。

同样是使用特征期待法对同一事物进行比喻修辞，创作者的情感和创作目的不同，结果也不相同。同是写月光，苏轼在《记承天寺夜游》中用“如积水空明”描绘投射在庭院的月光。苏轼夜半出行是为了寻好友赏月，于是见月光也觉得它澄澈活泼。若是将李白与苏轼所用的喻体对调，即李白在思乡之际感慨月光如水，苏轼记访友之趣时见月色如霜，就会与作品的整体风格、情感基调相悖，显得不合时宜。谢道韫咏雪的“未若柳絮因风起”句之所以胜过“撒盐纷纷何所似”，就是在语境和效果方面占了上风的缘故。雪、柳絮和盐都是白色的物质，在外观形态上相差无几，但是撒盐在空中，盐晶会不自觉地向下坠落，无法呈现出漫天飞雪的轻盈之感，而柳絮被风卷起时则常常随风飞舞，更符合飘雪的姿态。由此观之，使用特征期待法时，需要兼顾作者的情感，创作的目的以及作品的语境。

有些名家善于利用特征期待法，选取合适的修辞，使得作品可以更好地适应自身的情感表达。朱自清在散文名篇《春》中，就通过特征期待法，塑造了生机盎然的春日景象，完成了作者对自己内心世界和精神追求的表达。在这篇体量微小的文章中，作者希望表现出自己内心的情趣和热烈的情感，因此选取了大量符合自己心境的事物作为意象，并根据这些事物的特点使用了包括反复、叠音、连环、通感、拟人、比喻、排比在内的二十余处修辞，是语言选择和加工的极致体现。作品中，作者巧妙分析了春日太阳的特点：太阳是红的，春日的太阳却不能过于“火红”，显得太热烈、太毒辣，还要表现出万物复苏、温馨活泼的感觉，故而选用了“太阳的脸红起来了”，以拟人的修辞手法，将春日到来的动态过程也反映在太阳上，既生动形象又符合情境。特征期待法在鲁迅的作品中，则独具另外一番风格气质，鲁迅利用事物的不同特质，结合内在情感，在散文诗集《野草》中运用鲜明、强烈、有力的隐喻修辞手法，结合象征的表现手法建构了一个独特的精神世界和艺术世界。

《秋夜》中最经典的反复修辞“在我的后院，可以看见墙外有两株树，一株是枣树，还有一株也是枣树”时常被人们拿来讨论和分析。利用特征期待法，鲁迅巧妙分析了许多常见事物的不同侧面，并赋予他们独特的文学修辞，使得整篇文章中都充斥着孤独、冷峻和肃穆的氛围，两棵枣树也不例外，这种分离式陈述为每棵树都赋予了奇妙的孤独之感。

在 20 世纪的著名小说作家中，海明威就极精通特征期待法。他独特的冰山风格离不开特征期待法的应用。美国著名文学评论家威拉德·索普在他的《二十世纪美国文学》中对海明威给予了极高的评价：“海明威是当代最伟大的自然主义作家之一。他敢于突破传统，创造新的风格和手法来适应题材的需要。”

海明威的冰山风格即删掉小说中一切可有可无的东西，只留下冰山之上的八分之一。为了构建冰山风格，海明威巧妙结合特征期待法，从语言、修辞、句式语法等角度出发，建构出别具个人特色的语言加工方法和修辞运用方式。以海明威的代表作《老人与海》为例，海明威对冰山风格的构建主要体现在语言上，为了达到简单含蓄的呈现形式，海明威常在确定语境场景的基础上，为作品选取合适的语言形式。例如，在写作时海明威首先确定自己文体风格的特征就是“简洁”，之后又有意识地围绕这一特征进行字词和句法的斟酌。为了适应冰山风格，海明威在创作中很少使用华丽艰涩的长句子，反而选用司空见惯的日常语句，用简短的词汇或句子生动传神地展示故事。例如，在小说的开头有这样一段有关捕鱼的描写：

那天收获颇丰的渔夫已经回来了，他们把枪鱼剖开，横着铺在两块木板上。板的两头各有一人抬着，踉踉跄跄朝鱼库走去。渔夫在鱼库那儿等待冷冻车过来，把鱼运往哈瓦那市场。那些捕到鲨鱼的人已经把鱼运到海湾另一头的鲨鱼加工厂里了，在那里他们把鲨鱼吊在滑轮上，取下鱼肝，割去鱼鳍，剥掉鱼皮，把鱼肉切成一条条的准备腌起来。[①]

这段描写集中体现了海明威不俗的语言造诣，围绕着在构思时拟定好的“简洁”特征，海明威用大量口语化的短句叙述场景，不仅句子简短，贴近日常生活用语，并且少加修饰词，选用白描的手法将故事中人物的动作、形态直接描摹出来。这样的语言描写使《老人与海》这部作品更具真实感，能够为读者营造出一种真实场景，使读者阅读起来极为自然。这些简单的句子都是经由海明威深思熟虑后选取使用的，具备高度的一致性和节奏感。简单的描写为读者在阅读时留下了充分的想象空间，因此，海明威的叙述带

① ［美］海明威：《老人与海》，黄源深译，译林出版社 2010 年版，第 2 页。

有高度的概括性和暗示性,凝练的语句之中潜伏着浓烈的思想和情感。这样的语言特色造就了海明威冰山风格的形成。

海明威为了营造真实的故事环境,在人物语言的叙述中也选取了最贴近生活的口语化人物语言。这样的人物语言常体现在对话之中,海明威对人物的对话描写常常是急促而充满力量的,例如:

“现在你该上床了,这样明天早上你才会精力充沛。我会把这些东西送回露台饭馆去。”

“那么晚安。早上我会叫醒你的。”

“你就是我的闹钟。”孩子说。

“年岁是我的闹钟,”老人说,“老人干吗要醒得那么早呢?是为了能度过更漫长的一天。”

“我不知道,”孩子说,“我只晓得年轻小伙子睡得香,起得晚。”

“我会记得的,”老人说,“我会按时叫醒你。”

“我不喜欢他来叫醒我,好像我不如他似的。”

“这我明白。”

“睡个好觉,老爷子。”①

海明威在创作《老人与海》时对于“简洁”特征的秉持,尤其体现在人物语言上。在这段人物对话中,海明威的叙述更贴近展示而非讲述,所有的对话都简短有力度,词汇通常是简单的,以建立一种贴近生活的对话氛围。并且,在海明威的叙述中,只用“老人说”或“孩子说”来展示人物说话的动作,很少选择使用副词描述人物说话时的态度。在通俗文学中,作者常选择于人物讲话时添加各种各样的副词,例如“某人坚定地说”“激动地说”“兴奋地说”,海鸣威则反其道而行之,竭力通过极简的叙述,不添加任何额外的描述,将故事的主导权完全交给故事中的人物,抹去了作者主体的存在,也就拉近了故事和读者的距离。

在《老人与海》的修辞选取中,海明威也用到了特征期待法,不仅将修辞贴近叙述的语境,更是充分考虑到了被喻物体和喻体的特征。在描写中,虽然海明威很少选择华丽的副词修饰,但是他常使用比喻的手法描写人物或景物。例如海明威在描写出海时的景物时写道:“这时,陆地上升起了山一般的云,海岸成了一长条绿色的线,背后映衬着几座灰蓝色的小山。”②海明威的比喻往往选择的是形态接近或比较神似的本体和喻体,像这一句中将

---

① [美]海明威:《老人与海》,黄源深译,译林出版社 2010 年版,第 11 页。

② 同上,第 17 页。

形态各异的云朵比喻成山，将海岸比作一长条绿色的线。海明威的这些比喻使得作品的呈现极为生动形象，读者在阅读时也可以通过海明威给出的形象从脑海中构建出更加真实可感的场景。

海明威将比喻修辞手法创新性地运用在作品的各个方面。例如海明威会选取比喻的修辞手法描述人物的外貌："他的衬衫上不知打了多少次补丁，弄得像他那张帆一样"。这句话中将老人的衬衫和外貌作为比喻的本体，又选取了船帆作为喻体，生动形象而又简洁地描绘了老人的衣着外貌和因为捕不到鱼导致生活窘迫的情状。小说中还把老人捕鱼的手比喻成"鹰爪"，鹰本身就是捕猎的好手，具有坚强和敏锐的特点，以鹰爪比喻老人捕鱼的手，能够说明老人的捕鱼技巧十分高超，一双苍劲有力的手掌是在数十年的风吹日晒中磨炼出来的，成为了老人捕鱼的有力武器。这样的比喻使得读者将鹰的形象同老人的形象联系起来，塑造了老人坚毅的形象。

关于文学修辞的处理，古今中外的作家们往往都以"吟安一个字，捻断数茎须"的劲头，这种字字斟酌的做法，同样也是特征期待法的使用内容之一。鲁迅在《祝福》中有过这样的前后修改。

"有些老女人在街头没有听到她的话，便特意寻来，要听她这一段悲惨的故事……"

"有些老女人没有在街头听到她的话，便特意寻来，要听她这一段悲惨的故事……"

这些改动，实际上是鲁迅通过对叙述内容全方位的分析和对特征进行把握的结果。通过调整"在街头"这个地点状语的位置，带来的就是不同的语义理解。原文中的"老女人"在街头，但是错过了祥林嫂的故事；修改后的"老女人"不在街头，所以特地跑到祥林嫂家里去探听，将祥林嫂的悲剧身份通过旁人看热闹的眼光体现了出来。

对所写之物的特征斟酌字句，不仅体现在海明威与鲁迅身上，还体现在古今诸多大家的写作之中。郭绍虞先生曾分析说"文人之修辞技巧，往往利用文字之单音，使成为文辞上单音步的音节，利用语词之复音，遂又成为文辞上二音步的音节。单复相合，短长相配，于是整齐中含铿锵，参差中合自然。"这正是《醉翁亭记》"太守归而宾客从也""太守与客来饮于此""众宾欢也"中，"宾客"与"宾""客"同义形式的妙用。王安石作"春风又绿江南岸"一句前，原为"春风又到江南岸"，但他认为"到"字过于死板，缺乏灵动感，遂将"到"改为"过"，将完成的动作变成了过程性动作，可他依旧不满意。最后敲定"绿"字，将名词化用为动词，既能体现出"到"和"过"的内涵，表达春风降临，还可以体现出春日来临、万物复苏的特点。张爱玲也精于此道。她关于色彩的运用和描述就体现了这一点,往往既生动又准确。在张爱玲笔下,绿色有石绿、湖绿、明油绿、水绿、苹果绿、橄榄绿、翡翠绿、豆绿等;蓝色有孔雀蓝、宝蓝、粉蓝、瓷蓝、蓝汪汪等。她描写色彩不但要将颜色描摹准确,还力求将意境和画面带入文字中,对色彩作全方位的分析和“期待”,为了达到符合预期的效果不断地推进和调整。这些是作者对所写的人事物景不同特征进行分析和把握之后的结果。

第二节 操作要点

特征期待法是属性列举法和希望点列举法的结合。属性列举法起源于1954年,由美国尼布拉斯加大学的克劳福德提出。属性列举法强调在创作的过程中观察或分析事物或问题的特性或属性,针对每项特性提出改良或改变的构想。克劳福德还提出了另一种类似的方法,即希望点列举法,二者的功能大体上相通,在实际的运用之中可以取得几乎同样的成果。

上文我们利用具体案例分析了特征期待法在文学作品中的应用,现在来看在创作实践中如何正确自如地使用特征期待法。

一、特征期待法的一般程序

(一)明确使用环境

使用特征期待法时,首先要明确特征期待法的使用环境,即应用特征期待法的具体写作阶段、语境、风格、氛围等。明确特征期待法的使用环境,有助于创作者合理探索创作的具体需求,厘清创作所涉及的各个事物或问题,有助于特征期待法后续工作的展开。

(二)分析事物,提出期待特征

使用特征期待法时,最为关键的一个步骤就是观察和分析事物,提出期待的特征。这里的特征,既可以是事物本身所蕴含的本质特征,也可以是创作者希望得到的属性特征。特征期待法主要就是围绕着这些特征展开,将这些特征作为分析的材料或者创作需要达到的目标,以此来开展自身的创作实践的。因此,通过分析得出合适的事物特征,是使用特征期待法的关键一步。

(三)提出合适的解决方法

在提出期待的特征后,创作者就要围绕这些特征提出合理的解决办法。因此在这一阶段,创作者要在明确的特征指引下,发挥自身的主观能动性,寻求达成这些特征的方法和途径。

二、特征期待法的面向

特征期待法的适用范围同样很广，除了可以运用在文学修辞阶段外，还可以运用于作品的修改环节和表达的叙事方式环节。创作者通过使用特征期待法，可以起到指引和规范写作方向的作用，使得作品的写作不偏离预先制订的计划。

在作品的修改环节中，特征期待法可以帮助创作者查漏补缺，检查作品中是否有疏漏之处，也可以帮助创作者推陈出新，将写作过程中产生的新鲜灵感落实到作品之中。在作品的修改过程中，创作者可以利用特征期待法询问自己：我期待这部作品最终的呈现方式和呈现效果是什么样的？在成稿中是否达到了期待？……通过对作品期待的重新审视，创作者可以找到作品修改的方向。

同时，特征期待法也可以被用在叙事方式的设计之中。创作者可以通过特征期待法明确作品预期的特征，并根据这些特征选择合适的叙事方式。

三、特征期待法的具体操作步骤

（一）确定修辞语境

有观点认为，比喻实质上是将两个事物暂时地有条件地相提并论。这里“暂时地”“有条件地”其实就是在强调修辞的语境和情境。确定修辞语境是进行修辞的第一步，也是奠定基调的一步。在现实生活中，人们应当面对不同的环境氛围，说不同的话，做到得体、合时宜。文学修辞也是一样，修辞的运用和选择是作者表达自己观点和感情的窗口，修辞不仅仅是简单的美化语句，还应当根据语境和情境做出合适的应对。因此确定修辞语境，也是使用特征期待法的第一步。

修辞语境的确立，还有助于创作者使用修辞营造独特的作品风格。张爱玲在作品中常常营造出一种阴冷、苍凉的氛围，与她的修辞不无关系。我们选择《红玫瑰与白玫瑰》作为文本案例。

“地板正中躺着烟鹂的一只绣花鞋，微带八字式，一只前些，一只后些，像有一个不敢现形的鬼怯怯向他走过来，央求着。”

一双略带有动态感的绣花鞋让振保想到了“鬼”，“鬼”这个喻体带有的情感色彩不言而喻，总是和恐怖、阴森、冰冷联系在一起。这里又增添了“不敢现形”“怯怯”，减去了几分恐怖，多了些悲戚与伤感。振保虽然娶了烟鹂，按部就班地完成了他人生中应当做的事情，可他并不喜欢烟鹂，心中还是渴望热烈的女人，所以他对待烟鹂的眼光一定是冷淡的。

文学修辞不能只孤立地在一个句子中起作用，必须要考虑上下文情境，包括作品传达的内容。作为表达的重要一环，文学修辞不单单是一个锦上添花的工作，它也承担着丰富情节的重要作用，要把它作为语义系统的重要一环来看待。在文学作品中，我们要对某一个角色进行修辞，不仅要考虑角色个体的外在与内在两面，更要从历史背景和未来发展两条主线考虑。

这时就不得不再次提出修辞的六个要素，同时也展现了维度追问法所涉及的多个维度：谁在表达？向谁表达？目的何在？何种语境？用何话语？有何效果？回答了这些问题，整部作品的修辞运用就有了基础的、统领性的规划。

（二）分析本体和喻体的特征

要实现比喻的手法，实际上需要把握住“共有思想的对象”“另外的事物”和“类似点”这三个要素，即正文、比喻和比喻语词。① 比喻和被喻的事物一定要有个别性的相似，但要保留整体性的不同。“老虎温顺得好像一只猫”可以构成比喻，“手电筒的光像台灯一样亮”则不是比喻，而是例证。这里就是对特征期待法的“特征”进行强调。

幸福像花儿一样。

这是一个最基本的比喻句，为什么能够用鲜花来比喻幸福。就是因为二者间存在共性特征——美好。感到幸福的时候，我们会心情愉悦，见到美丽的鲜花，也会使人心旷神怡。幸福作为一个抽象的概念，它的特征往往要从感觉方面入手，才能探得些许眉目。

他在起跑线前，好像蓄势待发的箭。

在这个句子中，主体是在赛道前等待发令枪响的运动员，他具备哪些特征呢？可以从外在和内在两个方面入手。外在表现上，他的表情和动作是什么样的，周围环境是什么样的；内在心理中，他对比赛的态度，他是否擅长。显然，在示例的句子中，主体一定是做好了起跑动作，目光坚定，只待发令枪响，便顺势冲出。

以上两个简单的例子，为我们提供了事物特征的剖析分解方向，面对更复杂的故事情节，我们需要做的是思维的深入与跳跃。深入是为了突破常规，找到盲点，突破桎梏；跳跃是为了能够运用一定的创意和想法拉近本体和喻体之间遥远的距离。

年轻的人想着三十年前的月亮，该是铜钱大的一个红黄的湿晕，像朵云

① 陈望道：《修辞学发凡》，上海教育出版社 1979 年版，第 72 页。

轩信笺上落了一滴泪珠，陈旧而迷糊。（《金锁记》）

月亮在不同的天气下有不同的形态，晴朗的夜空里，它清晰透彻，在多云的夜空里，它的轮廓毛毛躁躁、模模糊糊，如同水滴在宣纸的边缘上渗出不齐的痕迹。张爱玲在修辞时，正是抓住了本体和喻体之间的微妙联系，恰当分析了本体和喻体的特征，才能写出如此富于想象力的句子。

微雨的天气像个棕黑色的大狗，毛毵毵湿哜哜，冰冷的黑鼻尖凑到人脸上嗅个不了。（《留情》）

下雨天和狗的鼻子，本体和喻体之间的距离看起来差距十万八千里，却在作者细腻的描写中契合起来，我们立刻就可以想象到狗那常常湿漉漉的鼻子蹭在人身上的感觉，潮潮的、凉凉的，和微雨的天气中人被水汽浸湿的感觉有类似之处。张爱玲的创作基于她敏锐的直觉和感觉，她在发掘特征时，不仅限于客观外部条件，还考虑到了修辞客体（即受众、读者）对于被喻物和喻体的感受，以人类共通之感预设客体的反应，从而引起共鸣。再比如“整个的世界像一个蛀空了的牙齿，麻木木的，倒也不觉得什么，只是风来的时候，隐隐的有一些酸痛。”（《沉香屑·第二炉香》）牙痛的感觉离人们的日常生活十分接近，令读者既感到新鲜又好理解。

从修辞的角度来看，任何一句话，一个词语都在某种特征上存在差异，特征期待法所做的，就是敏锐捕捉，牢牢把握住这些差异，分析本体和喻体的特征，使修辞适配环境、言语。“大漠孤烟直，长河落日圆”，“直”和“圆”并非标新立异、佶屈聱牙的字，反而普通又常见，但于此句中符合修辞旨意，也贴合言语环境，难以找到更为精妙的替换字。在本章开篇就已经提到推敲，在创作的过程中我们都应当多一些推敲的精神，多方位多角度地琢磨。实际使用特征期待法时，我们也可以多从生活中寻找常见事物，分析其特征，并将其运用到比喻之中。这样更容易创造出“陌生化”的独特效果，给予人们惊艳的阅读体验。

（三）兼顾词序、句序、用字

兼顾词序、句序、用字可作为操作要点的补充，与修辞的广义概念相对应，将重点放在“选择”上。前文指出，通过调整词序和句序，可以改变表达侧重点，使读者在相似的字词中感受到不同的情感和表达。如果说张爱玲对于修辞的自得很大程度上得益于她深厚的文学积累以及敏感的内心，在选择修辞的问题上我们更多要关注的是语法和句式上的问题。

我们将通过比较以下句子的异同，分析使用特征期待法时如何兼顾词序和用字。

他摔碎了一只碗。

他摔碎了一只碗?

他把一只碗摔碎了。

一只碗被他摔碎了。

碗,他摔碎了!

以上五句话所传达的内涵相同,用词也大体相近,但读者在阅读时所感受到的情感却有很大不同。就如“碗,他摔碎了!”一句,读者能够清晰地感受到叙述者震惊的情感,其他四句话传达的情感也不尽相同。创作者在使用特征期待法时,需要适应不同的需求,兼顾词序、句序和用字,反复推敲出最合适的表达,以期达到最佳的效果。

第三节　写 作 指 导

修辞是创作过程中最表层的、直接可视的环节之一。作品的修辞可以从字句之中把握,使其能与行文风格密切相关。修辞能凸显风格,风格也能奠定修辞的基调,这点将于下一章关于风格的内容中详细讨论。本节我们将分析《一桩事先张扬的绑架案》中的修辞,讨论创作过程中对特征期待法的具体应用问题。

一、运用特征期待法的实际应用

(一) 确定修辞语境

故事的基本内容为小说的风格主题奠定了基础,修辞的语境也应当围绕着故事的基本内容展开。因此,在创作过程中,我们可以运用特征期待法提取出作品的重要信息,包括故事背景、发生的时代、主人公身份、主题等,牢牢把握主人公的发展主线,总结出几条精练的语境: ① 当代故事;② 青春少年;③ 心灵成长。

在此基础上,我们对每一项语境进一步细化,思考更加合理的方向。

由第一条“当代故事”出发: 故事背景设置在当代社会,我们以西安作为故事的发生地,从现实中取材,所以从“当代故事”这一特征中发展出“陕西特色”,这种城市特色可以通过文化、建筑、服饰、风俗、语言体现,其中最能表现地域特征的是语言。因此,我们为作品中的人物根据自身特点,搭配了带有陕味的方言俗语,以突出“陕西特色”。

“青春少年”这一语境指向的是康誉这种青少年容易产生心理问题。他们随着年龄的增长主体意识日渐增强,在自我认知与期待不符时会产生极大的落差感,所以情感起伏大,对待事物看法受情感左右明显,“爱恨分明”

是他们的主要性格特征。

“心灵成长”是作品希望表达出的主旨，也是对作品内容的高度概括。

由此，在特征期待法的帮助下，我们将主题特征转化成了作品表达中的特征，遂能灵活运用于具体的写作细节中。

（二）期待特征的确定与修辞格的运用

通过对修辞语境的分析，我们总结出了“当代故事”“青春少年”“心灵成长”三条语境，并结合作品的实际内容，确定了这部作品的总体语言风格的特点：语言通俗易读，风格平实，情感循序渐进。

根据上述的修辞语境和语言风格，我们在具体的修辞环节中，可以根据不同的场景提出不同的期待特征，并根据这些特征选择相应的修辞手法，创作出我们所需要的具体内容。同时，特征期待法在实际使用过程中，也可以根据故事情节发展和叙事节奏，在合适的时间节点灵活使用，达到抒发情感的效果。

例如，在故事的前期，康誉由于童年父母离异、母爱缺失、家庭缺少温暖、在校成绩落后等多方面因素的综合作用，他敏感、自卑、渴望被爱又感性冲动。为了通过修辞指出康誉的上述心理，我们把以上的分析作为想要得到的期待特征，寻找合适的修辞手法来表现康誉的这一心理。最后，我们结合康誉撞见赵虹玉母女的温馨场景，父亲康卫国暴打康誉后为他煮面等事件，用一系列的比喻手法写出康誉敏感、自卑、渴望被爱又感性冲动的特点：

那是一个他这一辈子也无法融入的世界，快乐是他们的，幸福也是他们的，而自己就像是一摊阴沟里见不得光的淤泥，只配隔着篱笆，就连靠近都是痴心妄想。

直到面放凉，放坨，放到面条蜷缩成雨后干瘪恶心的蚯蚓，康誉都没有再动一口。

他一想到自己如同老树一样，在这本该繁茂的盛夏开始凋零，心里怎么不悲伤难过。

这一系列的比喻，不仅充分考虑了比喻中本体和喻体的事物特点，也都融入了康誉这个人物的内心体验和性格特色。康誉隔着篱笆看向赵虹玉母女时，将康誉比作见不得光的淤泥，既能够体现母亲在拥有新的婚姻和孩子时对他的冷落，也可以写出康誉内心渴望母爱又难以得到的失落心情。而将面条比作干瘪恶心的蚯蚓同样也是抓住了面条和蚯蚓的外在特征相似，又把握住了蚯蚓和康誉当时心理的共性。

“阴沟里见不得光的淤泥”“雨后干瘪恶心的蚯蚓”“老树”，这些带着悲凉气氛的比喻，符合康誉的幼稚心智，同时也照应他当时的心理。我们在挑

选挑选合适的喻体过程中,也经过了多次的比较和分析:

康誉的性格是:① 敏感,② 自卑,③ 渴望被爱,④ 感性冲动。而面条的特点则是:① 细长状,② 失去水分、发干,③ 团在一起。如我们在第二节操作指导中所指出的,特征的剖析角度除了客观特征外,还有文本材料方面的、意境上的、词语上的和章节上的。在此我们为面条寻找的喻体,必须符合康誉的情绪期待,他看到妈妈和别的孩子相亲相爱,自己却被爸爸用鞋底打,他沉默的怨愤通过凝视那碗面得到释放,因此需要阴暗、压抑的形容。

于是我们希望找到合适的喻体,既能够表现出康誉的心理,在外形上又能够和面条相似。细长状的物体有树枝、毛线,抽象的还可以有光线、时间线;想表现干瘪的感觉有枯萎的树枝、毛糙的发丝、干涸的溪流。而想要恰好的通俗易懂,恰好的展现出干瘪状,便有了雨过天晴后破土而出的蚯蚓来不及返回地下,被晒干而死的情景。那些蚯蚓的特征有:① 死亡的,② 干瘪的,③ 条状的。蚯蚓的特征恰能够反映出康誉敏感、自卑、冲动的内心,能够从生命状态反映出康誉的心理上的绝望无助,同时也能够呼应面条的客观特征。

(三) 其他修辞问题

文学修辞除了与日常熟知的修辞手法(修辞格)相关外,也与谋篇布局、人物塑造有关。使用最恰当的语言,在合适的时机做出合适的表达,是修辞的重要功能。

在上一章讨论叙事方式时,我们已经指出,这篇作品尽管被刻意切割成了许多时间事件不一的片段,但仍旧有清晰的发展主线:由绑架事件起,过往的回忆依次涌现,展现各个角色的不同视角与心理,直到事件结束。故事最终要表现的是康誉的释然与成长,为了避免出现过分的说教与俗套感,小说主要采用了直接叙述和内心独白的方式,在最终结局收尾的部分附上了抒情议论,将故事情绪推向高潮。上述这些设定的实现,都离不开运用特征期待法完成的文学修辞。

除此之外,我们还将抒情议论的表达融合在人物的回忆与思考中,并且根据不同角色的心理状态、人物形象做出适当的调整。

二、注意事项

(一) 打开思路,大胆期待

特征期待法的使用方法中存留着极其广阔的自主发挥空间,它的重点就在于不断地拆分细化特征从而使作品朝更好的方向转化。我们提出了可供参考的思路和案例,但是在运用中,对于特征的选择并没有严格的限定和规则,在修辞的情境之下,读者和创作者们完全可以大胆发挥主观能动性,广泛适应创作需求，有侧重地选择适合的特征内容。除此之外，在对文学作品的分析以及实际的创作中可以看出，我们还适时的应用了维度追问法、头脑风暴法、强制关联法等等。

（二）增强文学储备

虽然前文对于广义、狭义的修辞概念有一定把握，对修辞手法应用的妙笔作了分析学习，也有意地考虑文本结构间和句间的象征、隐喻等，但文学储备对于表达效果具有重要影响。修辞可以反映一个人的文学素养，若积累匮乏，则会陷入无话可说，无物可比的境地，成为理论向实践转化路上的最大障碍。

思考与练习

1. 总结特征期待法的特点，并说说其与维度追问法的区别。

2. 指出提取事物特征的方法并列举特征期待法运用时的注意事项。

3. 运用特征期待法及其他思维训练方法，对自己已完成的一篇作品进行修辞层面的完善。

第十一章　归比演绎法：整体风格的打造

本章内容：本章我们将借助余华和汪曾祺的创作案例，分析作家在打造整体创作风格时对归比演绎法的应用，明确归比演绎法的一般程序和具体操作步骤，学习如何通过归比演绎法来打造适合自己的创作风格。

第一节　案例分析

我们在前几章分别从结构、叙事方式、文学修辞三个方面出发，介绍了文学作品在表达环节会使用的几种思维训练方法。除此之外，表达环节还有一个值得关注的部分，那就是创作风格。本章，我们将以归比演绎法为主，维度追问法为辅，介绍如何打造整体创作风格。

在介绍相关案例之前，我们首先需要厘清创作风格的定义。文艺理论中时常提及"风格"这个词，不同学者对风格的定义侧重不尽相同。中国古典文论当中，常常将作品风格与作者的个性相关联，即所谓"文气"。曹丕《典论·论文》曾提出"文以气为主。气之清浊有体，不可力强而致"。除了作家个性风格外，"风格"还可以指向作品类型本身，如陆机《文赋》言："诗缘情而绮靡，赋体物而浏亮"。国外文艺理论家关于风格的解读也没有统一标准。布封认为"风格即人"；法国作家雷蒙·格诺则认为风格是叙述技法，在《风格练习》一书中，他曾以九十九种不同叙述风格，来讲述同一个故事。而从语言学的角度来看，所谓风格，指的是字词句式的不同组合连接。美国很多作家都推崇简明有力的英文写作方式，恐怖小说家斯蒂芬·金曾说："论写作的书大多废话连篇。小说作家，包括如今的这一帮，都不太理解他们从事的工作——不理解好在哪里，坏在何处。我想，书越薄，废话就越少。这个废话理论有个值得一提的例外，那就是小威廉·斯特伦克和 E. B. 怀特合著的《风格的要素》。”[①]斯特伦克教授是康奈尔大学英语系教授，主攻英语语法和写作文法。这本《风格的要素》自1918年出版以来便风靡美国，其所强调的简明有力，正是风格类型之一。

创意写作范畴下的风格概念，接近童庆炳在《文学概论》中给出的定义："文学风格是指作家的创作个性在文学作品的有机整体中通过言语组织所显示出来的、能引起读者持久审美享受的艺术独创性。"[②]在这里，有五个关键词：第一，创作个性；第二，有机整体；第三，通过言语组织显示；第四，引起读者审美享受；第五，艺术独创性。其中，创作个性是内在依据，言语结构是工具和外在特征，整体性和独创性是特点，引起读者的审美感受则是风格的审美效应。接下来，我们结合作家创作实例，分别从以上几点，探讨归比演绎法在作家打造个人创作风格时的应用。

所谓归比演绎法，分为两个步骤。第一步，归比，即归纳比较，主要指通过对前人风格突出的作品进行归纳比较和分析，找出其风格呈现的原因，效仿学习。第二步，演绎，指的是在前人风格的基础上，结合自身创作个性，来延伸出具有个人特质的独创风格，同时借助一定的语言工具呈现给读者，并在一个作品内部，以及一个作者某一个阶段的诸多作品中，保持稳定的个性特征。

以余华为例。在余华早年创作的"学徒期"，就曾归纳比较并模仿过很多作家的风格，比如汪曾祺和川端康成。他自己说："我八十年代刚开始写作的时候，阅读比较窄，我就喜欢某一种风格的作品，比如像川端康成是我特别喜欢的，还有普鲁斯特，还有英国的曼斯菲尔德。"[③]他们带给余华的是一种"纯真的、比较纯洁的那种感觉"。但不管是汪曾祺还是川端康成，余华都没有盲目照搬他们的创作风格，而是结合自身经历和自身创作个性，在归纳学习之后，进行个性化的演绎延展，从而使这种纯真，变成一种淡淡的哀伤之感，这也成为了作家独特的创作风格。就像《活着》中的名句："我看着那条弯曲着通向城里的小路，听不到我儿子赤脚跑来的声音，月光照在路上，像是洒满了盐。"

余华创作风格的另一特征，是冷峻荒诞。这种创作风格，依旧是利用归比演绎法打造出来的。对余华影响最大的作家，不是汪曾祺，也不是川端康成，而是以卡夫卡为代表的西方现代主义；同样，后现代主义思潮也对余华

---

① ［美］斯蒂芬·金：《写作这回事：创作生涯回忆录》，张坤译，人民文学出版社2019年版，第二版序言。

② 童庆炳：《文学理论教程》，高等教育出版社2008年版，第281页。

③ 林建法：《文学谈话录：想象中国的方法》，辽宁人民出版社2014年版，第59页。

的创作产生不小的影响，人物的符号化使得其作品自然呈现出一种荒诞、非理性的阴冷气息。荒诞的故事背景、情节叙事上逻辑链的缺失，都让我们体会到一种强烈的风格，一种卡夫卡式的绝望与痛苦。90 年代以前，余华中短篇小说创作着重表现人的精神状态，风格阴冷、暴力、血腥；90 年代后期，其长篇小说诸如《活着》《许三观卖血记》，甚至新作《文城》，都侧重于对人世苦难及人对苦难忍受的书写，先锋、荒诞的同时，兼具冷峻；富有深度的同时，却又有浅淡的哀伤与温情。余华的创作风格归比自卡夫卡，却又与之不同，余华在归纳借鉴的基础上，演绎生成自己的艺术独创性，堪称归比演绎法的典范。

余华之所以能够如此游刃有余地运用归比演绎法打造个人创作风格，还与他童年的经历息息相关。依照余华在个人自传中的讲述，他的父亲是一位外科医生，所以他的童年在医院度过，太平间是他炎热夏日纳凉的去处。特殊的环境，使他时常直面鲜血与器官，感受阴冷与血腥。这段人生经历，一定程度上影响了他的创作个性，风格作为作家的创作个性在作品中自然流露，也受到作品潜移默化的影响。

回顾余华个人风格的形成过程，我们不难发现，个人成长经历、一定的时代背景、以及作家的阅读偏好等，都在作家作品风格的形塑过程中起到了不容小觑的作用。时代呈现出怎样的社会风气，成长环境将作家塑造成怎样的人，前辈作家作品对创作者产生的影响和引导，如是种种，共同生成了创作者独特的创作风格。作家有意识地主动学习前人风格，并利用归比演绎法，结合自身经历生成自己的创作风格，是其中最重要的一环。

汪曾祺在《谈风格》一文中，有更具体确切的表述：

一个人的风格是和他的特质有关系的……

其次，要形成个人的风格，读和自己特质相近的书……作家所偏爱的作品往往会影响他的特质，成为他个性的一部分……

研究一个作家的风格，研究一下他所曾接受的影响是有好处的。如果你想学习一个作家的风格，最好不要直接学习他本人，还是学习他所师承的前辈……

一个作家形成自己的风格大体要经过三个阶段：一、模仿；二、摆脱；三、自成一家……①

不难看出，在汪曾祺看来，创作风格的形成主要有两个影响因素。第一，与作家个人特质有关；第二，与作家的阅读偏好及喜欢的作家有关。作

① 汪曾祺：《汪曾祺小品》，上海三联书店 2018 年版，第 8—16 页。

家要形成个人风格，必须经过模仿、摆脱、自成一家这三个阶段。而“模仿——摆脱——自成一家”的过程，正是归比演绎法打造创作风格的过程，也是汪曾祺打造自己创作风格的经验之谈。

汪曾祺的创作风格，受到归有光、沈从文和废名等人的影响。以清淡的文笔写平常生活中的人与事，是归有光所擅长的。《项脊轩志》疏淡而不加雕饰，但却极其动人，“庭有枇杷树，吾妻死之年所手植也，今已亭亭如盖矣！”寥寥几语，惨恻悠然，余味不绝。但在学习归有光、沈从文等人时，汪曾祺并没有直接学习作家本身，而是“学习他所师承的前辈”，换言之，知道了师父，还得知道师父的师父是谁，这样一层层追溯，分析其风格成因，才能真正明白自己要借鉴学习的风格来自何处，要点又是什么，避免只学皮毛而不知风骨，导致照猫画虎，不成气候。譬如要学归有光，那么就得再往前一步，去学归有光所学的欧阳修，由此，才可知其承袭了什么写作特点，又在学习的基础上，改进了哪些特点，才能更精准地归比演绎出自己的风格。

归比模仿之后，是演绎摆脱，自成一家。一味地借鉴学习，就算再出色，也永远只是追随者，而非开创者。唯有承袭前人长处的同时，融合自身个性，摆脱前人对自己牢笼式的影响，才能真正找到属于自己的风格。汪曾祺也经历过这样一个过程。早年他学习沈从文，来者不拒，包括沈从文文白杂糅的语言也在效仿之列，他的短篇小说《复仇》，也有明显模仿西方现代派的痕迹。模仿固然重要，但它只能帮助创作者快速入门，摸清创作的门道，要成为大家，则必须有所突破。这种突破，不仅仅是对前人的突破，更是对自我的突破，所以作家的文风，在不同时期会有不同的特征，甚至对不同的题材，也会有不同的侧重，这是自然而然的现象。

但不管怎样变化，作家自身的独特特质是贯穿其作品的，具有整体性的特点。就像李白虽以诗风豪迈飘逸著称，但也写过闺怨诗，如《长干行》。只是相较于其他人的闺怨诗，李白笔下的思妇虽有怨，但亦有清新隽永的无邪与爽朗，李白诗中的怨妇会说出“相迎不道远，直至长风沙”的话语，除了对心上人的思念、哀怨之外，更有一股让人振奋的勇气与力量，这与他昂扬向上的整体风格是一致的。如果我们要对李白的风格进行归比演绎，不难发现，李白的诗风受古乐府影响较大，又和他自身的经历以及当时的时代背景息息相关。李白的潇洒飘逸不仅体现在作品中洒脱豪迈的情感，还在于他诗歌中雄奇的想象和诸如酒、月、剑等物象的运用。此外，还有大开大合的行文声势，甚至在诗、词、歌行体等多种体裁之间自然转换，也是他潇洒飘逸的文风呈现。李白处在盛唐，国家大治，国力强盛，文化及社会风气昂扬乐观，呈现出一种自信向上的蓬勃之力，诗坛上亦是百花齐放。在这样一个自由热烈的时代里成长起来的李白，纵然仕途坎坷，依旧可以慨然“仰天大笑出门去”，张扬洒脱地道一句“我辈岂是蓬蒿人”。李白的潇洒飘逸，深埋在他豪爽洒脱的性格中，而这种性格，归根结底，是盛唐的繁华浪漫给予的底气，是那个光辉灿烂的时代在个人身上留下的烙印。反观唐代的另一位大诗人杜甫，年少时也曾如李白一般悠游于世，写下“会当凌绝顶，一览众山小”的豪气之词。但他中年失意，晚年落魄，尤其亲历安史之乱，见证了大唐由盛转衰，看到繁花锦绣零落成泥，烽烟战火里山河破碎之后，他的诗中便有了“感时花溅泪，恨别鸟惊心”的沉郁顿挫，有了“安得广厦千万间，大庇天下寒士俱欢颜”的渴盼与呼唤。

个人经历和时代背景对风格的影响，并非一蹴而就，作家的创作风格，也不是短期内就能形成的。但经过前面我们对余华和汪曾祺创作风格形成过程的分析，不难发现，归比演绎法在打造创作风格时，是极其有效的思维训练方式。由此，我们可以结合作家经验，总结出一套基本的，可供借鉴的个人创作风格生成路径：

(1) 结合个人成长经历与时代特色，挖掘个人特质；

(2) 找到自己喜欢的作者，在阅读学习、归纳比较和借鉴其创作风格的同时，梳理有哪些作家对该作者产生了影响，总结“师父”的风格成因，知其然，更知其所以然；

(3) 在学习模仿的基础上，结合在第一步挖掘出的个人特质，突破创新，演绎出自己的创作风格；

(4) 根据个人成长心境及创作题材变化，在保持风格整体性的同时，适当拥抱变化。

上述方法，本质上是归比演绎法的具体呈现。个人风格的形成过程中，归纳类比是第一步，站在巨人的肩膀上，能够让新人创作者以最便捷的方式入门。演绎创新是第二步，唯有结合自身特质，融入归比所得，才能创造出自己独特的风格。

第二节 操作要点

归比演绎法是打造个人创作风格最有效的思维训练方法，此外，创作者自身的成长经历、个人特质以及喜欢的作家和风格，都是创作者打造个人风格不可忽视的要素。我们首先来明确归比演绎法的一般程序。

一、归比演绎法的一般程序

（一）归纳比较

所谓归纳，就是要求创作者首先要找到和自己特质、喜好接近，且能被自己认可和欣赏的作家风格，并分析归纳出该作家的风格成因。归纳的目的，是为了更好地模仿和借鉴，因此在这个环节，需要大量的阅读和分析，以便从该作家的创作观念、笔下的人物命运、叙述的话语方式、修辞、遣词造句等多个角度，总结出风格成因。

归纳分析出成因之后，创作者要深入挖掘自身的个性特质，通过比较的方式，找出自己和被模仿者在个人特质、认知观念、经历体验等方面的契合点，以便找出可以运用归比演绎法学习该作家风格的角度。

（二）演绎创新

找到被模仿者的风格成因、自己和被模仿者的契合点，以及模仿的切入点后，创作者接下来首先要做的，是通过类比的方式，结合被模仿者的风格成因用及自身。在这个环节，尤其需要关注自己的个性，在类比模仿的同时，突破创新，挖掘出独属于自己的风格特质。

类比演绎是归比演绎法的升华阶段，也是构成自身独特风格的关键一环，因此绝不可疏忽大意。独特风格的形成，绝非一日之功，类比演绎是一个漫长的逐渐自我挖掘、演绎创新的过程，创作者需要有心理准备地培养独特风格。

归比演绎法的确可以给创作者引领方向，通过归比借鉴找到学习他人风格的办法，但这种方法最大的作用，在于培养创作者不断寻求个人独特风格的意识。归比演绎是起点，而不是终点，追求无止境，风格也就不会有边界。

二、归比演绎法的面向

本章我们主要在创作风格的打造环节重点使用归比演绎法，但实际上，归比演绎法在故事构思、人物构思、修辞等创意写作的诸多阶段，都可以发挥不小的作用。

在故事构思阶段，以网络文学这种典型的类型文学为例，“总裁文”、“穿越文”、“重生文”等都有固定的故事套路，甚至故事发展的节奏、开篇的冲突等，都有一套成熟的创作成规和评判体系。通过阅读大量同类型的作品，利用归比演绎法总结出故事节奏，进而加入个性化的创新性情节，能够帮助写作者演绎出区别于他人，却又符合文学成规的新故事。

在人物构思环节也是如此。格雷马斯将人物划分为三对六组行动元，运用的就是归比演绎法。反过来，在塑造典型人物的时候，归比演绎法也能大大减少人物构思的压力。以上这些，我们在第六章已经展开讲解过，此处不再赘述。

在修辞环节，创作者可以通过归比分析那些具有代表性的修辞范例，找出修辞使用的共性条件和特征，从而更换修辞使用的对象，运用到自己想要修饰的对象上。相较于故事构思、人物构思环节，归比演绎法在修辞环节操作起来更简单便捷。

三、归比演绎法的具体操作步骤

在创作风格的构成环节，归比演绎是最常用的思维训练方法，但如何保证归比演绎法的有效性，还需要维度追问法辅助。尤其是在归比环节，通过从不同层面追问及深思，能够帮助创作者快速分析清楚自己所模仿的作家形成各自创作风格的方式，从而让创作者可以更有针对性地类比学习，演绎出自己的创作风格。

接下来，我们将归比演绎法和维度追问法结合起来，总结打造创作风格的具体操作步骤：

（一）挖掘特质，做好准备

如果说作品的整体风格，是借助语言和修辞以文字形式对个人特质的外在呈现，那么个人成长经历与时代特色，就是熔铸和浇灌出个人特质的内在养料与基本底色。因此，创作者想要找到自己作品的风格定位，首先必须认识自我，挖掘和梳理清楚个人特质，做好塑造风格的前期准备工作。这个准备工作，可以借助维度追问法来完成。

维度追问法需要追问的维度，包含但不仅限于先前章节中提到的七何(5w2h)，在追问的过程中可适当删减调整，只要追问之后能达成我们的探究意图即可。譬如在第六章人物塑造部分，我们曾将维度追问法和宫格发散法结合，追问与人物相关的八个维度，使每一个维度都能够进一步得到挖掘。此处，我们同样灵活调整追问的维度，然后结合归比演绎法进行分析，具体如表 11－1 所示。

表 11－1　结合归比演绎法和维度追问法挖掘个人特质

what	哪些内容可以在作品中呈现(个人经历、个人思想风气)?
why	相关经历及思想风气背后的原因(社会风气、时代背景)?

续 表

who	对自己成长影响较大的人？
where	对自己意义非凡的地方？
when	对自己意义非凡的时期？
how	上述追问如何对自己产生影响？
how much	上述追问对自己影响到了什么程度？

过往的经历塑造了当下的我们，任何人都无法摆脱成长环境在自己身上留下的烙印，通过上述几个维度的追问，我们可以对自我的成长道路进行追溯，当梳理清楚有哪些东西对自己产生了影响，影响到什么程度时，就已经能够实现个人特质的基本定位。所谓文如其人，恰是个人特质在作品中的呈现。但也有个人风格与个人特质不相一致的地方，这属于特殊情况，对于初学者而言，从个人特质出发，往往是自我定位最便捷的途径。

（二）寻找风格，模仿成因

个人特质是对过去和当下自我的反思与定位，当创作者有意识塑造自己的个人风格时，其实还包含了对未来个人特质的期许与设定。因此，明确个人特质后，还需要熟悉不同作家的风格，这有助于我们快速找到模仿对象。具体分为以下几步：

1. 广泛阅读，找到风格契合的作家作品

读者阅读作品，某种程度上是在和作者对话，当等待对话的人非常多的时候，出于时间精力的考量，我们不需要与所有人都深入交流。因此在阅读的过程中，大可将那些粗略翻阅后不太喜欢的作品放在一旁。这一步无需精读，只需要通过海选的方式，打捞出自己喜欢的作家和作品，确定自己与哪些作家风格契合即可。

2. 精读作品，归纳其风格成因并进行模仿

对于需要借鉴模仿其风格的作品，粗泛的阅读远远不够。不仅需要精读分析，还需要转换视角，归纳其风格特征和风格成因。只有这样，模仿才能更有针对性。要做到这一点，我们同样可以结合维度追问法，具体如表11－2所示。

创作者在这一环节进行模仿借鉴时，要明确以下三点：

表 11－2　将归比演绎法和维度追问法结合，归纳作品风格特征及成因

what	该作品写了哪些内容导致其呈现出这样的风格？同样的内容在不同作家笔下，是否有不一样的风格呈现？
why	为什么同一主题在不同作家笔下会有不同的整体风格？二者的区别是什么？
who	谁对该作者的作品风格产生了影响？
where	该作品的风格是否与地域文化有关，是否具备地域特色？
when	该作品风格受到哪个时期的社会风气和思想风气的影响？
how	该作品的语言文字和表达习惯是如何为作品风格服务的？
how much	该作品的整体风格，与该作者所借鉴学习的对象的风格相比，承袭到什么程度？有什么创新之处？自己学习借鉴该作品的风格时，又要学习借鉴哪些方面？从何处下手？借鉴到什么程度？

第一，模仿并不是完全的照抄照搬，否则就算学到了前人的风格，也永远只是照猫画虎，只能因循人后，无法突破自我。

第二，模仿不仅仅是模仿风格本身，最重要的是模仿作家的模仿方式。授人以鱼不如授人以渔，同样的，我们承人之鱼不如承人之渔。只是单纯模仿作品风格，就像是在外围绕圈，隔靴搔痒。而当我们知道了自己喜欢的作家是如何模仿他的前代作家，如何在模仿前人的过程中塑造他们自己的作品风格后，才能真正学到精髓，从而成功将这种学习方法运用到自身。这样就算之后想要更换风格，需要寻找新的模仿对象学习的时候，也能抓住重点，事半功倍。以李贺为例，其诗歌深受李白影响，但同样对他影响深刻的，还有李白所承袭的屈原与汉乐府。以师为师，以太师为师，正因李贺追根溯源、借鉴承袭，最终他才能真正学习到精髓，跳出模仿本身，创新出自己凄艳诡激的诗风。

第三，模仿的过程中，要重点关注作家的语言风格、叙述话语和内容倾向。语言风格是一个作家作品风格的外化，余华暴力荒诞里的一抹温情，汪曾祺的诗意明净与口语化，老舍的京味儿，贾平凹和陈彦的陕西方言，金宇澄的上海侬语，无不在语言文字上呈现出鲜明的风格特征，语言风格是模仿的捷径。内容倾向会影响整个作品的风格基调，也是模仿的重要切入点。以李白为例，其作品的潇洒飘逸，离不开“酒”“月”“剑”等物象和天马行空的想象；李贺的凄艳诡激，也源自冷艳凄迷的意象，怪异的想象，幽冷的诗境，和大量“泣”“啼”等情感化字词的使用，种种因素共同强化了诗歌意象的感

染力。

（三）结合个性，演绎创新

正如汪曾祺所说，作家自我风格的形成，必须经历模仿、摆脱、自成一家三个阶段。对于初学者而言，模仿借鉴是作品风格的入门阶段，演绎创新则属于个人风格的进阶阶段。至于演绎的要点，则是学习前人如何承袭他的前人。每个作家向前辈学习的方式都各有不同，但我们不难发现其共同点，那就是择其优，补其短，并结合自身特质转化。具体来说，可分为内容和形式两方面。

内容方面，关注题材。对内容和题材的关注，并不代表前人写什么，我们就跟着写什么，而是关注其内容题材的特点。如沈从文的作品从内容上以家乡湘西风情为主，将自然景观、乡土风情和对生命的观照融为一体，具备诗的意境和旋律。汪曾祺在模仿沈从文风格的时候，同样承袭了这一点，让日常生活的恬淡和雍容归于文字，只是在他的笔下，同样写家乡，他选择自己的高邮，而非沈从文的湘西，这就符合自身特质。

形式方面，专注语言。语言和外在的形式，是初学者最容易模仿，也最容易形成自我表达习惯的一个层面。沈从文的小说结构相对简单，常在结尾处陡然收笔，留有余味，语言则格调古朴，句式简峭。相比之下，汪曾祺的语言萧散简远，小说亦有散文的特色，这是他作品整体风格的最大特点，也是他对沈从文的突破。汪曾祺的小说结构很弱，故事性不强，反倒是感觉、氛围，以及对生活的印象构成了小说主体。这其实正是汪曾祺将自己的散文化特点与沈从文简单的小说结构相结合而生成的产物。

从以上两点来看，在归纳承袭前人的过程中，想要演绎创新出自己的作品风格，必须关注自己的个人特质，关注自己的独特经历，关注自己与众不同的地方，选择性地将前人的知识为我所用。

（四）适应变化，灵活调整

当一个创作者所处的成长阶段，经历的事情，心境发生变化时，其风格亦会随之发生变化。譬如杜甫早期和晚期作品风格并不相同，余华 90 年代前后的作品也有差异。同样的，语言风格往往与作品叙述的内容息息相关，不同的题材，也需要不同的风格来呈现，这也会影响创作者作品的整体风格。但这样的变化和调整，属于正常现象，因为只有这样，作品内容与作品风格才不会彼此割裂，二者彼此贯通，读起来才会和谐舒适。

此外，在有对白的情况下，人物性质不同、语言特征也并不相同。譬如知识分子和不识字的市井商贩，在传递同一个信息时，语言风格就不一样；成年人和未成年人，在表达对一件事的看法时，语言风格乃至关注点也不一致。在这种时候，我们就必须在语言上作出调整，让语言风格符合人物形象。

不过，不管题材怎么变，人物有多少个，作家风格要如何调整，同一个作家的作品风格，终究还是需要有一以贯之的底色。以贾平凹为例，其散文内容宽泛，融个人情绪变化与生活哲思感悟于内，浓的如酒醇厚，淡的又如水清透，整体古朴平易；其小说创作，早期具备强烈的现实主义色彩，到了中期偏向稳重，后期又走向自然平和，太白山系列更是文白夹杂。贾平凹的作品在不同时期具有不同的特征，但无一例外地具备古朴平实的特点。

创作者的风格不能一成不变，否则创作便会止步不前，但风格也不能千变万化，否则最终的结果就是没有风格。因此，我们在塑造自己作品风格时，可以按照创作时的心境、内容和题材变化适当地对风格作出调整，但一定要留存自己最鲜明的风格特色。

（五）把握语言，速成风格

前文部分，我们按照一般情况下个人风格的塑造过程，大体拟定出一套初学者打造个人创作风格的方式。但创作者作品的整体风格形成，并非仅靠一部作品就能完整生成。风格的形成，一定是一个日积月累、不断学习、不断修正完善的过程。那么这是否意味着，就没有快速塑造风格的技巧呢？当然不是。正如我们前文所说，作品风格主要从内容和形式两个方面来综合呈现。内容需要一定的积淀和调动，形式则相对清晰，相对容易模仿。在表达环节，我们更多借助的也是外在的形式，因此我们可以通过以下方式来归比演绎，快速生成作品风格：

1. 确定自己想要模仿的作品风格，归比其常用词汇与物象

譬如想要学习汪曾祺的诗化散文风格，那么就需要归纳总结其作品中常用的诗化词句。中学时期，教师为了提高学生的写作能力，常要求学生记录好词好句，搭建自己的素材库。从积累的角度而言，二者有异曲同工之处，但请留心，这样积累下来的词句，并不能直接拿来拼凑使用，需要我们对其进行二次分析和加工。

2. 分析所积累的词句内容和结构特征，搭建自己的素材库

在记录内容的基础上，还要类比演绎并扩充类似的物象。譬如汪曾祺擅长在自己的作品中，描写大量自然意象，散文集《人间草木》里，动植物的生态特征、生命状态、景观特色等，都被他与地方性的生活习俗相串联。生命的气息蕴藏在自然界的万事万物里，也蕴藏在天地风景和人生感悟里，风景与风俗彼此辉映，与他独特的水的意象结合，形成汪曾祺独具特色的散文风格。在语句结构上，汪曾祺多用短句，平实易读，节奏明朗，与清新的语言

相衬，让人滋生亲近之感。如果我们要学习汪曾祺的文风，那么从语言结构和词句内容上入手，将是便捷的法门。

3. 阅读该作家的书目，补充素材，重复上述做法

模仿一个作家，仅仅模仿其本身是远远不够的。从完整的风格塑造过程而言是这样，从语言风格这个外在形式的角度来说依旧如此。学习《白鹿原》，就不得不看陈忠实曾学习借鉴过的马尔克斯的《百年孤独》，学好汪曾祺，也必须阅读沈从文、废名、归有光等人的作品。

4. 与时俱进，补充其他素材

人不可能永远活在过去，经典作品也需要在新时代找到自己存在的意义，不管内容还是表达风格方面都是如此。以诙谐幽默的文风为例，我们可以效仿前人，但网络热词亦可作为素材，融汇在我们的作品中，让读者在阅读时会心一笑。

不过，前文我们已经强调过，这种速成方法，只适用于短期内想要快速达成风格“形似”的情况，并非长久之计，因此不可过分沉溺其中。真正伟大的创作者，其风格成型，需要长年累月的学习与积累，需要不断地探索和实践。唯有多写、多练，才能真正在创作实践中，找准自己的定位，找到和自己个人特质相匹配的作品风格，形成自己独特的文风。这一点需要读者牢记。

第三节　写作指导

如果说作品的篇章结构是作品的骨架，决定了作品的叙事脉络；叙事方式是作品的血管，决定了血液的流向和诊测的切口；文学修辞是作品画龙点睛的精妙修饰，放大了作品的诸多特色；那么整体风格作为作品在表达环节的最后一个要点，就像是作品的外衣。人们往往会根据这件外衣，来初步判断一个人的特质，判断他的身份经历。同样的，也能借由这件外衣，判断作品到底是清新平淡、还是绚丽明快，又或者是含蓄自然，甚至判断其所蕴含的思想风气、社会风气，以及语言特色等多个方面的内容。

一、归比演绎法的实际应用

在创作《一桩事先张扬的绑架案》时，我们十易其稿，具体修改过程，我们将会在下一章分析复盘，在这里，需要留心的是，团队创作相较于个人创作，从作品风格统一性的角度来讲，更加困难。但这也从另一个层面证明，如果团队创作亦可运用归比演绎法塑造统一且鲜明的作品风格，那么个人创作者依照归比演绎法展开创作训练，也必然可以成功。接下来，我们结合

本书附录的习作《一桩事先张扬的绑架案》，来具体分析如何初步构建作品的整体风格。

（一）挖掘特质，做好准备

对读者来说，他们所认知和接触到的作品的“作者”，一般只有一个。因此，参与创作的人越多，就越要找到所有人的共性，将各自的共同点凝聚在一起，最终熔铸成彼此区分不开的“作者”，避免作品割裂，影响阅读体验，也影响作品风格的整体性和完成度。

附录故事的构思，是所有人借由头脑风暴法共同协作完成的。鉴于接龙创作的方式极易出现前后风格不统一、情节连贯度不够紧密、草蛇灰线的伏笔不够精妙等诸多问题，我们的创作过程，分为由一人完成完整初稿，剩下的团队成员经过交流讨论，在初稿的基础上完成后续稿件的修改。这也就意味着，每修改一次，每增补删除或调整一次，作品的整体风格就会受到影响，哪怕是仅就初稿而言，也存在前后风格不一致的情况。因此必须找出每个创作者的共同点，来为塑造风格做好准备。首先，我们需要将归比演绎法和维度追问法结合，挖掘出创作团队成员的共同特质，具体如表 11 - 3 所示。

表 11 - 3　结合归比演绎法和维度追问法挖掘创作团队的共同特质

what	哪些内容可以在作品中呈现（个人经历、个人思想风气）？	求学经历、亲子关系、父母婚姻关系、师生关系、同学关系、手足关系、对社会的认知、学生视角对成年人问题的解读等
why	相关经历及思想风气背后的原因（社会风气、时代背景）？	贫富差距、城乡问题、婚姻问题、重男轻女的旧习俗与女性意识、男女平等、年轻一代的早熟倾向、校园暴力、亲子关系等
who	对自己成长影响较大的人？	父母、手足、邻里、师长、同学、朋友、同事等
where	对自己意义非凡的地方？	校园、家庭、某些具有特殊意义的地点
when	对自己意义非凡的时期？	童年、校园时期
how	上述追问如何对自己产生影响？	对世界的理解、对亲密关系的理解、对自我的认知、对他人的体谅等多个角度
how much	上述追问对自己影响到了什么程度？	相较于不同时期，各自身上目前具备怎样的性格特质、认知特质，又对每个创作者之后的行为习惯与思想认识产生了哪些方面的影响，会如何影响之后的处事作风？

五位参与创作的团队成员从少年时代一路走来，成长至今，已经具备了一定的理性认知，对待问题也能从成年人视角更加冷静自持地审视，和中学时代的认知形成鲜明对照，这种创作者在不同年龄段的认知特质，最终折射在主人公康誉身上，转变为他在绑架前后的情感和态度变化，以及早熟且内敛的性格。

（二）寻找风格，模仿成因

集体创作的过程中，每个参与创作的团队成员喜欢的作者和风格各有不同，因此在这一环节需要灵活处理。第一稿由一位成员完成，二、三、四稿成员主要负责部分缺失内容的填补和完善，之后的五到九稿，由两名风格相近的同学共同完成统稿和修改工作，终稿由所有团队成员共同审阅定稿。需要留心的是，“找喜欢的作者——精读——归纳风格成因”这个环节，是为那些不知道自己喜欢什么风格的创作者准备的步骤。鉴于团队成员都为西北大学创意写作专业的学生，在平时的创作练习和思维训练环节已经完成了各自风格的确认，所以这一步在创作之前就已经完成，此处我们不作赘述。

（三）结合个性，演绎创新

因为创作团队皆为“95后”，所以写作风格或多或少受到《萌芽》新概念文风和网络文学、传统文学的综合影响，因此《一桩事先张扬的绑架案》里，情节冲突和戏剧性的处理方式，与网络文学的冲突节奏有关；诸多繁复的语句，有早期新概念作文辞藻繁杂的特征。但这些特点，随着创作者年龄和阅历的增长，严肃文学阅读经历的丰富，逐渐杂糅演绎成如今呈现在读者面前的冷静自持，却又带着些割裂叛逆、华丽沉静的复杂风格。甚至就其叙述风格而言，双线并行的方式，一定程度上受到了《罗生门》和《我的名字叫红》等多视角多线叙述文风的影响，但对这些作品的借鉴模仿，却又并非照搬照抄，而是进行了适当化用。譬如《罗生门》的多视角，最终预示着真相的不可靠，但《一桩事先张扬的绑架案》却是用这样的视角风格来揭示事情的真相的，它能更加全面地展示各个人物的不幸与艰辛。这便是在归纳前人经验的基础上，做出的适合自身特点的演绎创新。

（四）适应变化，灵活调整

作品语言的整体风格，不仅包含叙述者的语言风格，更包含作品中不同身份不同经历的人物的语言风格。但每个人物的成长经历各有不同，思想风气也不同，所以在保证整体风格统一的基础上，作品的语言风格要和人物的形象塑造保持一致。

《一桩事张扬的绑架案》涉及宋小暖、康誉以及父辈等至少三个不同年龄段的角色。宋小暖作为小学生，其语言风格势必偏稚嫩。而康誉处在青春成长的蜕变阶段，因为童年时期父母离异与父亲相依为命，见惯人情冷暖，所以早熟又矛盾，语言势必也会陷入一种小大人式青涩又成熟的风格。至于文中其他中年人，虽是同样的年龄段，但因为经济条件和生活背景不同，性格不同，语言风格也不一致。譬如常年混迹于城中村的底层商贩康卫国，其语言风格必定唯唯诺诺且寡言；赵虹玉为人精明，必定能言善道；宋鸿才内心压抑，有着成年男性不为人知的隐疾与苦难，势必在爆发之后，激烈而具备破坏性。就像不同题材要求创作者在风格上要做出微调，不同人物的语言表达，也需要创作者结合整体风格进行符合人设的调整。

小说中的绑架事件因康誉而起，他是我们故事的核心人物。因此，在作品中，我们对其想法进行了细致的展示。但在这样的一种书写当中，我们强调的是康誉对世界、对家庭的一种个人化理解。但这是康誉的个人感受，并不等同事件本来的真相。从叙事学的角度来看，可以视为第三人称人物视角的“不可靠叙事”。身为城中村的一员，环境对康誉的性格产生了深远的影响，具体表现为对改变自身处境的无力感和对命运的认同感。其父亲就是这样一个典型环境中的典型代表。尽管康誉本人极力否定二人的相似性，但本质上来说二人是一体两面的。同样，单亲家庭也是康誉身上去除不掉的一份烙印：亲情缺乏和教育缺失作为单亲家庭的弊端，促使康誉的性格存在一定缺陷，同学们的嘲笑和母亲现任家庭的温暖加强了他性格中孤僻的一面。这种冷漠的性格最终转化为作品叙事风格中的阴冷。为了避免风格不断地下沉，一方面我们利用儿童视角的单纯无邪进行中和，另一方面，成人视角也是某种逃离，可以让读者以一种上帝的姿态，站在文本之外对整个故事进行总体性的俯视。因此不管人设风格如何变化，作品一以贯之的风格底色一定要保持一致。就像在《一桩事先张扬的绑架案》中，纵然每个角色说出的话，因其性格原因风格各有差异，但小说整体始终笼罩在一种沉冷自持、理性克制，却又富有温情的整体风格之中。

二、注意事项

风格是一部作品最直观的特征，也是创作者能够被读者记住的重要因素。打造独特的创作风格，养成独特的表达习惯，对一个成熟的创作者来说至关重要。在这个环节，有以下几点需要我们注意：

（一）整体风格和作家特质息息相关

此处的特质，并不是表象的特质，而是创作者的人生经历、思想风气、社会风气在其身上留下的烙印。归根结底，作品风格所关联的个人特质背后，是一个时代的缩影，所以绝不能简单地将个人特质归结于表层的形象外显。

（二）模仿不等于照搬，归比之后要演绎创新

模仿是初学者习得作品风格最简单的方式，但模仿不是照抄，更不是死板僵化的照本宣科，否则就算模仿得再像，也终究是拾人牙慧。因此归比之后，最重要的是进行下一步的演绎创新。在这一步，需要深入结合创作者自身的个人特质。唯其如此，才能找到真正适合自己的风格。

（三）学习风格，要注意鱼渔之辨

通过阅读某个作家的作品，来模仿其风格，只是一种浅层学习，因为这样只能看到作品本身，并不能分析和归纳出该作者是如何形成这种风格的。因此，除了学习作家本人之外，还需要学习他所学习的作家的风格，学习该作家个人风格的形成方式，不仅张口吃到“鱼”，还要知道如何打渔，如何更合适地吃鱼，只有这样，才能更高效地塑造出自己的创作风格。

（四）关注不同人物的语言风格

一部作品的风格需要前后统一，保持整体性和协调性。但有时因为作品涉及的人物身份背景不同，人物的语言风格也会出现小范围的差异。这种情况下，为了让人物语言与其人设保持一致，需要我们对其语言风格作为微调，使语言符合形象定位。尤其当人物是具备典型性的典型人物时，可以通过归纳演绎的方法，对人物的语言风格进行类型化处理，避免人物语言风格和形象的割裂。

思考与练习

1. 本章提到的表达层面的整体风格和文艺理论范畴下的风格有什么不同？

2. 请运用本章所讲的归比演绎法和维度追问法，选定自己在创作中适合的风格。

3. 明确自己想要打造的风格，并结合你最喜欢的一位作家，运用本章所学的归比演绎法，强化自己的作品风格特色。

第十二章　整体思维法：修改兼谈创意思维训练方法的实际操作

本章提要：本章我们将借助海明威、柯南·道尔、陈小手等人的创作实例，分析作家在修改作品时对整体思维法的应用，明确整体思维法的一般程序和具体操作步骤，学习如何运用整体思维法修改出让自己满意的作品。

第一节　案例分析

在前面的章节中，我们从基于感受的创作动力激发开始，一步步经历选材、构思故事、设定人物、形成写作观念等过程，又从结构、叙事方式、文学修辞和整体风格的打造等多个层面综合考量，最终完成了作品的初步呈现。如果你认真完成了前面留下的思考和练习题，那么恭喜你，现在你的手中，应该拥有一份颇为满意的完整初稿。在这一章，我们将结合整体思维法，对初稿进行修改，同时探讨思维训练方法在整个创意写作环节中的实际操作问题。

海明威曾说过："所有初稿都是一堆狗屎。"所谓玉不琢，不成器，好作品不是写出来的，而是改出来的。王勃一气呵成创作出《滕王阁序》的经历，李白斗酒诗百篇的天才挥洒，普通人往往难以效仿。因此，在完成作品初稿后，创作者需要静下心来仔细修改。在接受《巴黎评论》采访时，海明威表示，自己在完成每天的创作后，会对作品进行第一次修改；在写完全篇后，会进行第二次完整的修改，其中《永别了，武器》的结尾，共修改了 39 次。伟大的作家尚且如此，我们又怎么能避开修改这个环节呢？

明确了修改的重要性后，接下来要考虑的是怎么修改，修改的方向是什么，标准有哪些，改到什么程度就可以了……这些都是写作初学者常有的疑惑。在修改时，许多初学者要么抓不住问题的关键，东一榔头西一棒槌进行撞大运式的改动，导致隔靴搔痒，始终无法击中要害；要么缺乏科学的修改顺序和修改思路，越改问题越多，最后作品千疮百孔，作家也陷入绝望，甚至产生弃稿不用的念头。这时候，就需要创作者运用整体思维及时补救。

整体思维，又称系统思维。季羡林先生认为，与西方文化相比，中国文化的突出特征是（有机）整体思维，强调普遍联系和整体观照①，天人合一的思想是这一思维的最好注解。这种思维方法认为整体是由各个局部按照一定的秩序组织起来的，要求以整体和全面的视角把握对象。在修改环节运用整体思维，要求创作者跳出字词句的范围，纵观统摄整个作品，并结合创作的整个环节，系统性地对作品进行修改。但此处的"整体"并非单纯地规避细节，而是强调在修改时，对文章进行宏观总览，并遵循一种系统性的、全局性的理念和合理有序的修改逻辑。具体的修改顺序，可以是从内容到形式的修改，也可以是从整体到局部的修改。二者有重合的地方，也存在一定的区别，具体选用哪一种修改顺序，需要根据作品类型灵活选择。但不管怎么选，都要避免只抓一个方面而忽视另一个方面的情况，也要注意所有思维训练方法在整个写作和修改过程中的综合运用。

对叙事性作品而言，从整体到局部的修改顺序，会更方便一些。"整体"包括作品的写作观念、作品风格、谋篇布局、故事设定等方面；而"局部"则包括人物、素材、情节片段、叙事方式、文学修辞、字词句等方面。在进行修改时先从整体入手，能够帮创作者抓住重点。

写作观念是作者创作意图的展现，如果在一部作品的初稿完成后，客观呈现的写作效果脱离了创作者实际的写作目的，与创作意图背道而驰，那么就说明作品出现了问题。实际创作中，当然允许最终呈现的作品和最初设计的环节有一定的出入，所以此处所强调的脱离，指的是作者的设计保持不变，但稿件在客观上阅读起来没有达到预设效果，造成信息传达的偏差。我们所说的写作观念，从狭义而言，可以对标中学语文教学常谈的中心思想。"中心不突出""主旨偏差"等，是学生习作最常见也最容易致命的问题，几乎可以决定文章的成败。一旦调整写作观念，大多数情况下也就需要重新选择素材，构思故事，调整人物。为了避免增加工作量，在写作过程中，一定要运用整体思维把控全局，在修改的时候，也需要以整体思维主导，避免修改完细节之后，再重新回头纵览全局，导致此前的修改变成无用功。

整体把握作品，还需要关注谋篇布局和故事设定。在线性叙事中，一部作品开头、中间、结尾的内容往往和故事的发展顺序保持一致，这样的处理

① 宁可、郝春文：《敦煌的历史和文化》，新华出版社 1993 年版，第 3—5 页。

虽然清晰，但容易缺少波澜和起伏。所谓文似看山不喜平，在谋篇布局上打破传统的线性叙事，往往能带给读者新奇感，也能让故事具备更大的吸引力。以柯南·道尔的《福尔摩斯探案集》为例，作者总是习惯在开头先设置悬念。如《血字的研究》以华生与福尔摩斯的结识开篇，借助华生之口表现福尔摩斯的神秘，紧接着道出福尔摩斯收到私人委托调查一起死亡案的情节。接下来，作者一边描述案件进展，一边逐渐还原被害人死亡之前的经历，最后复盘真相。按照时间逻辑，正常的故事发展，应该是“发生冲突——被害人死亡——警察调查无果——私人委托福尔摩斯——福尔摩斯参与调查——发现真相”，但柯南·道尔的处理，显然更能吸引读者的阅读兴趣。

陈小手《铁盒里的花瓣》在谋篇布局上，同样颇有亮点。按照事情发展的先后顺序，这篇文章讲述的是主人公小宇成长过程中的经历和困惑。在父亲去世后，小宇发现母亲意欲再嫁，因此对向母亲示好的男人表露敌意。紧跟着，小宇和同伴半夜听老师墙角，被发现后四散哄逃，同伴趁乱偷盗老师内衣。与此同时，小宇的姐姐因为学习压力大失眠，上课睡觉被老师当众打耳光，厌学在家，又被小宇的同伴们以绳子装作蛇吓到精神失常。小宇知道真相后，与同伴打架起冲突，在向老师解释和求救时，却被同伴污蔑是他偷了老师的内衣，最终被老师误会，陷入失望迷惘无助之中。单从故事本身而言，并不算新颖，但陈小手在进行谋篇布局时，运用排列组合法，把不同情节的发展顺序打乱，在刻意的错乱中生成悬念，和福克纳《献给爱米丽的一朵玫瑰花》一样，作者有意在谋篇布局上制造信息偏差，打破原有的线性叙述，让文章更具备可读性，张力也随之产生。将故事设定和谋篇布局统筹纵览，综合考量，便于整体思维法在写作整个流程及修改环节产生奇效。

除了上述所说的几点，整体修改环节还需要关注作品的风格。以海明威为例，在修改自己的作品时，他习惯毫不留情地删节，直到作品符合他一直坚持的“冰山原则”。对一名成熟的作家而言，修改其实是对自身“风格”的强化和凸显。在这里，海明威对自己的创作提前设定了风格预期，那么之后的修改，便会以此为准绳，不断靠近甚至超越。这其实在某种程度上，给我们提供了一个修改方向。那就是在修改之前，应结合特征期待法，设定自己对作品的期待，然后在修改过程中，不断朝着预期靠近。在前面的章节，我们主要把特征期待法应用在文学修辞环节，但实际上，特征期待法作为一种判断型思维训练方法，它的面向非常广泛，可以应用到任何一个创作过程。借助感受激发创作欲望时，可以利用特征期待法，对头脑风暴的结果进行比对分析，判断头脑风暴的结果是否符合自己的预期；构思人物时，也可以运用特征期待法来判断最终呈现出的人物形象是否符合自己想要塑造的样子。实际操作中，创作者要学会根据自己的创作情况，随机应变，选择最适合自己的方法。

写作观念、故事设定、谋篇布局、行文风格这四个方面，是对初稿进行整体把握的四个重要角度。它们彼此相关，牵一发而动全身，无法完全将它们割裂看待，在修改时，需要在整体思维的统摄下，综合考虑，整体把控。修改完作品的“整体”，保证基本的大方向不出问题之后，接下来要做的，就是完善作品的“局部”。

首先是选材。黑箱灰箱法是选材时最常用的办法之一，在初稿完成之后，如果需要对部分素材进行调整更换，那么就必须在写作观念和故事设定的基础上综合考量，删除不符合要求的部分，补充缺失的部分。补充时，要在写作观念和故事设定的约束下“瞻前顾后”，以保证作品的整体统一。这时候黑箱灰箱的输入端和输出端应更加严格，素材的修改也要更加慎重。一旦出现内在逻辑不顺，情节发展不够合理，前后矛盾等问题时，创作者可以再结合结合树状导图法梳理故事的情节逻辑，进一步判断选材是否合适。

其次，是人物和故事细节的修改。这里的故事细节和前文的故事设定有所不同，如果说故事设定是整个故事的主线、支线和世界观构架，那么故事细节更侧重于与人物形象相关的行动或语言，它们不影响故事走向，但却会影响角色塑造。大多数情况下，人物形象与故事细节息息相关，它们彼此呼应，共同构成故事发展的诸多环节，最终影响整个故事。因此，当故事细节发生变化时，人物形象也会受到影响，在这时，创作者需要结合宫格发散法，针对变化内容及时对作品中的人物进行调整修改。

此外，还有文学修辞和叙事方式的修改。在文学修辞环节，我们常用特征期待法打磨文字，在叙事方面则常用维度追问法来探索适合的叙述视角和叙述方法。二者看起来相互独立，互不影响，可实际上，它们都可以作为作家打造自身创作风格时的切入点。风格的整体性，不仅体现在作家所有作品共同呈现的整体风貌，更体现在每一部作品内部，从开头到结尾，从遣词造句到修辞叙述的统一。因此，在文学修辞和叙事方式的修改环节，都可以使用归比演绎法来保证二者在风格层面的一致。

最后，是字词句读的修改。错别字、病句、标点符号之类细节处的修改虽小，但却是创作者们修改时最容易下手的地方。有些人习惯在创作完成后统一修改，有些人习惯在创作过程中及时修改。但不管哪一种，都应建立在说规范话、写规范字的要求之上。字词句读的正确性，是创作者基本文学修养的体现。除此之外，必要时可通过炼字的方式，推敲打磨作品的字词句。贾岛对“推”“敲”二字的斟酌考量，就是炼字的典范，画龙点睛处，哪怕

“两句三年得，一吟双泪流”，也是值得的。

依照前文案例，我们发现，在修改思路和方法的选择上，可以遵照整体思维，从整体到局部，对创作出的初稿进行修改。不过真正动手操作时，还有几个修改方法值得我们学习借鉴。那就是“调”“删”“增”“改”四字要义。

一般情况下，创作者完成初稿后，往往习惯性地先修改字词、推敲语句。这固然可以，但如果一开始就将眼光狭隘地局限在词句上，极易出现钻牛角尖，导致一叶障目不见泰山的情况。因此修改的原则，往往是从整体到局部，这样才能避免本末倒置。整体可以是文章的篇章结构，也可以是文章的写作观念，可以是主要事件和线索脉络，也可以是创作风格。不管怎么样，都要从全局出发，着眼于篇章本身，唯其如此，才能纵观得失优劣，让局部修改有所依从。这个环节，多是围绕“调”字展开。

接下来，需要用“删”来配合。曹雪芹写《红楼梦》时，于悼红轩中披阅十载，增删五次，“字字看来皆是血，十年辛苦不寻常”。刘绍棠的长篇小说《地火》定稿时，据说有 50 万字。当时，许多出版社争着向他索稿，但刘绍棠却迟迟没有交稿，又进行两次大刀阔斧的修改，最终印刷出版时，仅余 20 余万字。鲁迅也不止一次提起“删”在文章修改中的重要性。在《答北斗杂志社问》中说：“写完之后至少看两遍，竭力将可有可无的字、句、段删去，毫不可惜。”又在《我怎么做起小说来》里说：“我做完之后，总要看两遍，自己觉得拗口的，就增删几个字，一定要它读得顺口。”在给北大学生讲课时，他同样对学生强调：“你们问我写文章有什么秘诀，我也说不出，要说经验，略有一点，这个‘删’字就是从我的经验中归纳出来的。”列夫·托尔斯泰也曾表示，“对于一个敏锐而聪明的人来说，写作的艺术不在于知道些什么，而在于知道不该写什么——就改好文章而言，任何天才的添枝加叶不及大刀阔斧地删削。”俄国寓言作家克雷洛夫在删改上，同样对自己有着严苛的要求，其寓言《杜鹃和雄鸡》草稿有 200 多行，后来发表时，仅剩 21 行。作品的打磨，必然要经历删冗存精这一步，任何人都无法避免。

“删”掉一些内容的时候，往往会使原文缺少一部分内容，这时候我们就需要适当地增“补”所缺。英国诗人拜伦因为在修改一事上有着近乎偏执的追求，所以哪怕作品已经交付出版，诗人也时常会把稿件要回来重新修改，并不断补入新的诗句，直到出版前的最后一刻。

但不管是“调”，还是“删”和“补”，本质上都是“改”，都是对原文的修正。“调”“删”“补”“改”并不是完全割裂的，也不必强分先后，它们彼此呼应，应当搭配使用。只是在“改”的环节，需格外注意字词句的推敲和局部的完善。列夫·托尔斯泰的《战争与和平》改写过 7 次，《安娜·卡列尼娜》改过 12 次，《复活》的开头部分改过 20 次，最终才有了最著名的开篇："幸福的家庭都是相似的，不幸的家庭各有各的不幸。"丹麦物理学家玻尔写《光与生命》时，反复修改 9 遍，一直到他认为每个字句都完全表达了自己的本意，才正式发表。鲁迅的小说《肥皂》约 7 000 字左右，哪怕已经发表了，再版时依旧有近 150 个字作了修改。钱锺书对《围城》也作过多次修改，涉及内容变动达上千处，包括典故、比喻的运用、结构的调整、部分描写的删除、外语原文及音译等。无数作家的创作经历都在向我们证明，好作品是改出来的。

通过对上文作家创作案例、修改流程、修改方法的分析，可以看出，整体思维法几乎贯穿在创意写作的全部环节，尤其是修改的过程中，更牵扯到众多思维训练方法，需要创作者根据实际情况，灵活实操。谈及此处，关于思维训练方法在整个创意写作环节中的实际操作，另有三个要点不得不再次强调：

第一，所有的思维训练方法，都是为创作者写出好作品服务的，每一个思维训练方法，都有常用的环节和其他适用的面向。因此，创作者在具体写作过程中，不必死板僵化地固守某一种思维训练方法，而要在系统掌握所有方法的基础上，根据自己的创作需要，灵活搭配，选择最便捷、最有效的方法。

第二，整体思维在创意写作实操中的体现，不仅在于初稿完成后从整体到局部的修改过程，更体现在成稿前不断调整思路、完善构思等环节。比如，在写作过程中，发现创作观念偏离，或者出现错别字、语病，又或者出现修辞使用错误时，大多数作家都会及时纠正航向，在创作过程中就及时修改，及时止损。

第三，我们只提供范例，而不制定规则与标准。在前面第三章到第十一章，我们按照一部作品的生成过程，对每个环节进行拆分，并介绍了在该环节最常用的思维训练方法。这样做，并不是为了一板一眼地制定写作的固定流程，而是提供某一种可复制的快速入门法，让初学者明白，在创作的每个环节，自己可以通过怎样的方式来吃透写作的各个要点，以便在正式进入创作环节时可以更加游刃有余。事实上，在真正的写作过程中，故事构思和人物故事时常同时进行；激发感受时，故事也有可能主动跑出来，甚至还可以从人物或某个素材入手，延展出故事与写作观念；至于修改，也不仅仅是在作品完全完成后才能开始。写作过程千人千面，任何一种情况都有可能出现，我们无法枚举或限定所有的创作，只能依照体系化的写作过程，给大家提供最基本的写作建议和示范。

第二节　操　作　要　点

修改是成稿前的最后一环，在这一步，需要运用整体思维，从整体到局部，结合创作过程中的各个环节，调动所有可以用得到的思维训练方法，进行系统性的修改。

一、整体思维法的一般程序

整体思维是一种系统思维，强调的不仅是视角的整体性，还有思维的全面性、系统化。因此，在作品的修改环节，整体思维的一般程序可以分为以下两个方面：

（一）从整体到局部的修改顺序

为了保证修改环节的系统条理，做到不冗杂、不遗漏，创作者可以依照从整体到局部的顺序进行修改。需要强调的是，从整体到局部，是适用性比较广泛的修改流程，但并非唯一的修改顺序或修改的切入点。其他的比如按照内容、形式进行划分修改的方式也是可以的。

从整体入手，有助于创作者抓住作品的核心问题和主要矛盾，在写作观念、故事设定、创作风格、谋篇布局等大的方面，进行修改完善。因为对以上内容的修改从变动的篇幅和内容来讲，比局部内容影响更大，修改起来更麻烦。如果先从局部入手，很容易做许多无用功，最后的修改也容易偏离方向，抓不住重点。从整体出发，可以时刻把握修改节奏和修改方向，提高修改效率，降低试错成本。

局部修改不等于只顾及某一个小环节。事实上，除了字词句读的纠错修改外，其他任何内容的修改，都不可能只影响某一个细节，与之相关的其他层面也会受到一定的影响。比如修辞的修改，会牵扯到文章的风格变化；人物的修改，会影响到写作观念的呈现以及故事设定的完备性等。因此，不管是整体修改，还是局部修改，都需要创作者遵循整体思维，多方考虑，慎之又慎。

（二）灵活选用思维训练方法

综合所有的思维训练方法，根据创作者的实际需求，灵活整合取用，是修改环节提供给我们的重要启发，也是贯穿在整体思维法中的核心要点。任何时候，任何创作环境，方法永远是为创作者服务的工具，只要创作者愿意，就可以完全不拘泥方法和环节的对应关系。之所以在前面的章节将方法和某些写作环节对应，只是为了帮助创作者更好地把握创作中的各个环节，帮助创作者更好地理解思维训练方法的应用技巧。所有的一切，都只是范例，而非一成不变的标准。这一点需要读者朋友们牢记。

二、整体思维法的面向

虽然我们只在修改环节重点强调了整体思维法，但实际上，和其他思维训练方法一样，整体思维法的面向极其广泛，几乎可以涵盖所有的创作环节。

在借助感受激发创作动力的环节，运用整体思维法，可以帮助创作者更全面地感受外界事物的刺激，而非只局限在某一处。运用整体思维法，能将不同的外界事物联系起来，一起为激发创作动力服务。

在选材环节，整体思维法可以避免单一性，帮助创作者从多个层面选取多样化的素材，丰富素材库。同时，用整体思维法统筹整体选出来的材料适用性更强，贴合度更高。

在故事构思环节，运用整体思维法能够保证故事线的连贯完整，有助于主线、支线的梳理和世界观的构架；纵览故事全局，能避免故事出现前后矛盾的情况；进行细节填充时，也能更容易把控故事节奏；此外，还能顾及情节设定的详略问题，使情节分布相对平衡。

人物构思和故事构思息息相关，二者结合起来，又是作者创作观念的体现。在人物构思环节，运用整体思维可以保证人物和故事之间的匹配契合，避免人物设定与语言行为不相一致的情况。在写作观念环节运用整体思维，则能够时时纠正故事走向和人物呈现，避免创作过程中被突然出现的奇思妙想带偏创作方向。

整体思维同样贯穿在文学修辞、叙事方式、创作风格这三个环节。鉴于在前文分析修辞和叙事与创作风格的关系时已经提及，此处不再赘述。

总之，整体思维法并非修改环节的特权，而是创作者在创作过程中，需要始终保持的思维习惯。如果能够在创作的每一环都融入整体思维，那么作品的最终呈现必定会紧凑严密，翔实周到。

三、整体思维法的具体操作步骤

在依照整体思维法修改之前，首先要确定修改目标，这样才能从整体和局部出发，有方向地进行修改，因此，我们的操作步骤具体如下：

（一）结合整体思维法和特征期待法，明确修改目标

老舍在谈及写作的时候指出，“为什么好文章不能改，只改几个字就不像样子了呢？就是因为它是那么有骨有肉，思想、情感、文字三者全分不开，结成了有机的整体；动哪里，哪里就会受伤。所以说，好文章不能增

减一字。"①此处的"不能改",不是说作品不必改,而是说,作品已经足够"好"。而"好"的标准是什么呢?老舍给出了自己的答案,那就是"有骨有肉","思想、情感、文字"浑然天成,成为有机的整体。事实上,作家评判作品"好"或"不好"的标准往往不同。对于名家而言,"好"的标准,是艺术,是可流传后世;对于普通人,"好"更多是达成自我的期待,譬如可以发表,譬如可以突破自我,又譬如可以打动人心。对初学写作者的要求,自然无法与大师一致,但写作既然有评判标准,那么我们至少需要划归一个基本的准绳来作为及格线。因此,每一个创作者,在修改之前,都需要根据自身实际情况,为自己的成稿设定基本的创作预期。

在作品的修改环节,结合整体思维法和特征期待法,我们至少可以从以下几个层面制定适合初学者的特征期待表格,具体如表 12 - 1 所示。

表 12 - 1 结合整体思维法和特征期待法制定修改目标

角 度	类 别	修改目标及思考问题
整体视角	写作观念	中心是否明确?
		中心是否具备新意?
	篇章结构	结构是否清晰?
		篇章分布是否合理,是否存在头重脚轻的情况?
		各部分有亮点吗?
		各部分内容过渡衔接自然流畅吗?
	故事构思	故事是否围绕中心?
		故事与落笔前的构思一致吗?哪些情节在创作过程中发生了变化?这些变化是好是坏?
		初稿情节连贯且逻辑自洽吗?
		故事有冲突起伏吗?
		是否存在可有可无的鸡肋情节?
	故事构思	全文前后风格是否一致?
		不同人物语言风格是否同中有异?
		风格足够鲜明吗?

① 老舍:《老舍谈写作》,百花洲文艺出版社 2019 年版,第 53 页。

续　表

角　度	类　别	修改目标及思考问题
局部视角	叙事方式	选择的叙述视角是最合适的吗？
		选择的叙述顺序是最合适的吗？
	材料选择	选材（内部）是否符合艺术真实？
	人物构思	是否存在可有可无或是可以归并统一的赘余人物？
		人物目标是否前后一致？
		人物语言和身份背景是否一致？
		人物形象是否鲜活不刻板？
	故事细节	前后情节是否有矛盾或缺失？
		故事细节是否和人物设计、写作观念一致？
	文学修辞	是否贴切恰当地体现出主体对象的特点？
		是否与作品风格保持一致？
	字词句读	是否存在错别字、错误标点和病句？
		是否存在啰嗦赘余？
		信息传递是否精准？
		描写是否形象生动？

上表是我们根据整体的修改环节设定的，符合写作初学者的修改期待表。每一个问题，都代表着从不同维度出发，对作品提出的修改期待。当创作者不知道如何切入修改时，可结合上表的各个问题，逐一对自己的作品进行审视和判断，不断完善自己的稿件。

但请记得，上表内容同样不是绝对的标准。每个创作者都可根据个人的实际情况，在上表的基础上灵活地进行增删调整，制定出一套属于自己的修改期待表。

（二）从整体出发，“调”“删”“增”“改”

在具体动笔修改时，需要综合运用“调”“删”“增”“改”等方法，结合前文的修改期待表，从不同层面对作品进行完善。为了降低修改难度，也使修改过程更加有条理，我们可以按照从整体到局部的顺序进行修改。具体步骤如下。

1. 修改写作观念

写作观念的问题，我们曾在第七章展开讲述过。写作观念包含我们通常所谓的中心主旨，但又不限于此。因为读者对一篇作品的解读，有时候会超越作者本身设定的中心。但不管如何超越，写作观念都是作品的核心，所以在这个环节，我们需要思考以下问题：作品客观呈现的中心主旨是否和作者主观的创作意图一致？如果不一致，具体区别是什么？造成这些区别的原因是什么？是否需要纠正？如何纠正？作品的中心是否具备新意？如不具备，是在最初的设定环节出现了问题，还是在写作途中临时更换了中心方向？又或者是因为在表达环节词不达意，没有很好地呈现出中心？

写作观念是一部作品的主心骨，如果主脉出现偏差，作品也会岌岌可危，因此在复核修改的过程中，第一步要做的就是修改和调整写作观念，保证其稳定明确。

2. 修改篇章结构

当确定写作观念没有问题之后，结构的调整和修正，将会是至关重要的一环。精妙的结构，能够让作品显得更加紧凑精致，在结构环节，我们需要考虑如下问题：稿件的篇章结构是否清晰？各部分分布是否科学合理，是否存在头重脚轻的情况？各部分有亮点吗？各部分内容过渡衔接自然流畅吗？是否有更好的结构可供选择？篇章结构的修改，最常用的便是“调”字法，顺序的调整，如同珠玉的串联，不同的搭配，效用往往各不相同。

3. 修改故事构思

不管最初的故事构思环节准备得如何完善，在将想法转变成文字的过程中，都多多少少会出现如下情况：原本构想的情节，因为篇幅、创作时长等问题没能完整呈现，导致故事逻辑链条出现短缺；创作中临时添加了新的构思或故事情节，致使部分内容相对粗糙；故事的走向和原初设定出现了偏离；故事讲述主次不分；故事干涩不够生动；故事发展没有起伏变化；部分情节可有可无，稍显赘余……

一旦出现上述问题，我们就要在先保证故事完整性的前提下，对缺失的部分进行补充；接下来，对赘余的部分进行删改；同时，对故事的主次进行有选择性地排布，情节发展也需要按照一定的起伏节奏进行调整。

4. 修改整体风格

在讲述整体风格的塑造时，我们就曾强调过，一篇文章的前后风格必须保持一致，这与创作者的个人气质有关，但更多的是呈现在作品中的思想风气、社会风气，以及语言风格。而在语言风格中，又必须注意，人物的对话语言要和人物形象保持一致，但彼此之间又要稍有区别。

（三）从局部出发，“调”“删”“增”“改”

整体修改从宏观角度入手，能够让文章的写作观念、篇章结构、故事构思、风格特征等鲜明一致；局部修改则更多从选材、故事细节、人物和字词句读等角度进行打磨，使作品更加精致细巧。

1. 修改叙事手法

叙事环节主要考虑的是叙述视角和叙述顺序的问题。这一点，我们在第九章已经展开讲述过，不同视角和叙述顺序，会使故事的呈现效果不尽相同，要根据文本实际情况做出针对性的选取。一般情况下，线性顺序叙事虽然足够清晰，但容易使作品过于单调，因此在有更好的选择时，创作者应尽可能避免纯粹的线性叙事，利用前文所述的叙事技巧，让自己的作品更加精致。

2. 修改材料选择

选材作为故事的一环，和故事的中心息息相关。选材是否紧紧围绕着创作意图，是我们首要考量的问题，如果没有，是哪些材料不合适？需要删除、增补吗？如果更换，换成哪些材料比较合适……以上问题，都是我们在回顾选材时，需要慎重考虑和分析的。

但仅仅从中心角度契合还不够，材料内部还需要具备艺术真实性，唯有如此，才能实现逻辑自洽，才能增强文章的可信度与可读性。正如契诃夫在《给兄弟的信》里所写的那样：“好好润色你的作品，要一直到看见你的人物生动起来，看出你没有胡诌得违背现实，才可以把东西拿出去发表。”

3. 修改人物构思

这一环节我们主要考虑：以功能为标准，判断是否存在可有可无或是可以归并统一的赘余人物？如果有，那么就要做选择性的归并；如果归并之后仍有人物显得赘余，就要果断删除。人物的目标是否前后一致？如果不一致，就要找到人物目标变化的原因，分析其合理性，或者尽可能让目标保持一致。人物语言和身份背景等是否一致？人物形象是否鲜活不刻板？后面这两类问题，我们在第六章已经讲过许多，此处不再赘述。

4. 修改故事细节

故事细节其实是故事设定的一环，也是人物构思的重要比对项，更是设计伏笔的好位置。在这里单独强调，是为了避免创作者只关注故事大体的情节走向，忽略了故事设定中的一些小细节。尤其在一些网络文学作品中，因为对故事细节的忽视，极易出现前后矛盾的情况。为求作品的尽善尽美，故事细节值得我们特别留心。

5. 修改文学修辞

叙事环节主要考虑的是叙述视角和叙述顺序的问题。这一点，我们在第九章已经展开讲述过，叙事视角不同，叙事顺序不同，故事讲述和作品呈现上也会出现偏差，具体如何选择，需要我们根据具体文本的需要做出取舍。一般情况下，单线性顺序叙事虽然足够清晰，但也容易陷入单调之中，因此在有更好的选择时，创作者应尽可能避免纯粹的单线顺序叙事，利用前文所述的叙事技巧，让自己的作品更加精致。

6. 修改字词句读

字词句读的修改，往往关注是否存在错别字、错误标点和病句，是否存在啰嗦赘余，信息传递是否精准，描写是否形象生动等问题。相较于其他修改环节，字词句读的修改，最容易也最难完成。之所以这么说，是因为在这一环节，简单的词句修改，可以借助一定的工具完成。譬如 WPS、秘塔写作猫、阅文作家助手等，都可以帮助我们纠正字词句读的基本错误。互联网为我们提供了便捷的修改工具，但人工智能和人相比，终究是相对僵化的，也容易只停留在"正确"这个最基本的层面上。一部好的作品，其字词句读需要在纠错的基础上，让语言表达更加精彩出色，更具备个人特色，这才是这个环节的难点。要解决这个问题，我们可以：

第一，追求语言的简洁精准。所谓简洁，就是中国新文化运动时，胡适在《文学改良刍议》中提出的"言之有物、不作无病之呻吟，务去滥调套语"，提高精准度。但简洁并不意味着干瘪枯燥，而应像海明威一样，多用动词和名词，追求语言的准确性。

第二，巧用修辞。使用一些必要的修辞手法，能够让词句更加生动形象，具备感染力。

第三，保持个人风格。譬如擅长短句写作，那就尽量在文中多用短句；语言清新明快，那就不要转至艰涩拗口的表达方式。总而言之，整体文风要在语言文字层面保持一致。

第三节 写作指导

一、整体思维法的实际应用

前文分析案例的时候，我们已经讲过，整体思维法是一种系统性的思维方式，它能够带领创作者从整体到局部审视初稿，并充分调动所有的思维训练方法来为修改服务。方法的讲述虽有步骤，但修改本身是一个需要兼顾各方的整体性行为，因此，在实际应用环节，我们不再单独罗列步骤，而是结合上一节提供的表格，对照文本，综合呈现《一桩事先张扬的绑架案》在不同修改角度和标准下，整体性的修改过程。具体如表12－2所示。

表12－2 结合整体思维法和特征期待法制定《一桩事先张扬的绑架案》修改目标

角度	类别	修改目标及思考问题	初稿完成情况	结合“调”“删”“增”“改”法，制定修改方向
整体视角	写作观念	中心是否明确？	小说中心为主人公康誉的成长蜕变。初稿大体能体现出这一点，但不够突出显著，尤其对人物的成长过程和蜕变节点梳理不够清晰	从内在绑架线和外在找人线两条线索出发，强化主人公康誉的成长蜕变过程，让整个情节走向更加清晰，中心更加突出
		中心是否具备新意？	构思之初就采用了逆向思考法，善意“绑架”的设定具备新意	继续强化“绑架”背后的善意，增强作品的情感张力
	篇章结构	结构是否清晰？	大体可以看出是绑架线和找人线双线并行，但两条线索从详略上分布不均，导致双线并行的结构不够明显	充实绑架线的内容，删除与主题无关的回忆性内容，严格按照章节错落的方式，一章绑架线、一章找人线，并行推进，最终实现双线融合
		篇章分布是否科学合理，是否存在头重脚轻的情况？	不够合理，对回忆叙述过多，对绑架途中发生的事情叙述过少，两条线比重不均	适当删减回忆内容，对绑架过程中宋小暖和康誉的相处现状进行完善补充
		各部分有亮点吗？	部分有，部分没有。主人公和妹妹互动、家庭纷争等章节有起伏，但开篇的矛盾制造章节相对平缓	调整篇章布局，至少保证每一章存在一个冲突点，开篇的戏剧化程度要进一步加强
		各部分内容过渡衔接自然流畅吗？	回忆交错，虽然以视角切换和章节切换弱化过渡，但因为时间线索不够明晰，导致各部分内容衔接不够自然	在结构上让各章节尽可能保持类似的布局，且各章节独立成篇，又彼此依照时间顺序相互关联
	故事构思	故事是否围绕中心？	存在整体呼应中心，但部分偏离的情况。文章的写作核心应该为主人公康誉的成长及心路变化历程，但初稿关于母亲赵虹玉年轻时的经历赘述太多，一定程度上挤压了主人公康誉的主角戏份	以主旨内核为导向，切除无关内容，删减关于赵虹玉经历的部分，强化和突出主人公康誉的主体地位

续 表

角度	类别	修改目标及思考问题	初稿完成情况	结合"调""删""增""改"法,制定修改方向
整体视角	故事构思	故事与落笔前的构思一致吗?哪些情节在创作过程中发生了变化?这些变化是好是坏?	主体构思基本一致,都以"善意"的绑架为主,但初稿与设定相比较,存在相对较大的变动 第一,标题中的"张扬"这个设定,在初稿中体现较少,属于创作过程中的失误; 第二,原始构思中,康誉绑架妹妹宋小暖,是出于嫉妒,写作过程中,随着情节发展调整为出于善意地替母亲未来的生活考虑,为父亲的未来考虑,不想让母亲带走自己。恶作剧式的恶意嫉妒,变成出于善意筹备多时的绑架,让人物的动机跳出套路,故事也具备创新性,这一点变化是值得肯定的	对于第一点的疏漏,进行信息增补,将"张扬"部分的情节内容补充进修改稿中; 对于第二点别具一格的设定进行保留,同时修改前后文部分设定,更进一步强化"因善意而绑架"这个创新点,保证文章整体的一致性
		初稿情节连贯且逻辑自洽吗?	连贯,且自洽,但"善意的绑架"部分是写作中途多方权衡之下的突发构思,属于非预设性内容,所以前半部分对这一点表现不够突出,需要进一步强化	弱化或删除初稿前半部分关于"因嫉妒而绑架"的内容,强化"善意的绑架"这个动机,使文章前后意图呼应,避免矛盾
		故事有冲突起伏吗?	部分事件有,部分事件没有。初稿中关于康誉的绑架线冲突不足,矛盾集中在长辈找孩子的线索上,重心不够突出	绑架线和找人线是并行的关系,因此两条线索涉及的事件都需要补足冲突性,故事发展也需要有波澜
		是否存在可有可无的鸡肋情节?	存在。初稿中关于赵虹玉离婚、求学的描写过多,对故事推进的整体作用不大,可有可无	删除该情节,使文章更紧凑
	整体风格	全文前后风格是否一致?	开篇风格与后文风格相对割裂	修改开头康誉和妹妹宋小暖的对话内容,让宋小暖的语言更接近人设,也与全文整体风格保持一致

续　表

角度	类别	修改目标及思考问题	初稿完成情况	结合"调""删""增""改"法，制定修改方向
整体视角	整体风格	不同人物语言风格是否同中有异？	其他人物语言在风格一致的基础上，能够体现人物特色，但初稿中年龄偏小的宋小暖语言设计不够自然	细化宋小暖的个性特征，使人物的语言风格与人设保持一致，体现童真的同时避免低幼
		风格足够鲜明吗？	文章风格在旁叙部分整体统一，但在人物语言与旁叙之间不够融洽契合	对人物语言多做打磨
局部视角	叙事方式	选择的叙述视角是最合适的吗？	视角合适。绑架线聚焦主人公康誉，找人线聚焦赵虹玉、康卫国、宋鸿才等人，有助于读者从多个角度纵览整个事件。但在实际操作过程中，本该并行的内容出现了详略偏差	强化叙述视角，在康誉部分，除了运用回忆，还可以结合梦境将过去和现在形成对比，使叙述视角更加丰富多样。同时减少对赵虹玉视角内容的呈现，让内容围绕康誉展开
		选择的叙述顺序是最合适的吗？	顺序、倒叙、插叙、补叙等多个叙述顺序交错使用，丰富多样，但插叙使用过多，容易影响顺序事件的发展	增加顺序叙事，删减部分插叙内容
	材料选择	选材(内部)是否符合艺术真实？	素材基于社会现实，且内部逻辑自洽，符合艺术真实	保留既有素材，如果要加入新素材，同样考察其内部是否符合艺术真实性
	人物构思	是否存在可有可无或是可以归并统一的赘余人物？	前期人物设定和人物关系搭建相对完善，不存在赘余人物	主要人物和次要人物的设定基本保持不变
		人物目标是否前后一致？	不一致。因为写作途中出现临时调整设定的情况，所以在绑架事件上，康誉的前后目标不一致。前半部分出于嫉妒，后半部分出于善意。对应的，赵虹玉的目标也发生变化。前半部分只是想感化康誉，后半部分希望带走儿子。需要注意的是，这两种前后的不一致，并不是人物符合逻辑的自然转变，而是因为中途修改人物意图，而导致的连锁反应，属于写作中途对写作观念的调整	在确定保留"善意的绑架"之后，需要对前半部分康誉和赵虹玉的目标进行调整和修改。 康誉的目标修改为"出于对母亲的体谅和爱，希望母亲打消带走自己的念头"，和后半部分保持一致。 赵虹玉的目标修改为"希望带走儿子"，同样和后半部分保持一致

续　表

<table>
<tr><th>角度</th><th>类别</th><th>修改目标及思考问题</th><th>初稿完成情况</th><th>结合“调”“删”“增”“改”法，制定修改方向</th></tr>
<tr><td rowspan="11">局部视角</td><td rowspan="2">人物构思</td><td>人物语言和身份背景等是否一致？</td><td>其他人物基本一致，初稿中宋小暖的语言稍显浮夸</td><td>着重修改宋小暖和康誉的对话内容和语气，让人物语言更符合人设</td></tr>
<tr><td>人物形象是否鲜活不刻板？</td><td>其他人物相对立体，次要人物宋鸿才比较刻板</td><td>对宋鸿才的设定进行增补，增加其为难之处，譬如增加其因为身心压力导致无法再生育，同时又迫于家中长辈压力不能接受康誉这样的设定，让宋鸿才的狠心具备相对合理的出发点</td></tr>
<tr><td rowspan="2">故事细节</td><td>前后情节是否有矛盾或缺失？</td><td>康誉和宋小暖的年龄差出现错误，康誉对母亲的态度变化节点前后矛盾</td><td>修改年龄差，复查年龄及时间节点，以保精确；以母子合照的变化，来作为线索物品，见证母子感情变化，具象化的同时赋予人物态度转变的合理性</td></tr>
<tr><td>故事细节是否和人物设计、写作观念一致？</td><td>康誉对妹妹的态度变化不够明显，兄妹二人相处的情绪变化动机不够合理，情节铺设不足，导致感情过渡不自然</td><td>增加兄妹互动，使得宋小暖娇蛮又懂事善良的两面性格更加立体，也让康誉对宋小暖的态度变化平缓过渡</td></tr>
<tr><td rowspan="3">文学修辞</td><td>是否贴切恰当地体现出主体对象的特点？</td><td>是</td><td>继续保持</td></tr>
<tr><td>是否与作品风格保持一致？</td><td>是</td><td>继续保持</td></tr>
<tr><td>是否存在错别字、错误标点和病句？</td><td>存在，如“由于……使得……”的连用</td><td>WPS文档校对初修、七轮人工复查修改</td></tr>
<tr><td rowspan="3">字词句读</td><td>是否存在啰嗦赘余？</td><td>存在，如“了”“的”过多的情况</td><td>打磨语句，删除赘余</td></tr>
<tr><td>信息传递是否精准？</td><td>部分语句表述和信息传达不精准</td><td>明确含义，清晰表达</td></tr>
<tr><td>描写否形象生动？</td><td>兄妹互动不够生动，过多叙述导致对话内容不足，且部分心理描写相对直白，不够生动感人</td><td>必要时弱化叙述，增补康誉和宋小暖的互动对话，在心理描写环节，利用修辞进行修饰美化</td></tr>
</table>

如上表所示，我们从整体和局部两个角度出发，将修改期待表和文本彼此呼应，对小说进行修改。鉴于上表已经结合例文填写，所以此处不再过多赘述，以避免重复，具体文本见附录小说，读者可自行查阅。

因为小说是由团队成员中的一人首先完成初稿，其他团队成员共同参与修改的，所以在特征期待表的梳理环节，我们发现了许多无法让所有成员满意的部分。而且每个情节一旦有新的内容增补进去，就会有新的问题随之出现，需要前后保持统一。初稿看起来虽然漏洞百出，但这属于再正常不过的现象。事实上，通过期待表反思和修改作品，发现的问题越多，作品的提升空间就会越大。从查漏补缺完善作品的角度来说，这未尝不是一件好事。

二、注意事项

修改作为定稿前最重要的一个环节，绝不可忽视，修改作品时，要注意以下几点：

（一）修改前可适当搁置初稿

在刚刚完成初稿时，通常只适合针对字词句读进行简单修改。要想更加客观全面地审视作品，可以适当搁置初稿，如果能做到将稿件暂时搁置几天，等跳出创作者的思维惯性后，再重新拿起稿件，就能从读者和编辑的角度，重新审视作品存在的问题。这样的视角转换，可以提高对作品质量判断的准确性。

（二）运用整体思维依序修改

一般情况下，依照整体到局部的顺序修改作品，能够极大提高修改效率。从写作观念入手，是最直观的切入点。接下来审视结构，看层次是否分明，条理是否清楚；看思路是否清晰，段落是否匀称，详略是否得当；看前后是否呼应，过渡是否自然，结构是否严谨。最后一步，才落实到字词句读的修改上。字词句读的修改，正确是第一要义，在此基础上，做到精准简洁，最后才是美化修饰。

（三）修改为作品的风格服务

修改的内容固然可以分门别类，但所有的修改从结果而言，最终都要能够对创作风格产生影响。此前我们已经强调过风格的重要性，也证明了修改是凸显风格的过程，因此，要运用整体思维，格外注意风格的统一和清晰化。如无法实现更高层面的修改，也可以在相对简单的词句和修辞方面多下功夫。

（四）灵活调整修改期待表

虽然我们在本章结合整体思维法和特征期待法给出了参考性的修改期

待表，但请各位读者注意，对于不同写作水平段的创作者来说，每个人对各自的要求和期待都各不相同。前文提供的表格，只是从初学者角度制定的常规修改期待表，在实际创作环节，创作者可根据自己的真实水平，从不同维度修改增删或是调整期待表。

(五) 只提供范例，不提供标准

不管是创作的步骤，还是思维方法和创作环节的对应关系，都只是我们为了方便创作者们学习创作技巧而提供的基础范例，并非一成不变且需要恪守的准则。在实际创作中，创作者可以根据实际情况灵活取用各种思维训练方法，创作环节的先后顺序，也可以根据个人创作习惯自行调整，不必刻板遵从本书的章节顺序。

到此，本章乃至本书的内容基本完结，我们用“整体思维法”作为最后一章的主要思维训练方法是经过深思熟虑的。这不仅因为“修改”本身是一种涉及整体变动调整的行为过程，还因为文学创作本身是一个调动创作者的各个器官，整合创作者整个身心智慧的综合性、整体性行为。更重要的是，在本书中，无论是我们划分的六种创意思维类型和十二种创意思维训练方法，还是从感受选材、构思孕育到外化表达，无不彰显着浓厚的整体性思维色彩。这就说明整体性思维是指导我们编著此书的根本原则，本书就是奉整体性思维为圭臬后的自然产物。

我们有理由相信，不管国家、民族，遑论性别，世界都是一个被编织在一起、普遍联系的整体。如本章所言，中国人强调整体性思维，阴阳四季、五行八卦、天人合一等无不体现出这种思维的特征。黎甜倡议用“结构化思维”把“零散、无序的信息，加工成系统、有序的信息，”“将各个思考部分系统有序地搭配或者排列组合。”[①]查理·芒格借用“格栅思维模型”，要求人们首先学会从不同学科角度进行思考，从不同学科收集基本的观点，然后使用隐喻象征把学过的知识联系起来。[②] 其实，“结构化思维”也好，“格栅思维”也好，都是将思维当成一个复杂的系统，体现的是整体性思维的核心精神。埃德加·莫兰在《整体性思维》一书中，呼吁世人改革思维方式，结成人类命运共同体，“创建多样性的统一”，才能最大限度地促进人类的永续发展。我想这正是整体性思维最好的体现，是它最好的归宿，也是本书的目的和作者的夙愿。

---

① 黎甜：《结构化思维》，文化发展出版社 2019 年版，第 10 页。

② ［美］罗伯特·哈格斯特朗：《查理·芒格的智慧：投资的格栅理论》，郑磊、袁婷婷、贾宏杰译，北京：机械工业出版社 2015 年版，第 243 页。

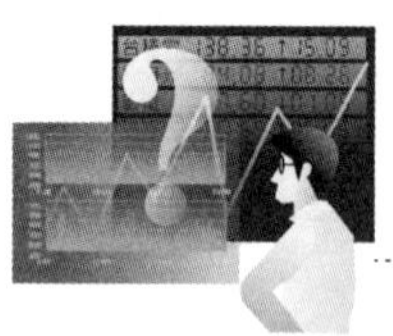

思考与练习

1. 特征期待法在修改环节的用处主要体现在哪些方面？

2. 请结合自身创作能力阶段和对自我创作的要求，结合本章所讲的整体思维法，制定适用于自己创作的修改期待表。

3. 请结合制定好的修改期待表，对你此前完成的初稿进行系统化的修改。

附录　一桩事先张扬的绑架案

第 1 章：15 岁时，我想当一名绑架犯

“绑架犯，绑架犯，绑架犯！”

“康誉！”

女人接连喊了三遍绑架犯后，随即喊了康誉的名字，康誉托着自己的下巴，险些又要睡着过去。当一声又尖又细的“康誉”传到自己的耳朵里时，他才惊得一个哆嗦，胳膊肘一滑，下巴差点磕到桌子上面。

康誉站了起来，低着头，迎接着这场期待已久的审判。

“来，同学们，看看，康誉同学多有出息，作文题目是我的暑假计划，猜猜，猜猜人家康誉想要干甚？”

“康誉，来，你说，宋小暖是谁？你为什么要绑架宋小暖？”

“那好像是她妹妹吧？”

“对啊，好像是。”

似乎有知道康誉家庭情况的同学在下面小声嘀咕着。

“什么？你要绑架你妹妹？你脑子是被驴踢了还是被门挤了啊？胡闹！”

“她不是我妹！我没有妹妹！她就不该生下来，我迟早要卖了她！”

一向木讷寡言的康誉，突然在班级里吼了起来，像是一条受了惊的野兽，属实吓到了身边的同学们，大家也停止了嘲笑。

“咋？想当绑架犯还有理了吗？还想当人贩子吗？我辛辛苦苦教学，难道就是要教出一个绑架犯吗？你妈妈把你送到学校来学习，难道就是为了培养一个绑架犯吗？”

女人感觉自己受到了冒犯，在拥有得天独厚的权力下，她在言辞之间对康誉进行了道德的羞辱。其实，这些话康誉早就听惯了，耳朵甚至都起了茧子。

但是，当听到女人的嘴里吐露出“妈妈”这两个字时，康誉全身的汗毛都竖了起来。十年过去了，那个叫妈妈的人，从来没有管过自己。自己受欺负时的委屈，没人理解时的难过，深夜失眠时的哭泣，妈妈从来没有陪伴过在自己的身边。

而如今来到学校，康誉时常不知道自己为什么要上学。他在这里感受不到快乐，更找不到自己存在的意义。

康誉咬着自己的嘴唇，低着头一言不发，老师说错了，不是他妈妈把他送到学校里来的，是康卫国逼着他来的。康卫国知道他自己这辈子就这样了，所以他逼着我来学校替他改变这烂到骨子里的人生，他就是这么自私，从不关心我的感受，从未问过我真正需要什么，他总是佯装一副爱我的样子，却不知道我想要的爱，究竟是何模样。十年来，我没有一天是快乐的，我受够了，我再也不想生活在那间臭烘烘的破房子里了！

“老子就是要当绑架犯！老子就是要卖了宋小暖！”

康誉指着女人，怒气冲冲地吼了一声。

女人愣了一下，险些被吓到了。此时女人脸上的肉都已经挤到了一起，她用刚刚沾了唾沫的手指头指点着康誉。

“不得了不得了，学习没本事，跟老师顶嘴你倒是挺厉害啊？康誉你是不是要造反？你给我等着，我这就给你爸打电话，我倒要看看他是怎么培养出来一个绑架犯的！真是反了你了！”

一阵铃声过后，同学们拿着书包离开了教室，只有康誉一个人还在座位上站着，像是荒原里的一棵树，老得不成样子。女人此时正在门口打电话，康誉没听清她在说什么，清风消解了女人的声音，却越过重重屏障，传到另一个人的耳边。很显然，电话那头的正是低三下四的康卫国。

康誉还在站着，低着头，无聊地用手指头抠着橡皮。这时，他感觉有个人影从门口闪了进来，如同一道无情的闪电击中荒原里那棵孤独的老树，紧接着一股臭味扑面而来，还没等他抬起头，就已经被一只巨大的手将他连根拔起，拉出了座位，随即一脚踹到了自己的腰上，康誉感觉自己像树一样被折成两截，一个踉跄差点磕到讲台台阶上。

他没想到一点骨气也没有的康卫国，竟会有这么大的力气。

“你还真是能耐了，想当什么？当什么绑架犯？你脑子是不是进屎了你？”

康卫国甚至连那件脏兮兮的围裙都没摘下来，操着那口混杂着方言的普通话，质问着他。是的，最臭的不是臭豆腐，而是康卫国的嘴。还没等康誉站好，康卫国便将早已脱下来的鞋摔在了他的屁股上。

"你小子能耐了是不是？还当什么绑架犯，你怎么不去当杀人犯？你有本事把你老子杀了啊？"

康卫国将康誉摁在讲台上捶打着，康誉就这样忍着，一句也没吭。

窗明几净的教室，被值日生打扫得一尘不染。康誉本不该坐在这样的教室里上学，他应该待在老家没有暖气空调，甚至还会漏风漏雨的学校里，那种地方才符合他的身份。为了能让他在这样的环境里上学，康卫国没少费劲。当然，也没少花钱。因此，康卫国甚至比康誉更珍惜这来之不易的上学机会。但康誉却不以为然，他甚至跟康卫国提过让他去卖臭豆腐，让康卫国来学校上课，不出意料的，他挨了康卫国的一顿揍。康誉习惯了挨揍，是个人都能揍他，是个人都能欺负他。以前就在这间教室，高年级的同学打过他，教他的老师也打过他，现在，康卫国也在这里揍了他一顿，教书育人的教室变成了暴力的屠宰场，想想还真是讽刺。

"康卫国！你发什么疯呢，滚开！"

随着一声女人的尖叫，康卫国被推开了，此时的康卫国就像一摊水，一摊停止流动的死水，只有臭味，毫无生气。而赵虹玉如同一团火，如火的热情，如火的果断，当然还有如火般的无情。不知是那双手的力量太过强大，还是没有骨气的康卫国本就柔弱，他一下子摔倒在地上。一如十多年以前，每次吵架时，康卫国都会没有轻重地推上赵虹玉一把，以至于赵虹玉的右胳膊被地上的玻璃割了一道口子，伤口成了一道疤，也成了他们婚姻的裂痕。

"誉誉，快起来，你没事吧？疼不疼？"

赵虹玉连忙将康誉拉了起来，康誉提了提自己的裤子，打了打身上的泥，虽然一直忍着没吭声，但看到赵虹玉的那一刻，眼泪还是不争气地掉了下来。

他一想到自己如同老树一样，在这本该繁茂的盛夏开始凋零，心里怎么不悲伤难过。

"你说这孩子要当绑架犯，你说该不该打？我看就得打死他！"

正说着，康卫国举起鞋底又要朝着康誉打过来。

"康卫国，就你能耐，就你会打人？你还是不是个男人？"

赵虹玉拿着自己的手提包向着康卫国摔了过去，连推带打的，康卫国被赵虹玉弄出了教室。

赵虹玉整理了下头发，拿着康誉写满绑架计划的作文走了过来。

她把手轻轻放在了康誉的肩膀上，康誉没有抬头看她，而是一眼看到了赵虹玉胳膊上那条细长的伤疤，那些电闪雷鸣的日子在他稚嫩的瞳孔里迅速翻过，最后定格在那个房间里四处弥漫着酒气的深夜，酒瓶碎地之后便是赵虹玉的一声痛苦的呻吟，还有一地鸡毛，和一片血地。

“誉誉，小暖是你的妹妹，你怎么要绑架她呢?”

她试图安慰康誉，小心翼翼地问道。

“我说过，我就要绑架她，我就要卖了她，她就是多余的!”

听着康誉愤愤地说着，赵虹玉有些无奈，但也松了口气，她知道康誉是什么样的孩子，这些只不过是孩子的气话罢了。身为一个母亲，无论是过去还是当下，她都因有康誉而感到喜悦。看到康誉红肿的眼睛，她猛然想到当年她因与康卫国无数次的争吵而委屈落泪时，康誉都会拿着自己的小手抹去她的眼泪。

“妈妈别哭了，我长大了会保护你的。”

这是在那段昏暗的岁月里，康誉对赵虹玉说过最多的一句话。

和老师简单沟通过后，康卫国便带着康誉回家了，看着父子俩一大一小远去的背影，赵虹玉莫名地心疼起来，她知道，她必须要尽快把康誉接过来了。

自从自己的作文被老师在课堂上公布以后，每到下课的时候，康誉的桌子前都围满了人。大家都对他的绑架计划充满了好奇，有人问他是不是真的要当绑架犯，有人问他宋小暖长得漂亮不漂亮。当然，还有人像康卫国一样，问他是不是绑架了之后会杀人。少年的无知无畏总是这样，对于他们来说，绑架似乎是遥不可及的东西，他们压根在心眼里就不相信康誉会当绑架犯，因为这本身就是一个笑话，也足够他们嘲笑康誉好多天，甚至是好多年。

回到家后，康卫国走到厨房，给他煮了碗面，里头卧着两个荷包蛋，撒着细小的葱花。以往一个鸡蛋，都会让康誉高兴半天，可这一次，康誉不再感激这些小恩小惠。他一直躲在房间里，看着妈妈的照片，照片上的妈妈还很年轻，笑容温暖，露出雪白的牙齿。那时的妈妈还是他一个人的妈妈，会把工作之余的所有时间都放在他的身上。这张照片，曾是他无数次迷失黑暗时的一盏明灯，是他的灯塔，是他的启明星。然而，当所有的光都不能再为他指路时，他将永远流浪在孤独的黑夜中。一想到这，康誉的心就有阵阵抽痛，他狠下心，在朦胧的泪眼里将照片缓缓撕碎，却又小心地叠好塞回枕头下。康卫国几次敲门喊他出来吃饭，康誉都直直地盯着照片，没有理会。直到面放凉，放坨，放到面条蜷缩成雨后干瘪恶心的蚯蚓，康誉都没有再动一口。

就这样，绑架犯似乎成了康誉唯一的标签。无论走到哪，只要认识他的同学都会冲着他喊一声:“绑架犯!”然后扬长而去。

15 岁那年，即将上完初二的康誉，决定要当一名绑架犯。

然而，没有一个人肯相信他，甚至还来嘲笑他。

当他在教室被康卫国捶打时，当看到拉他起来的赵虹玉眼角留下的热泪和胳膊上的伤疤时，他明白，他要当绑架犯的决心更加坚定了。

第 2 章：你是我的人质，不是我的妹妹

绑架犯，绑架犯，绑架犯！

教室，餐厅，走廊，街头，少年宫，只要有康誉的地方，就会有“绑架犯”三个字在耳边起伏，那些看见康誉张口闭嘴都是绑架犯的人，并非都知道事情的来龙去脉和其中的几多心酸，他们不需要知道那么多，只图嘴上的一时快感就够了。

当所有人已经快忘了康誉为什么要当绑架犯和要绑架谁的时候，机会就这样成熟了，悄无声息的，康誉真的成了一名绑架犯。

让梦想实现的那一刻，康誉有些莫名的兴奋，多少又有些惶恐。看着眼前这个被自己骗出来的小女孩，在血缘上是自己妹妹的人，康誉紧握着拳头，真想上去给她一拳。他幻想着这一拳头最终落在了赵虹玉的脸上，想到这里，他才渐渐松了口气。

“哥哥，我饿了。”

宋小暖仰着头，看着康誉。

“饿了忍着，天天就知道吃。”

康誉冷冷地说道。

宋小暖似乎看懂了哥哥的冷漠，低头摆弄着一个用废纸做的，写着宝盒字样的箱子，康誉就是用这个箱子把宋小暖骗了出来。

康誉没有在意宋小暖在干什么，而是四处张望，生怕有人发现他们。此时，宋小暖已经摸索到一个垃圾桶的旁边，捡起一半不只是饼还是包子的东西就往嘴里吃。还好康誉发现及时，冲上去一把打掉了她手里的东西。

“你是狗吗，怎么什么都吃？”

不知道是手被打疼了还是被康誉吓到了，宋小暖眼泪巴巴地哭了起来。

“哥哥，我饿。”

那一刻康誉才发现，此时已经临近傍晚，他已经将宋小暖骗出来快一天了，看来也许他的人质是真的饿了。

康誉从包里掏出来了一个馒头，扔给了宋小暖，没想到宋小暖有滋有味地吃了起来。

说到饿，其实康誉早就饿了，这几天他就没怎么好好吃饭，加上事情发生得如此仓促，他身上也没带多少钱。看着这个昔日里养尊处优的富家小

姐，如今竟然饿得连饭都吃不上，康誉的嘴角竟然扬起了一抹狡黠的笑。赵虹玉那么喜欢自己的女儿，此时此刻一定急疯了吧，康誉想到她手足无措的样子，竟然有些高兴起来，他很想看看赵虹玉现在狼狈的模样，她现在究竟会在做什么呢？会不会在诅咒他？会不会去找康卫国？会不会已经报警了呢？会不会还和当初质问自己的时候一样神气呢？康誉想着，拳头重重地朝地上捶了下去，只见他的嘴角抽了一下，指关节处渗出了血。

血液渗进土壤的时候，树木仿佛得到了滋养，枯黄的叶子返了一眼青绿，它得到了它想要的营养。

他想，这一刻，赵虹玉终于能明白突然地失去最爱的人是什么样的滋味了。

宋小暖啃着馒头，在旁边自顾自地玩着石子，康誉看着她，仿佛又回到了第一次见她的时候。

其实，康誉知道赵虹玉的家在哪后，曾去过几次。但每次都是偷偷的，生怕被发现。那是他最难熬的时候，每次在赵虹玉家偷偷张望的时候，都有两个自我在内心挣扎，他不是怕被人发现，反而是怕赵虹玉发现不了。

康誉清晰地记得赵虹玉当时的眼神，意外、错愕、惊讶、以及恍然，唯独没有时常看向女儿时的那种慈爱和关怀。

“原来邻居说的，最近一直在我家外面晃荡的人是你。”

知道一直在家门外偷看的人是康誉的时候，赵虹玉松了一口气。她其实应该能想到是康誉的，恍然大悟后好像有点失望，又有点侥幸。然而在康誉的心里，这个在血缘上理应算是自己母亲的女人，在看到自己这个儿子后，好像还不如看到外面是个坏人更能满意。那时候，康誉忍不住想，自己要是个坏人就好了，最好是十恶不赦的那种，对她的家图谋不轨，对她最珍爱的女儿图谋不轨，这样眼前这个女人，可能多少就会心满意足地感慨，原来一切果然都如她所料，他们如愿以偿地抓到了坏人。

那天，赵虹玉在家门后碰到了正在朝她的家四处张望的康誉。赵虹玉皱着眉头问他。康誉没有吭声，就那样直勾勾看着眼前这个女人，像头全身戒备的野兽。康誉没有想到，康卫国说话只是臭，而赵虹玉说话则是刺耳。“我家外面”“你来干什么？”“你爸呢？”像是三把冰冷的刀子，狠狠插在他的心上。赵虹玉用简单的三言两语，划分出泾渭分明的楚河汉界，毫不留情地提醒着康誉，这里的家，和他没有任何关系。你来干什么呢？是啊，他来干什么呢？康誉也想不明白，自己为什么会出现在这里，难不成要说他想她了？或者说，他想告诉同学们，他其实也有个妈妈吗？康誉迷失在自己可笑的想法里面，似乎忘了赵虹玉的怀里还抱着一个人。

“妈妈，这是谁呀？”

赵虹玉怀里的小女孩，用手里的洋娃娃指着一身校服的康誉，脸颊通红通红的，精致的小脸眉头紧皱。

“小暖宝宝，这是哥哥，你叫哥哥。”

赵虹玉面笑着说道。

“妈妈，这是哪里的哥哥呀？”

原本对着小暖微笑着的赵虹玉，没想到被小暖一句话问住了，笑容僵在了脸上，她下意识地看了看康誉，看到的则是一脸的鄙夷和怨恨。正当赵虹玉开口向女儿解释的时候，这时候康誉开了口。

“谁是你哥哥？我才不是你哥哥，我没有你这么蠢的妹妹。”

康誉向着赵虹玉和宋小暖吼道。

“康誉，你这是干什么？”

赵虹玉责怪道。

“坏蛋哥哥，我不要哥哥。”

宋小暖吓得大哭起来，越哭越凶，但是还没哭上几声，就咳嗽了起来。赵虹玉耐心地哄着她，怎奈小暖越哭越厉害，非要挣扎着下来去找爸爸。就在这时，小暖甩动着双手，手里的洋娃娃不小心飞了出去，猝不及防地砸在康誉脸上，娃娃的胳膊戳到他的眼睛，哪怕及时躲过，也传来一阵酸痛，康誉捂着眼睛蹲了下去。

“小暖，你在做什么！不许胡闹！”

赵虹玉凶了宋小暖一下，小暖停止了挣扎。

旁边被伤到的康誉，觉得自己活像个没有眼色的、出现在这里的多余小丑，连一个眼神一句关心都不配得到。

康誉咬着牙站起了身，一脚又一脚狠狠踩着脚边的洋娃娃，塑料断裂的声音传来，精致的娃娃被踩得四肢分离碎裂，小女孩看得忘了哭，赵虹玉也愣在那里，最后气得斥责出声，“康誉！你到底想干什么！”康誉一脚踢开那碎裂的塑料，碎片四处散开，他咬着牙，恨恨地瞪了女人一眼，脱口而出一句：你一定会失去她的！然后转头撒腿离开。

那是康誉跑得最快的一次，仿佛如果他跑得慢一点，那团火就会烧到他的身上，烧得他体无完肤，烧得他支离破碎，随便哪里过来的一场风，就会把化为灰烬的他吹得什么也剩不下。

那天晚上，康誉对着镜子，给自己眼皮上贴好创可贴。他想，做个人人称赞的好学生不容易，做个坏孩子，对他来说简单得多。吊车尾的成绩本身就是坏孩子的标志，对他来说，不过是再坏一点罢了。康誉学会了打架，就像当初被高年级孩子欺负的时候那样。步入初中的他,甚至想要去文个身,以此来彰显自己的可怕,但最终还是放弃了这种需要花钱的想法。他开始有样学样地欺负小学生,哪怕从这恃强凌弱的举动里,并没有找到那些狐朋狗友们所谓的快乐和开心,但一想到自己在慢慢变坏,好像这一切又是有意义的。

此刻,面对着一天没有吃饭,正在啃馒头的宋小暖,康誉觉得还差点什么。于是,他从书包里拿出来一个鸡腿,当着宋小暖的面咬了一口。

看到鸡腿的宋小暖简直傻了眼,两眼放光地跑到康誉面前。

"啊呀,哥哥你坏! 我不要吃馒头,我也要吃鸡腿!"

康誉无动于衷地说了一句:"吃你的馒头去。"

吃不上鸡腿的宋小暖简直气炸了,正当康誉准备再咬一口鸡腿时,宋小暖竟然也跟着咬了上去,康誉吓得直往后仰,怎奈宋小暖的吃劲儿上来了,没咬到鸡腿的嘴巴,竟然咬住了康誉的手腕,康誉一个哆嗦,鸡腿掉在了地上。

两人面面相觑,宋小暖的哭声缓解了这一安静尴尬的局面。

"哥哥你欺负我,哥哥你坏。"

看着地上沾满了泥的鸡腿,又看了看眼前哭成泪人的宋小暖,饿了一天的康誉又气又委屈,但他还是把书包里另一个鸡腿拿了出来。看到鸡腿的宋小暖瞬间不哭了,就这样,康誉接过了馒头,宋小暖接过了鸡腿,局面暂时稳定下来了。

康誉还是没狠下心,觉得她一个鸡腿吃不饱,最终给她买了吃的。他知道宋小暖最爱吃的就是肯德基的儿童套餐,可他没有给她买,不光是因为他没有钱,而是他想让宋小暖尝尝他每天吃的都是什么饭,过惯了好日子的宋小暖,也让她尝尝吃苦是什么滋味。就这样,一份特辣的臭豆腐放在了宋小暖的面前,看着她瞳孔放大,一脸无辜的表情,康誉觉得自己得逞了。

"太好吃啦!"

宋小暖小心翼翼地吃了一口,没想到竟然发出这样的感叹,实在是让康誉大跌眼镜,失望至极。没想到这份一看到就能让自己想到浑身都是臭味的康卫国的臭豆腐,竟然成了宋小暖嘴里的美味,生活还真到处都是讽刺。康誉像是泄了气的气球一样,无可奈何地看着宋小暖开心地吃着那一份特辣的臭豆腐。

"哥哥,你怎么不吃饭?"

宋小暖抹了下嘴说道。

"我不饿。"

康誉扭了扭头。

这时，宋小暖将盒子里最后两块臭豆腐放在了康誉面前。

“哥哥你快吃吧，可好吃了。”

宋小暖被辣的嘶哈嘶哈的，一点娇生惯养的样子都没了。他看着眼前这个可爱的女孩子，仿佛又想起第一次见到她时的场景。

此时此刻，康誉和宋小暖的身份已经发生了改变。他不是哥哥，她也不是妹妹。他们一个是绑架犯，一个是人质，康誉突然明白，他必须狠一点，做一个让人质一辈子都不想再见到的绑架犯。

康誉看着眼前的宋小暖，再次确认她的身份，她不是他的妹妹，只是人质而已。

第3章：我不是她的孩子，我是绑架犯

是的，绑架犯，赵虹玉怎么也没有想到，康誉真的成了绑架犯。

这个昔日里会为自己擦掉眼泪，说长大了会保护妈妈的孩子……赵虹玉突然觉得，自己不认识康誉了。

距离女儿宋小暖失踪已经过去六个小时，丈夫宋鸿才还在外地出差。如今他还并不知道自己的宝贝女儿失踪了，作为两个孩子的母亲，她实在不知如何开口告诉宋鸿才，自己的儿子绑架了自己的女儿。如果宋鸿才知道后，一定会暴跳如雷的，他太爱小暖了，甚至经常忽略了自己的妻子。赵虹玉坚决不能让宋鸿才知道康誉绑架了小暖，她必须要在宋鸿才回来之前，把两个孩子都找到，就当什么事情也没发生过。现在想来，这对一个母亲来说是多么残忍。

接到女儿老师打来的电话时，赵虹玉整个人都是懵的。她疯了一样地跑到了少年宫，看着监控里的录像，惊讶地什么话也说不出来。

康誉带走了宋小暖，监控是这样记录的。

小女孩被绑架的消息很快不胫而走，康誉补习班里的同学，很快便确定了绑架犯就是康誉，关于康誉的事情开始流散开来。有人说他在学校经常偷东西，有人说他喜欢吃屎所以浑身都是臭的，有人说他就是要杀人，等等，谣言四起。一时间，康誉成了十恶不赦的恶魔，传遍了大街小巷。

过去一周发生的事情，忽然一下子涌入到赵虹玉的眼前。起初，她在给女儿整理书包的时候，发现了一张诡异的绘画。画面中，一个高大威猛的男人，用绳子拴着一个小女孩的脖子，拉着她往前走。赵虹玉看到后，属实出了些冷汗，但看着女儿天真快乐的样子，似乎并没有受到图画的影响。也许只是孩子们的一次绘画作业而已，她安慰着自己，孩子看问题的角度和大人

不一样，所以赵虹玉就没多想，也没问女儿画到底是哪里来的，事情就这样过去了。

可是，从那以后，女儿每次回家，书包里都会多上一幅更加诡异的绘画。唯一不变的就是画面内容，每一幅画都是一个主题：一个健硕的成年男性对一个幼女的捆绑和殴打。这天，赵虹玉在书包里找到的不是画，而是一封信，信上的字虽然少，字迹还有些稚嫩，但是内容却让赵虹玉瞬间毛骨耸立起来。只见信上赫然写着：你一定会失去她的。

仿佛一道惊雷在耳边炸响，多么熟悉的一句话，多么残忍的一句诅咒，竟然是她深爱的孩子说出来的，因为，这已经不是赵虹玉第一次听到这句话了。

赵虹玉无法忘记，分别几年后，再见到儿子时的种种。那时候的康誉，只有八岁，可却比同龄人要早熟得多，她想要弥补，给他钱，也给他电话和地址，每次电话响起，赵虹玉总盼着是康誉打过来的。然而整整三年，除了她主动去见他，他竟是一次都没有主动找过她，更没有喊过她一声母亲。直到忽然有一段时间，她总觉得有一双眼睛，时不时地盯着她，那是一种来自女性的直觉反应，丈夫刚开始总说，是她想太多，直到有一天，邻居说时常看到一个男孩子在她家周围溜达。赵虹玉在院子里安装了监控，那天她原本是要带女儿出去看病，可刚出门不久，莫名想着看一看新安装的监控，这一看，就看到了蹲在门外的康誉。她连忙让司机折返回来，谁知，女儿竟和儿子起了冲突，更是一个不小心伤到了康誉。她一时不察，甚至没来得及关切出声，那孩子便撒腿就跑。等到第二天，她专程去学校找他，才看到他的眼皮上方，贴了一块创可贴。再往下偏上一公分，几乎会直接伤到眼睛。

赵虹玉本以为，康誉会因此讨厌小暖，毕竟那天的确是她和小暖有错在先，小暖生着病，因为身体不舒服，所以情绪并不太好。自己替小暖道歉的时候，康誉实际上也是并不愿意接受的。他嘴上没说，可赵虹玉感受得到，康誉对小女儿的戒备与抵触，最开始，她以为那是孩子们之间正常的对于父母爱意不均的不满和无声控诉，但赵虹玉最后发现，事情并非如她所想。对于小暖这个妹妹，康誉向来都是嘴上嫌弃，却在用行动护着她。

想到自己生命里走过的那些不堪与痛苦，赵虹玉坚信知识改变命运，所以小暖在学前阶段，就开始上许多益智培训班。但因为年龄小，宋小暖时时受到班上孩子的欺负，宋小暖不说，赵虹玉一直不知道。直到有一天，她去得早，看到康誉将小暖护在身后，揪着一个小胖墩的耳朵，“以后再欺负宋小暖，我见你一次打你一次！”小小年纪，凶巴巴地“恃强凌弱”。没等赵虹玉上前喊住他，康誉已经抬脚离开，那天小暖抱着她，不止一次地说有个哥哥真好。

以前她总害怕两个孩子无法好好相处，可那一刻，赵虹玉忽然觉得，有一种联系，注定会超越时间和距离，那就是血脉之间的牵连。那种最本能的联系，总能在不经意间打破一切误会和隔阂，拉近彼此的距离。尤其在看到儿子那单薄的身影出现在美食街，在最应该学习的时候，一天又一天地扑在康卫国的臭豆腐摊上，赵虹玉越发觉得，不能再把孩子留给康卫国。

自从在家门口见到康誉后，赵虹玉便立即将她想把康誉接过来的想法告诉了宋鸿才。她认为丈夫足够爱她，足够包容她，所以不会拒绝她的请求。

可那时候的宋鸿才，正处在工作和家庭的两难境地。他在表面上虽然光鲜亮丽，在外面却像条狗一样打拼。那时的赵虹玉没了工作，全职在家照顾女儿，并不能为他分担一些工作上的事情，更何况他也不想将工作的不顺带到家庭中来。毕竟，赵虹玉的日子也不好过。宋母当时看不上赵虹玉。赵虹玉离过婚，还有个孩子，在宋母眼里，这样的女人配不上自己的儿子。而如今，宋家一门心思地催着他们两口子赶紧生个二胎，与其说生个二胎，不如直接说生个儿子。面对不断地被催生，宋鸿才更是烦心，因为不是赵虹玉不想生，而是宋鸿才生不了。常年在外打拼应酬，各种酒局上顿连着下顿，导致宋鸿才的生育能力受到严重影响。可是，宋母总觉得是赵虹玉因为有了儿子所以不想生，说她狠心地想让她家绝后。宋鸿才有苦难言，然而让他感到欣慰的是赵虹玉的态度，面对婆婆的指责，赵虹玉从未反抗过，甚至默认了是自己不想生，自己一个人扛下了所有。

当宋鸿才听到赵虹玉告诉他想要把自己的儿子接过来时，他不知道自己该说什么了。他不想同意，但又无法拒绝。

“等小暖长大了再说吧。”

宋鸿才拿了女儿小暖做挡箭牌，他是对的，他那么爱小暖，怎么可能会轻易舍得让家里再多出一个孩子分担她的爱呢。赵虹玉明白，这一切需要时间来弥合。可就在她经过这几年的努力，马上要将人说服的时候，却出现了这样的事情。

康誉带走了小暖。

就算赵虹玉再不愿意相信，到了这一刻，她也依旧不得不承认，这的的确确是一场绑架。

一场早已事先张扬而自己却从未相信过的绑架。

而他是她的孩子，也是她另一个孩子的绑架犯，想到这里，赵虹玉的心都要碎了。

第4章：我是他生的，但不想成为他

宋小暖吃了臭豆腐后，显然安静了许多。此时她已经拿着自己的绘画本，在一旁安静地画着，边画边笑，好像自己已经成了一位著名的画家。

康誉已经有些累了，他靠着墙根，竟迷迷糊糊地睡了过去。

想到父亲，康誉有些鄙夷。难怪赵虹玉不要他，他要是女人，肯定也瞧不上这样窝囊的男人。是啊，康卫国哪有一点男人的样子，没有骨气，没有志气，更没有出息。一辈子没读过什么书，没有素质，不讲卫生，更没有刷牙的习惯，总是张着个大嘴打喷嚏，擦了鼻涕总是往自己鞋跟上一抹，然后再脱下鞋子来抽打康誉。如今，还住在城中村逼仄的小屋里，四十平的屋子里到处弥漫着厕所的臭味，就连吃饭都是臭的。那种难以入鼻的臭味，就是康卫国每天挣钱的工具，他每天都推着一辆脏兮兮的三轮车去夜市上卖臭豆腐，勉强能养家糊口。康誉每次看到父亲出摊，都不由得一阵干呕，一个胡子拉碴的中年男人，在一辆满是黑色油渍的三轮车上，卖着整条街最臭的东西，他不明白顾客为什么要买他的东西，也不明白他们又是怎么吃进去的。

这个世界让人不明白的东西远不止此，谁会和谁在一起，谁会离开谁，谁会突然地离去又不作声响地归来，哪能那么轻易找到答案。就像一种臭味，自己闻不到，可别人闻得到。

由于康卫国的臭豆腐，他们居住的房子上上下下，里里外外都是臭的。不光是房子，就连人也是臭的。康誉的衣服几乎一天一换，但依旧无法摆脱那股臭味，所以他极不愿意和康卫国生活在同一个屋檐之下。就像他班级里的同学一样，没有人愿意和他做同桌。都是因为那股子臭味，人臭，脾气更臭，和他的父亲康卫国一个模子里刻出来的。但有一点不同，康誉还有骨气和自尊，康卫国除了臭，什么也没了。

康誉忽然想起那次家长会，自己依旧考得很差，老师把家长叫了过来，没有其他选择，只能是康卫国去。想必那个时候，赵虹玉和她的宝贝女儿，正在某个游乐场度过一个温馨的下午时光。康誉把父亲领进了学校，康卫国佝偻着本就有些驼的背，低三下四地对老师点头哈腰，夹杂着一口浓重方言的普通话，活像电视节目里的小丑。“老师啊，俺们农村人没读过书，不晓得怎么教娃娃，娃娃放在学校里，你们想打就打，想骂就骂，不听话了就收拾，只要让他好好学，能成人成才，怎么着都行。”“娃娃不懂事，是俺们不对，老师你们的批评，娃娃都记住啦，等他回去，一定收拾他！老师你千万别不要娃娃念书，农村人进城念书不容易，麻烦老师你多费点心，不听话就打，放心，打不坏的。”

在康誉心里，从没觉得农村人有什么丢人的。过年的时候，他回过几次老家，觉得乡下比城里好多了，乡下没有这么冷漠，也没有这么多的鄙夷、恶意和孤独。康卫国那些话就好像在说从农村走出来的他们是什么见不得人的脏东西，天生注定就低人一等。这种极度的谦卑也让他在老师和同学们之间，越来越觉得自己抬不起头，越来越觉得自己像个另类，完全丧失了应有的自信。一些调皮的学生混子在他面前，学着康卫国可笑的样子，模仿他一脸赔笑地说着那些求人的话，取笑他老婆和人跑了，取笑康誉从小就是没妈的孩子，憋得康誉喘不过气来。

那时候，康誉曾有不甘。自己明明有母亲，虽然没有生活在一起，但那个女人，依旧是自己的母亲。有天放学后，他偷偷跑到赵虹玉的新家外面，盼着能见赵虹玉一面，盼着她能够到学校去，证明自己和其他人一样并非没有母亲。可隔着那黑色的雕花篱笆，隔着那一朵朵花团锦簇的蔷薇，他看到赵虹玉依偎在陌生的男人怀里，逗着哄着一个三四岁的小女孩，时而抚摸她的头发，时而轻吻她的脸颊。小女孩穿着漂亮的裙子，扎着可爱的辫子，娇娇俏俏，就像天上的月亮，被赵虹玉小心又珍重地呵护在掌心。

眼泪掉落在手背时康誉才意识到，那是个他这辈子也无法融入的世界，快乐是他们的，幸福也是他们的，而自己就像是一摊阴沟里见不得光的淤泥，只能隔着篱笆远远观望，就连靠近一步都是痴心妄想。

睡意蒙眬中，康誉做了一个梦，梦是那么真，让他无法区分是现实还是梦境。那一刻，康誉仿佛在梦里看到一棵在风雨中摇摇欲坠的幼苗，它刚刚发出枝叶，脆嫩的须根还寥寥无几，无法抵挡得住这突如其来的狂风暴雨。

……

那天的雨很大，积水没过了我的脚踝，我拉着赵虹玉的手求她不要离开我，她推了我一把，我摔倒在地上，她头也不回地走了。

雨水稀释了我的眼泪，雷声淹没了我的哭声。这时康卫国走了过来，拿起鞋底就打，他骂我没出息，没志气。他将赵虹玉离开他的怨气全部都撒在了我的身上，说我是他的累赘，让我爱死哪儿就死哪儿去。转眼，康卫国消失在雨中。我想要爬起来，可是我的腿像是被拴住了一样，怎么也动不了。

这时一辆黑色的车开了过来，车窗上探出了一个长着洋娃娃脸的小女孩，不停地拿着洋娃娃砸我的头，鲜血从我的头上流了下来。

又接着来了一群穿校服的人，他们拿着课本，铅笔，书包，纷纷朝我扔了过来，他们嘲笑我没有妈妈，说我浑身都是臭的，我无处闪躲，任由它们砸向我。

雨越下越大，积水慢慢地没过我的嘴巴，鼻子，眼睛，直到没过我最后一根头发，街道成为血红色的海洋，淹没了我在这世上最后的一点痕迹。

我恨他们，我恨赵虹玉，我恨康卫国，我恨宋小暖！他们生了我，又抛弃我，最后亲手毁了我，如果有来生，我再也不要遇到他们。

……

一阵摇晃让康誉醒了过来，康誉佯装揉自己的眼睛，试图擦掉眼角的泪水，宋小暖眨着大眼睛站在自己的面前，手里拿着她刚刚画好的画。

“哥哥你快看，我画得好不好看呀？”

宋小暖画了一片草坪，旁边开满了五颜六色的花，天空中漂浮着几朵洁白的云，还有几只燕子飞过。当然，草坪上还站着几个人，一个女人，一个男人，一个扎辫子的小女孩，还有一个瘦瘦高高的男生。

康誉看了宋小暖一眼，伸手把她手里的画夺了过来，撕碎后扔到了旁边。宋小暖一时没反应过来，她不知道刚刚还好好的哥哥为何突然这样，她抽泣着却没敢哭出声，扭过头去坐在康誉的对面一个人擦着眼泪。

康誉紧锁着眉头，她知道宋小暖画得是什么，那是一张全家福，虽然有他，但不是他的全家福，因为康卫国从来不戴眼镜。

那一刻，康誉抵触的并不是全家福上的男人不是康卫国，而是为什么要是康卫国？这是一个无法摆脱的事实，他是康卫国生的。

可是，还有一个无法摆脱的事实是，他不想成为康卫国。

似乎在康誉有记忆时起，就有一种无形的信念生长在他的血液里，他无数次地提醒自己：虽然他是康卫国的孩子，但是他不想成为康卫国。

第 5 章：找到他，一切还有机会

当赵虹玉站在自己家门口时，康卫国有一阵恍惚，那一瞬间，他以为自己看错了人。但他此刻眼前就是活生生的赵虹玉，泪眼婆娑的，和刚不久前见到的赵虹玉仿若两人。

半个月前的一个晚上，赵虹玉在美食街找到了他，拿出一笔钱，摆在桌子上，让他给儿子康誉去报一个全科补习班。

“我好几次见到誉誉在这边给你帮忙，他现在已经上初中了，明年就要中考，正是关键的时候，你整天让孩子随你扑在这小摊子上，你有没有考虑过孩子的未来？我问过他们学校的老师，誉誉每次考试的成绩都是垫底，这样下去，你让他以后干什么？你觉得他还能上高中吗？康卫国，你自己愿意浑浑噩噩过日子，但是不要让孩子也跟你一样没出息。”

这样的话，康卫国听过不少，但不管是从哪个人嘴里说出来，都不如前妻这番话来得让他憋闷。

这些年来，对孩子不管不顾，现在忽然拿着钱过来，好一副无私母亲的样子。谁又能明白康卫国的苦衷呢，让儿子跟着帮厨，并不是他缺人打下手，也不是稀罕那两个钱。是因为有人说，儿子在外面胡晃荡，他也怕孩子真的不慎走了歪路，所以他才想着把人放在自己眼皮子底下，想着就算以后再没出息，也至少是个不学坏的好娃。他没有赵虹玉有本事，更做不到不出摊，整天守着儿子学习，家里两个人，要吃饭，要生活，还要赚学费，这已经是他能想到的最好办法了。

泥人也要脸面，康卫国忍着气，把钱给赵虹玉推了回去，“我会给誉誉报个培训班，但是用不着你的钱，我自己有钱。”

康卫国没要赵虹玉的钱，但好在他答应赵虹玉会给康誉报个补习班。赵虹玉把钱装进包里，起身准备离开，走了两步后，她忽然转过身来。

“康卫国，我准备把誉誉接走。”

康卫国看着眼前这个熟悉又陌生的女人，竟一时没明白她的意思。

“誉誉偷偷去我家好几次了，我知道他想我，但我更想他。这么多年我一直欠孩子的，可能也欠你的，所以我想好好补偿下誉誉，我希望你能理解我，也能成全我，我不能再让自己有遗憾了。”

赵虹玉说着说着，突然觉得有些失态，还没有等到康卫国的答复，便匆匆忙忙消失在来来往往的人海之中。

但是康卫国万万没有想到，一个培训班，一场带着自己受辱情绪发泄在孩子身上的怒火，会把儿子推向更远的地方，酿成这样一桩惊动警察甚至让前妻夫妇造访的绑架案。

赵虹玉这次过来，是因为她的女儿刚刚不见。赵虹玉调监控才发现宋小暖被康誉带走，所以这才找上康卫国的门来。

“我不知道誉誉带小暖去了什么地方，也不知道他为什么这么做，两个都是我的孩子，为了防止事情闹大，我目前还没敢把事情告诉我老公，康卫国，你帮忙找一下誉誉，或者如果他回来，拜托请你一定联系我。”

康卫国听到康誉带走了宋小暖后，竟然一下子慌了神，房间里的灯依旧昏暗，就像是曾经的他们刚刚结束争吵一样，空气中弥漫着遗憾和回忆。好像此时此刻，康誉就在他的房间里，毕竟他们每次争吵的时候，他都会孤独地躲在门的后面，蜷缩着，也无辜地被迫倾听着，和他有关也和他无关的东西。

“我能不能看看康誉的房间，找找有什么线索?”

赵虹玉的询问打破了现实的僵局，他点点头，示意赵虹玉随便翻找。赵虹玉推开了门，一股潮湿的风袭面而来，又是熟悉的屋子，狭窄的房间，昏暗的采光，泛着臭味的空气，无数陌生而熟悉的事物像潜伏在海底的水雷，一经引爆，就把脑海最深处的记忆全部炸出海面。

赵虹玉看见屋内小桌上有摊开的信纸和笔，像是康誉要写些什么，但最后却没有动笔，那些笔是最便宜的签字笔。康誉的小床也不大，翻个身都有些困难。被套、床单都已经脏得不像样子，家里连个能想到换洗床单的人都没有。枕巾上有暗沉的斑点，像是泪痕。赵虹玉心疼地抚摸着康誉的枕头，像是多年前抚摸着他的额头入睡一般温柔，纵使许多年没再和康誉生活，但这毕竟是她的孩子，是她心头的一块肉，她怎会忍心放弃他。赵虹玉的手在枕头下似乎摸到了什么，她拿了出来，是一张被撕成碎片，又努力地拼贴起来的照片，她的照片。

赵虹玉将照片捂在胸口，没有忍住哭了起来，一开始是无声的抽泣，但是太多的委屈涌上心头，她便再也没能保持住沉默。是啊，她有什么好顾虑的，这毕竟也是她曾生活过的家，这里也有她初为人母的喜悦与欢乐，她有权利在这里放声哭泣，为了她曾经拥有但已失去的孩子。

康卫国听到了赵虹玉悲痛的哭泣，他看到康誉的卧室半掩着门，很想走进去抱一抱她，给她一些安慰。可是，他已经没有了任何身份，他们已经永远成为过去了。想到这，康卫国抱着头，眼泪止不住地往下流，是的，他永远失去她了。

自从知道康誉带走了宋小暖后，一天一夜过去了，康卫国连口水都没喝。望着窗外浓重的夜色，他深深地陷入自责之中。当初学校老师打电话给他的时候，老师并没有过多指责康誉的不听话，而是提醒他做家长的不要总是忙于工作，忽略了孩子的心理健康。随后，老师讲出了康誉想当绑架犯的事情，康卫国“嗡”一下上了头，觉得自己那么辛苦地挣钱供养他，结果他在学校胡搞八搞的，竟然想当什么绑架犯。挂了电话来到学校后，正在气头上的他，早已经忘了老师的叮嘱，正巧看见康誉站在座位上，他再不能忍住心中的怒火，劈头盖脸地将康誉揍了一顿。

想到这里，康卫国狠狠地给了自己一个巴掌。他不但嘲讽了孩子想当绑架犯，甚至还讽刺了他怎么不去做个杀人犯。这时，康卫国不由得打了个冷战，心里越想越怕，于是他拿起手机，疯狂地跑了出去。

虽然赵虹玉看不上康卫国，康誉也瞧不起康卫国，可是康卫国并不是被所有人都瞧不起的。至少在那条小吃街上，康卫国还是有些声望的。他几乎从来不会拒绝别人向他发来的任何请求和帮助。虽然卖得是臭豆腐，但是他从不掺假，用的都是真材实料，给顾客的分量又足，所以康卫国在顾客眼中的名声还挺吃香。周围同样是小摊贩的邻居们也是如此，他们有困难了第一时间就是找康卫国，他们知道康卫国不会拒绝他们。虽然听说过康卫国的一些家事，可他们也从不过多询问，谁家没有本难念的经呢，康卫国如此，他们也是如此。

康卫国来到他平日里出摊的地方，已经有两个人在等着他了。不一会儿，远处亮起了车灯，手电，陆陆续续来了十几个人，他们都是小吃街上的摊主，也是康卫国的邻居，甚至是邻居的邻居，他们都来了。

看着昔日一块工作的朋友都来了，康卫国激动地有些语无伦次，他佝偻着腰给来的人递了根烟，简单交代后，大家便分头上路了。

就这样，康卫国带着一群小摊贩子，即将对眼前的这个城中村，展开一次地毯式的搜索。

那天赵虹玉从美食街走后，他一夜没睡。他明白赵虹玉的意思，也反复衡量过，誉誉跟着母亲会比跟着他更舒适一些。那晚，他抽了半宿的烟，最终说服了自己，他准备答应让赵虹玉带康誉走。

而如今，他知道他的任务有多艰巨，他要在宋鸿才发现之前找到康誉，只有这样，康誉才不会继续跟着自己受苦，才能在母亲的陪伴下奔赴更好的前程。

是的，找到康誉，找到他们，一切都还有机会。

第 6 章：我是绑架犯，但你是无辜的

其实，在拐走宋小暖的第一天，康誉就已经后悔无数次了。

一方面是对于“绑架”这件事的心虚感——宋小暖竟然就这样毫无防备地跟着他走了，丝毫不怀疑自己编出的幌子的真实性，和当初第一次见面时大哭大闹、拿洋娃娃扔自己的时候判若两人；另一方面是被家里骄纵惯了的小女孩太烦人，让他难以招架。在小吃街长大的他对街上乱七八糟的食物避之不及，没想到宋小暖竟然什么都想吃。走在居民区街巷，她又死死盯着各种小吃摊……麻辣烫，炸串，棉花糖，见什么要什么。

宋小暖格外兴奋，好像康誉是专门带她出来尝鲜一般，东游西逛，好不自在，全然将康誉视为伴游的“仆人”，看到喜欢的东西便生拉硬拽地将康誉扯过去，走得脚酸时就不管不顾地朝他背上跳，让康誉气不打一处来，还被她折腾得精疲力竭。

眼见天色已晚，夜幕降临，康誉的心中一片茫然：眼前的状况与恶毒的初衷背道而驰。当初只顾着计划怎么把这小丫头骗走，他完全没来得及想之后该怎么办，兜兜转转，可他们还是在自己家附近的城中村街道游荡。

昨天晚上撕画一事，显然宋小暖已经忘了。

康誉牵着宋小暖漫无目的地乱走，小姑娘很快就累了。

“哥哥……”她小声地叫康誉，“我们什么时候能找到宝藏，咱们能不能休息一会儿啊？”

虽然是疑问句，可她的身体却越来越沉，眼看就要跌坐在地下，康誉一把掐住她的腰，将她半拎起来。

两个人拐进了一条安静的小巷子，发现了一堆装修没用完的砖头，康誉取下来几块给他们一人搭了个简易的板凳。宋小暖的脑袋很自觉地靠在康誉身上，康誉躲一点，她又继续贴上来，他躲，她追，最后康誉的砖头板凳散架，一屁股摔在了地上，宋小暖被逗得哈哈大笑。

“笑什么笑？有什么好笑的？你知不知道别人都很讨厌你？”康誉又一股火冒了上来。

宋小暖一愣，马上又委屈起来，这次她哭的声音比之前还大：“哥哥你欺负我，我不找宝藏了，我要回家！”

这立刻让康誉回想起几年前，被宋小暖用玩具砸的场面，不知怎的，竟一阵鼻酸，他大喊：“明明是你欺负我的，你用玩具砸我，你还说我是坏蛋！”情绪翻腾，甚至忘记从地上坐起来，康誉气愤地抽泣，身体剧烈地起伏。

宋小暖愣住了，眼睛红红的，呆呆地张着嘴。她抹抹眼睛，跑到康誉身边抱住他，像大人一样抚摸他的头：“不哭了哥哥，不哭了。”康誉愤怒地推开她，宋小暖一屁股摔在地上，裙子变得脏兮兮，她竟然没有闹，又重新回到他身边，讨好地牵康誉的手：“哥哥，别生气了好不好？不哭啦！”

街道上的路灯和店铺的霓虹相辉映，时时穿梭的车辆灯光四射，凌乱的光芒沿着狭长的小巷穿梭，投射出一块块光斑。宋小暖的眼睛霎时被点亮，她真诚的目光让康誉心里一颤，小女孩比翻书还快的情绪让康誉既烦恼又愤恨，一番情绪侵袭过后内心却柔软起来。

他别扭地转过头，故意不看宋小暖，也暗骂自己没出息。

宋小暖又追到他面前，睁着大眼睛看他：“哥哥，我不讨厌你，你别哭了好不好？”

康誉被她说得又鼻酸，一把推开她，这次没用力：“你走开走开，别看我！”

宋小暖做出一副大人的样子，摊了摊双手：“好吧好吧，那我走了。”然后背对着康誉坐下，时不时偷偷转头瞄他一眼。

冷静下来的康誉看着宋小暖的小动作，无奈地叹了口气。

“……宋小暖，你真不知道你以前说我是坏蛋吗？”

宋小暖听到哥哥的话，飞快转身扑过来。“我真的不记得呀，我第一次见哥哥好像就是在补习班，以前都是妈妈对着照片给我讲的。”

“明明就……你还拿玩具砸我，你还说……”康誉不相信，他喃喃自语了一阵，“你几岁了？”

“我六岁了！马上就可以上一年级了！”宋小暖昂起下巴，骄傲起来。

现今六岁的宋小暖，三年前也就三岁，大概是真的没有记忆。康誉突然觉得自己有些可笑：被三岁小孩欺负，记恨至今，这种事情也太没面子了。

可一想到赵虹玉，再想起曾经的处境和痛苦，他很难说服自己对宋小暖客气一些。

“妈妈拿着一张照片——那里面哥哥是个大光头，嘿嘿！她说这是我哥哥，特别勇敢，可以带我玩，还可以保护我。”

真能胡扯，康誉暗自嘲讽。

“平时没人和我玩，我就一直想找哥哥玩，但是总见不到。上次在大门口看见哥哥，你还凶我了……妈妈说哥哥心情不好，叫我听话。”

“昨天哥哥说带我出去冒险，我可开心了。”

宋小暖开心地晃着脚，康誉不知道说什么好。他试探地问了问：“那你刚才为什么说，没人和你玩呢？”

宋小暖表情低落起来。“我不知道，奶奶不喜欢妈妈，所以大伯和叔叔都不喜欢妈妈，其他哥哥姐姐们也不喜欢我。”康誉怕她又要哭。可是没有。

“但是我可聪明了，幼儿园的时候我就认识好多字，妈妈很高兴，爸爸也很高兴。现在我在补习班考第一名，等上了小学，肯定也能考第一名。哥哥，你学习好不好？”

康誉语塞，他怎么能告诉小暖自己在班里是倒数几名，还天天和其他人打架？他尴尬地笑笑：“没有你好。”

宋小暖咧嘴笑了：“那哥哥就是大笨蛋，哈哈！”

两个人你一句，我一句，气氛渐渐融洽起来。

康誉看着眼前这个活蹦乱跳的小女孩，一时间忘了是他将她绑架出来的，而是哥哥带着自己的妹妹出来冒险游玩。康誉极力地在脑海中警告自己，不要忘了自己是绑架犯的身份，但事实却是康誉无法拒绝眼睛看到的一切，无法拒绝内心感受到的一切，因为这一切都让他再次变得柔软起来。

看着娇小的小暖笨拙地表演大象，模仿老虎，学着鸟叫，康誉开心地笑了起来，他很久没有这样笑了。但他始终没有忘记自己是个绑架犯，沉重的情绪依旧在他的体内游荡。

但是他已经明白，虽然他是绑架犯，但宋小暖是无辜的。

第7章：我一无是处，却是你的希望

在知道宋小暖存在的这些年里，康誉从来没有想过，自己有一天会心甘情愿地“伺候”这个他最看不惯的小姑娘。他看着小暖可爱的小脸，脸蛋上沾着不知哪来的灰土，完全没有骄傲小公主的样子，他有些自责，也有些难过。他用尽全力羡慕的、嫉妒的、恨着的，实际是一个虚幻的“假想敌”，让他许久的情感，累积的悲伤，全部变成了笑话，他无法接受。

前不久，附近有个社区拆后重建，变成了美食街，康卫国的臭豆腐摊儿比以前大了点，康誉放假的时候，都会去摊上帮忙照顾生意。虽然康誉很讨厌臭豆腐的味道，但在摊子上帮忙，也有好处。有些人不习惯用电子支付，零钱收到康誉手里，藏下一部分，康卫国也发现不了什么。

邻近摊子上卖菜夹馍的，卖烤鱿鱼的，卖麻辣米线的叔叔阿姨，甚至一些客人，还常常会夸康誉懂事，知道帮他爸的忙。每到这个时候，康卫国那张黝黑、布满褶皱的脸上，就会露出不好意思的笑容。“乖啥乖呢，学习不好，也不知道叫人，反正放假在家没事干，就让出来学学手艺，以后也不至于饿死。”说着就一拍康誉的背，让他把附近的人挨个儿往这喊。康誉心里很不情愿，但还是不得不叫，每次喊完，总有人哄堂大笑，康誉也不知道他们笑什么，可能他们本身就是可笑的人。也有人提醒康卫国，“你一天天的，让娃好好念书，别到最后跟咱一样出来摆摊子么。老康你还说为了供娃读书，才整天这么拼，现在人家娃娃都补课呢，你整天让娃娃跟你学摆摊子，真是胡球弄呢！”

有时候收摊回家，康卫国也会问康誉，要不要报个补习班，但每次都会被康誉拒绝。在学校里受折磨还不够，放假了还要受折腾？简直是花钱找罪受。尽管百般不情愿，康誉最后还是上了补习班。初二的那个暑假，康誉考了年级倒数第一。开家长会的那天，康誉过得心惊胆战，他从教室的后门玻璃悄悄看着家长会。老师依次念着排名，越往后康卫国的眉头就皱得越紧，一直念到最后一名，康卫国的眉毛已经紧贴在一起，脸色也开始变红。康誉知道这是康卫国生气时的样子，康卫国每次生气，自己总免不了要挨一顿鞋底。

开完家长会回家的路上，康卫国走得很快。康誉心里惴惴的，脚上一点不敢磨蹭，紧跟着康卫国的步伐，生怕惹恼了正在气头上的父亲。可直到走回家，康卫国也没有训斥康誉。一回到家，康誉赶忙躲进房间里拿出暑假作业，装模作样地写了起来，想以此平息康卫国的怒火。等了许久，才听到康卫国的声音：“康誉，我出去一趟。”

“你晚上不出去摆摊？”康誉看见父亲完全出门没有像平常一样带上摆摊用的家伙什和材料。康卫国摇摇头，眼神复杂地望了一眼康誉：“你自己吃饭，桌子上留了钱。”康誉惊诧于父亲居然没有一回家就打他，但少挨一顿打总归是好事，他赶忙点着头示意自己知道了，生怕晚一点父亲就改了主意。

康卫国回来的时候，还带了一张课程表，上面详细规划了暑期全科补习班的课程。直到这张课程表出现在康誉面前时，他才相信这是平常连一点点摊位费都舍不得的康卫国为他报的。“我听同学说过，这补习班全程要一万多吧，咋不跟我商量就报？”

听到这康卫国突然吼起来：“跟你商量，啥都跟你商量，结果呢？考了这么点分，倒数第一。再跟你商量你连高中都考不上，只能跟我一样，卖臭豆腐，让人瞧不起。”康誉极少见父亲如此大段且有条理的发言，又被他的语气吓到，张了张嘴，最终什么也没有说。

初二的那个暑假，在康誉考了年级倒数第一之后，康卫国终于豁出去，花大价钱，给康誉报了一个全科补习班，让他好好备战中考。这些钱，是康卫国摆摊好几个月的收入。

康誉觉得康卫国被骗了，辛辛苦苦大半年，把钱全部花在这种东西上面，简直是疯了。康誉心疼砸出去的钱，虽然心里不情不愿，但还是老老实实背着书包和资料书，去了培训班。

康誉抬头看了一眼正在画画的宋小暖，没错，就是这条白色的公主连衣裙，和那天穿得是同一条裙子。

那天放学，康誉在少年宫的门口看到了那个熟悉的身影，站在一辆黑色的小轿车旁。他刚想开口，就听见那个妹妹的声音从身后传来。

“妈妈！”一个穿着漂亮的小裙子，背着粉色的小书包的小女孩从少年宫里面飞奔出来，扑在赵虹玉怀中，二人亲昵地贴在一起说着些什么。赵虹玉的眼中只有宋小暖一人，完全没有注意到不远处一脸羡慕的康誉。看到这一幕，康誉硬生生把嘴边的话憋了回去，鼻头却有些微微地发酸。

“妈妈，那个人在看着我们。”

康誉突然看见宋小暖，自己妈妈的女儿，指向自己的方向。他再次看到了赵虹玉。但她不是来见他的，而是来接自己的女儿宋小暖的。

“康誉！”赵虹玉喊出了自己的名字。

康誉并没有理会她，头也不回地跑回了家，生怕慢一点就会被赵虹玉追上。可跑出一段距离后，康誉回过头，街道喧哗，却没有一个人在意他。“她有了新女儿，哪会在乎我这个不听话的旧儿子。”康誉自嘲地在心里想着。

当晚临睡前，康誉又从枕头底下摸出了妈妈的照片，照片上灿烂的笑容却像是根根钉子扎在了康誉的心上。他知道这个笑容如今不再属于他，而是属于一个叫宋小暖，和他势不两立的女孩的。

那一天，康誉狼狈逃离。他心里清楚，自己不应该再次出现在赵虹玉的面前，可一旦人长久地生活在暗夜里，突然抓住一束光，就再也难以割舍，难以分开。赵虹玉就是那样一束光。康誉不敢奢望能够抓住它，他一次又一次地靠近，只是希望能够在昏沉逼仄且时常只有独自一人的出租屋之外，被那束光照耀得多一点，再多一点。一旦太阳下山，他依旧要回到那个狭小的空间，陪着疲惫不堪的康卫国，陪伴他以前和今后的无数个日夜，直到他彻底老去。

这一年，康誉十五岁，初二暑假，听到赵虹玉喊自己，情绪仍旧不能自控。

第 8 章：天下之大，哪里是我的家

此时，身处夜巷的康誉和宋小暖聊得正开心，他把自己和人打架的事情讲给宋小暖听，没想到原本因听打架而兴奋不已的宋小暖，却在第一时间打断康誉，认真地询问他有没有受伤。康誉甚至有些吃惊，没想到如此小的宋小暖竟然如此细心，她会关心人，知道疼人，可是赵虹玉怎么就不会呢。

原本觉得宋小暖懂事的康誉，一想到赵虹玉，便没了兴趣。似乎康誉也不知道把宋小暖骗出来有多久了，久到都已经开始怀疑赵虹玉到底在不在乎她的宝贝女儿，为什么这么久了还没有找到他们。

正在这时，一辆警车鸣笛驶过。康誉吓得立即站了起来，随即冒出一身冷汗。没顾得上解释，他拉起宋小暖的手就跑。

城中村唯一不缺的就是孩子，大的小的，怀里的肚里的，没人会在意在街头上撒欢乱跑的孩子，他们早已习惯了这样拥挤的生活。

可是，宋小暖毕竟还是个孩子，怎么会跟得上康誉的脚步。没跑出去多远，宋小暖就已经喘不上气来，小脸累得通红。康誉也累，但是警笛声还在耳边萦绕，他就不能停下来，他必须往前跑，跑到一个什么也听不见的地方。

康誉边跑边安慰小暖，说这是属于勇士的历险，如果不跑快些，一旦被恶魔抓到就会被吃掉，谁也救不了他们。宋小暖累得已经听不进去故事了，她现在只想回家，再也不想寻找什么宝藏了。她本来准备喊住哥哥停下来的，可是还没等她开口，已经累到几乎抬不起来的脚，绊倒在一块废旧的砖头上，就这样宋小暖脱离了康誉的手，直直摔倒在地上。康誉感受到了一股巨大的牵引力，当他回头的时候，小暖已经趴在地上哭了起来。

康誉把小暖扶起来，她因为疯狂地奔跑大口大口地喘着气，身体抽搐得十分厉害，双腿膝盖都摔破了，还在淌血，脑袋后面的麻花辫也散开了，头发乱蓬蓬地炸成一团。康誉后悔得要命，这一副模样让他感到十分心疼。他急忙掏出书包里的水，一边拍小暖的背帮她顺气，一边哄她慢慢喝水。

“小心别呛着……”他小心翼翼地喂着小暖。

小暖这时候格外安静，可能是太疲惫，也可能是被康誉吓到了，一小口一小口机械地咽着矿泉水。她越听话，康誉越恨自己。待小暖能发出声音了，他一把抱住她，抚摸她的脑袋，笨拙地道歉：“……对不起，我错了……因为……”却也支支吾吾说不出个所以然。

小暖从他怀里抬头，眼里水蒙蒙的：“哥哥，我好害怕，我想回家……”

康誉本想立刻带她回去，可是他突然害怕了，他不敢面对那一团风暴，不敢面对康卫国的愤怒，赵虹玉的愤怒，更不敢面对小暖爸爸宋鸿才的愤怒。

是的，她想回家，他也想回家。

一想到回家，康誉不由得心生悲痛。哪里才是他的家，是康卫国那里，还是赵虹玉那里？起初，康誉并没有把家当成模糊的选择，可是，当他那次遇见赵虹玉后，他便陷入了无尽的纠结之中。

康誉没想到，自己会在培训班外被赵虹玉喊住。更没想到，曾经第一次见到他，嚷嚷着他是坏蛋，还用洋娃娃砸他的小女孩，会乖乖巧巧地喊他哥哥。

“小暖还小，不懂事，正赶上她感冒，这孩子动不动就容易发烧，但她其实一直希望自己有个哥哥，也一直想跟你说声对不起。以前是我们太惯着她了，誉誉，实在是对不起。”

其实，那次康誉的眼睛被砸破皮之后，赵虹玉第二天就去了学校找他，见他没事，这才松了口气，连连道歉，又解释了好一番。康誉明白，赵虹玉不是不关心自己，只是那句关心的话，恰好被宋小暖的叫嚷打断了而已。他的气愤，与其说是被冷落的不甘，其实更像是对自己内心嫉妒的不满与羞恼，对自己没有小心翼翼藏匿好的恼恨。就像他不希望妈妈被人分走，宋小暖肯定也不希望自己分走赵虹玉的爱。那时候，赵虹玉依旧没有放弃让自己跟她走的心。可是如果自己是个坏孩子呢？如果自己变成了坏人呢？就算赵虹玉真的想要和康卫国打官司，从康卫国身边抢走他，宋叔叔肯定也不会同意吧？谁能接受家里多一个学习差、不学好，甚至还有可能伤害自己亲生女儿的坏孩子呢？

赵虹玉带着宋小暖和康誉去了培训班旁边的肯德基，给康誉点了一个儿童套餐，又把随餐赠送的玩具递给宋小暖，让她去一边玩。

“誉誉，妈妈知道，你因为当初妈妈离开的事情，一直心里有怨恨。再加上后来小暖和你的误会，你才不愿意来妈妈身边生活。可你也看到了，康卫国只会卖臭豆腐，他自己胸无大志得过且过也就算了，你上初中这么关键的时期，学业压力那么大，他竟然依旧让你去小摊上帮工。之前我把你留给他，是因为他承诺，能够照顾好你，再加上妈妈自己当时还没有能力，这才不得已把你留下。但这些年来，妈妈一直关注着你，如果他所说的照顾好你，就是这样照顾，那么就算会惹得你生气，这场官司，妈妈也要打。你今年初二升初三，这个时间点太关键，妈妈必须对你负责。所以接下来妈妈要做的事情，希望你能理解。”

“我不会跟你走。那是你的家，不是我的，我不会离开康卫国，就算法院判你赢，我也不会跟你走。而且康卫国给我报了补习班，我会好好学习。”

康誉站了起来，准备离开。十五岁的少年，个头已经拔得很高，起身的时候，就像棵挺拔的树，只是这棵树，实在太瘦，看上去像极了营养不良。

旁边的宋小暖伸出小胳膊，抱住康誉的胳膊不松手，“哥哥！哥哥不要走，哥哥我们一起回家！”

康誉想要抽出胳膊，却怎么也抽不出，最后只能虎着脸，“放手，我不是你哥哥，我也没有妹妹。”“不要不要！小暖不放手！妈妈说了，哥哥就是哥哥，小暖不要松开哥哥！”

宋小暖从椅子上滑下来，换了动作，抱住康誉的腿，怎么也不撒手。

“誉誉，你也看到了，小暖很喜欢你。而且你知道吗，现在你上补习班的费用，是康卫国摆摊好几个月的收入。如果你真的在乎他，真的觉得他辛苦，就不要再给他增添压力。”

赵虹玉知道，康誉就算看起来不学无术，可实际上却依旧是个孝顺的孩子，如果知道康卫国的辛苦，应当会明白她的苦心，也知道什么才是最好的选择。只是，赵虹玉还是算错了。

康誉狠下心，一把推开宋小暖，害得她摔了个屁股墩，“那是我们家的事情，赵虹玉，你过好你自己的日子就行，我和康卫国的生活，轮不到你来指手画脚。当初你丢下我们两个的时候，就没有资格管我了。”

这些年来，见面这么多次，康誉从来没有亲口喊过赵虹玉一声妈，但当面叫名字，也是头一回。赵虹玉不知道自己哪里做错了，直到女儿的哭声越来越大，她才回过神来，收拾残局。

那天晚上，康誉回家之后，放下书包就去了美食街帮忙，一想到自己的补课费用，是康卫国近半年的辛苦钱，他就心有不忍，于是硬着头皮，告诉康卫国，自己不想上课了。可他哪里能想到，康卫国竟然会当着那么多人的面给了他一记响亮的耳光，伴随着劈头盖脸的一阵骂。

康誉无助地在街头走着，看着灯火通明的城市，他竟模糊了双眼，辨别不清家的方向了。

第9章：永不止息的争吵，为了孩子

“一天一夜了，人还是找不到，要是小暖出了什么事，康卫国，我一定追究你那个儿子的法律责任！别以为他是未成年，就能不承担法律责任！”

赵虹玉没想到宋鸿才的出差提前结束了，当接到宋鸿才准备回家的电话时，赵虹玉就已经明白，她辛辛苦苦计划的一切，全都泡汤了。

高大的男人站在屋子的中央，皱着眉头，和佝偻着身子，躲藏在阴影里的康卫国形成了鲜明的对比。

警察已经赶了过来。

“一开始我们以为孩子会去车站，于是集中力量找了汽车站和火车站，但是都没发现他们。所以，我们推测两个孩子没出城，甚至极有可能就在城中村里，但是城中村人员复杂，安装的监控探头并不多，甚至还有一部分因为常年失修已经无法使用了，所以搜寻起来的难度也不小。”

其中一个警察将一张揉得皱皱巴巴的纸摊开放在了桌子上。

“宋先生，我们在你们家的沙发上发现了这个，康誉想要绑架宋小暖的事，曾经写到了自己的作业里了，想必赵女士已经看过这个了。”

“根据我们以往的经验，孩子们基本上是安全的，排除凶杀绑架案的可能，所以你们也不要太过担心，说不定俩孩子就在哪个角落睡着了。我们这边在继续搜查，家属这边最好也发动一下亲友们，帮着一块找一下，已经一天一夜了，还是赶紧找到他们比较好。”警察说完后就离开了。

宋鸿才一把抓住桌子上的纸，看着歪歪扭扭的字写着怎么绑架宋小暖，怎么折磨宋小暖，气得宋鸿才的手直发抖。

面对着康卫国的畏缩，男人更加生气了：“姓康的，你就是个王八蛋！”

宋鸿才一拳头朝康卫国打了过去，康卫国的鼻子瞬间出了血。

赵虹玉急忙上去拉开宋鸿才。

“你干什么！有话好好说，你怎么打人？”

赵虹玉的参与让宋鸿才更来气了。

“打人？老子连你也一起打！这就是你生的好儿子！一个德行！”

眼看着宋鸿才的巴掌就要落在赵虹玉的脸上，康卫国挡了下来。

“打女人算什么本事？有本事冲我来！”

“呵，你要不说我还忘了，这是你的女人吗，这是你的女人吗？”

康卫国像是被击中了要害，顿时没了声。

宋鸿才更来劲了，他指着赵虹玉。

“你问问她，问问结婚证上写的是她和谁的名字？你问问她是谁的女人！”

“够了！”赵虹玉歇斯底里地吼了一句。

说着，宋鸿才猛地踹了一脚旁边的茶几，上面的茶壶杯盏一阵晃荡，靠边的一只直接滚落下来，“当啷”一声脆响，摔成几瓣。

“你可真是生了个好儿子！就这样的人，你还想让他进我宋家的门？我告诉你赵虹玉，最好别让我找到那个小兔崽子！否则我直接打断他的腿！”宋鸿才又踹了一脚茶几，怒气冲冲地转身跑了出去，一道猛地摔门声在客厅回荡开来。

西装革履的中年男人站在逼仄的城中村小屋里，撂下这句话后，头也不回地冲出了这弥漫着腐臭豆腥的狭小空间。一路下行，没有电梯，狭窄的楼梯借着天光，昏暗又阴冷，每一层都散发着奇怪的气息。有的是康家的豆腥味，有的是泡豆芽菜的味道，就连走廊里，也还有挂着晾晒的衣服，一抬头甚至能碰到刚洗完正在滴水的不知道是尿布还是抹布的东西。

在宋家生活了这些年，赵虹玉最开始过来的时候，也不能适应这里的环境。刺鼻的混杂着各种气息的味道，让她想起那些在这个逼仄空间里熬过的日子。一天又一天，腐朽又漫长，看不到尽头。但毕竟曾经在这里生活过，相较于丈夫宋鸿才的极度不适应，赵虹玉的反感与不适，并没有那么明显。

但是，宋鸿才刚刚的一番话像是对自己体无完肤的羞辱，她感觉自己浑身上下已经没有一点力气了。

她站在通风的窗口，望着坐在沙发上，佝偻着背部像是苍老雕塑的男人，“卫国，刚才鸿才话说得有些重了，但希望你能体谅，我们只有小暖一个孩子，就像你也只有誉誉一个孩子一样，大家对孩子的担心和挂怀，都是一样的。我是小暖的母亲，更是誉誉的母亲，现在两个孩子一起失踪，两家人心里肯定都很忧心。我们调了培训班的监控，视频里能清楚看到，小暖是被誉誉带走的。如果你有誉誉的消息，或者万一这孩子联系你，希望你一定及时告诉我们，不能让孩子一步错，步步错。”

“我没骗你们，就算问我一百遍，我也不知道誉誉去了哪里。”康卫国脸上同样疲惫不堪，甚至还有无尽的懊悔。

那是儿子培训班开课的第一天，那天晚上他本该回家写作业，却再一次和往常一样，出现在摊点。他有些意外，给儿子递了一份臭豆腐，提醒他赶紧回家写作业，明天还要上课，结果紧跟着，就听儿子说，“不想去了，反正也听不懂，白花冤枉钱，直接退费吧。”

康卫国气得一巴掌就吵着儿子脑袋扇了过去，康誉被打蒙了，手里还没拿稳的盒子翻倒在地，带着黏腻辣酱的臭豆腐四散开，落在地上像是令人作呕的呕吐物。

“你不学习是想干啥？出去跟人混社会还是出去打工？就你这年龄，就你这本事，出去打工谁要你！啊？你说谁要你！咋，难不成你还真想去当一个绑架犯？”

康卫国每说一句，对着儿子就是一巴掌。康誉没有还嘴，低着头，被父亲扇得趔趄，一脚深，一脚浅，一脚踩在美食街那被油污沾染得黏腻的地面上，一脚踩在那散在地面的臭豆腐上，酱汁崩裂，沾满了他的鞋底，腥臭的气息，伴随着四周各种小吃的味道，刺得康誉胃里一阵翻涌，更罔论在美食街打孩子，吸引来越来越多围观的食客。

康卫国不是不知道丢人，但当听到儿子那句“不想去了”，作为一个从小没文化，只能靠摆摊卖臭豆腐谋生的底层小贩，这些年因为没读过书吃过的亏，受过的羞辱，好像在一瞬间齐齐蹿上头，化作那接连的巴掌和一声声的训斥。

“老子每天这么辛苦为了谁？啊？为了谁？你一天天的不学好，就想着学你老子卖臭豆腐，让人瞧不起，让人指着鼻子骂是不是？”

有相熟的小贩上前拉架，“老康，孩子还小，啥都不知道，你别生气，有话好好说嘛！”“是啊老康，誉誉平时那么懂事，娃又不知道发生了什么，小心把娃打得不好了。”

美食街里每天都有来来往往的人，食客停停走走，一茬换一茬，可唯有这些小贩知道，哪怕交了租赁场地的钱，每天过的依旧是仰人鼻息的日子。城管，无理的顾客，许多人都能上来踩上一脚，偏偏还不能还嘴，不敢还嘴，得本着和气生财的道理，赔笑做生意。不仅仅是康卫国，其他人都是如此，自己小心翼翼地摸爬滚打，放下尊严在这看似光鲜的城市里苟且求生，只是为了下一代能更好地成长，为了他们能在城里学习，长大后变得和城里人一样，不要再过父辈这样看人脸色讨生活的憋屈日子。那些不能道与旁人说的难和苦，酸与泪，只有他们自己清楚，所以康卫国对儿子的期待和要求，所有人都理解，可对于康誉这个只有十五岁的孩子来说，这些并不在他的理解和承担范围内。

这是儿子离家出走之后，康卫国才后知后觉反应上来的认知。成年人总是容易把自己的意见和期许，以及自己窝囊一辈子也不曾实现的愿望强加在下一代身上，打着为对方好的名义，到最后已经忘了到底是为孩子好，还是为了自己的体面，恐怕问遍天下的父母，也未必能找到一个统一的答案。

那天晚上，父子两人谁也没理谁，康卫国心中有火，也有后悔。就像那些人劝慰的一样，孩子大了，有脸面了，自己这样当众斥责打骂，实在是太不妥当。第二天一早，康卫国想给儿子道歉，可康誉早早就背着书包离开，接下来的几天，康誉一直早出早睡，每次当他想和儿子当面聊聊的时候，要么人不在家，要么门从里面锁上，隔着窗户的缝隙能看到里头已经熄灯。就在康卫国以为，儿子或许已经习惯了补习班的生活，开始走上学习的正轨。原本以为那件发生在美食街的小事，也因为时间的流逝，逐渐销声匿迹，甚至就此被尘封不必再提起，直到赵虹玉再次到来后，他才知道，康誉真的成了一个绑架犯。

他们一次又一次的争吵，甚至是大打出手，都是为了孩子，即便他看起来不够争气，可也是他们掏心掏肺最爱的孩子。也正因如此，无论他们曾经或当下遭受过什么，也都不觉得委屈。

然而，康卫国看到宋鸿才的愤怒和赵虹玉的处境后，康卫国动摇了，他不知道该不该让赵虹玉把康誉带走，康誉跟着妈妈走后就一定过得开心，过得幸福吗？康卫国有些迷茫，他不知道该不该继续坚持自己说服自己的那个决定，所以他要尽快找到康誉，把一切交给康誉来决定。

第 10 章：这一次的结局，有了再见

夏天的清晨，天亮得特别早。蓝紫色的天幕裹上一层橘色，一半是沉沉蓝霭，一半是漫天云霞，直到那一抹亮色最终跳跃而出，奔涌喷薄，新的一天就彻底来临。烂尾楼里的蚊子又狠又凶，叮起人来，一咬一个准，康誉忍不住抓了抓胳膊上的蚊子包，猛地连打两个喷嚏。鼻子有点塞。

也是，就算盛夏的夜晚再怎么闷热，不遮不盖在一个四面透风的地方多次陷入沉睡，铁人也会中招，更何况接连一天没有吃饱饭的少年人。小臂上一阵痛痒，康誉抬起另一只手，出其不意地用力一拍。“啪——”前一刻还在张牙舞爪肆意攫食的蚊子，恹恹无力地掉落在地，在康誉的小臂和掌心，留下点点灰色的剪影与一层血雾。

身边的宋小暖还在睡着，露在外面的小胳膊上，也多了不少蚊子包，还有许多无意中抓挠过的痕迹。康誉心有愧疚，拿过纸板替宋小暖扇动驱蚊，同时企图用旁边的校服袖子，遮挡住她的小胳膊，肌肤触碰的瞬间，传来灼

烫的热意。康誉心中一惊，连忙去摸宋小暖额头，滚热的触感，好像刚在开水锅里煮了一圈捞出来。宋小暖浑身都在发烫。

“小暖，醒醒！快醒醒！”康誉晃动着宋小暖，企图唤醒她，可小姑娘迷迷糊糊，除了一会儿喊“爸爸”，一会儿喊“妈妈”，一会儿又喊“哥哥”之外，好像怎么都醒不来。

康誉心中着急，连忙抱起宋小暖，跌跌撞撞朝着楼下跑去。

清晨的街道两边，是匆匆往来的行人和早起叫卖的小贩，每个人都步履匆忙地奔走忙碌，每个人都忙乱着各自的生活，而无暇顾及其他。满载乘客的出租车来来往往，没有一辆愿意为他们停留。站在烂尾楼上，看过去那么近的距离，这一刻却那么遥远，好像怎么也看不到边际。

直到他终于在一家小卖部外，求到老板帮自己打个电话。当那个脑海中熟记多年可以倒背如流的电话拨出，在几声忙音后响起熟悉的声音时，康誉的眼泪忽然就流了下来，“小暖生病了，你们快来。”电话那头愣了几秒，传来惊喜错愕却又担心至极的哭腔，“在哪里，你们在哪里！”康誉报出地址，听到那头赵虹玉激动地喊人，“老宋，孩子找到了，两个孩子都找到了！”

康誉紧紧抱着宋小暖，宋鸿才看到他的第一眼，就给了他一巴掌，把宋小暖从他怀里夺了过去，一宿没睡的眼睛遍布血丝，整个人都像极了凶狠的狼。赵虹玉一把推开宋鸿才，挡在康誉身前，冲着宋鸿才喊起来。

“宋鸿才！你干什么！”

“你最好盼着小暖没事！”

宋鸿才瞪了康誉一眼，抱着女儿转身上了车，赵虹玉连忙转过身，去看康誉，“誉誉，你怎么样誉誉？你有没有事？”宋鸿才是成年人，他毫不留情的一掌，当场就砸破了康誉的嘴角，可康誉却好像一点都觉察不到疼，盯着黑色轿车离去的方向，一双眼直勾勾地望着，“我没事，我要去看小暖，她发烧了，浑身都在发烫。”

赵虹玉叫了一辆车，等待的过程中，问清宋鸿才带着孩子去了哪个医院，又给康卫国拨去电话，说了孩子已经找到。

赶往医院的途中，赵虹玉不止一次地看向康誉，欲言又止。

到最后，她实在忍不住，还是问出声，“为什么要带走小暖？誉誉，为什么？”

“我早就跟你说过，有我没她，你要我跟着你，就不能有宋小暖。”

康誉梗着脖子憋出一句话，可却毫无说服力。

赵虹玉想起自己第一次对康誉提起想要带他回宋家生活时康誉的反应。那时候，十一岁的男孩子尚且藏不住欣喜，可得知从此不能再见康卫国后，他又摇了摇头。

“我不走，你有女儿了，除非你不要宋小暖，我才跟你回宋家。”

赵虹玉当然不可能不要女儿，康誉的那句话，她也不曾当过真，只当是小孩子童言无忌，对父母偏爱的不满和嫉妒。哪怕那次在培训班外的短暂交谈里，康誉丢下那句话，“我不要和宋小暖一起生活，你如果非要让我跟你，那我就卖了宋小暖。”赵虹玉依旧觉得，这不过是少年人的一句气话，一句玩笑。甚至这一次，哪怕两个孩子一起失踪一天一夜，赵虹玉依旧觉得，康誉并没有恶意。否则他怎么会主动打电话回来，否则他怎么会要跟去医院？

“你就真的舍不得康卫国？宁肯挤在那个小出租屋里，也不肯跟我走？”

“康卫国是我爸，你嘴里的出租屋，是我住了十几年的家。”

康誉咧开嘴笑了，唇角的伤口裂开，渗出血丝，可他好像一点都不觉得疼，反而有种得逞的狡黠。

“事情发展到这一步，你丈夫还会接受我吗？”

沉默了一会，康誉反问道。

这一刻，赵虹玉像是被什么东西噎住了一样，喘不上气来，也说不出任何的话，眼泪，只有眼泪，无声的眼泪在康誉面前啪嗒啪嗒的掉了下来，康誉不忍心看到亲生母亲在自己面前落泪，他把头扭了过去，望向窗外，早已热泪盈眶。

原来如此，原来如此！

如此笨拙的行为，如此荒唐的想法，却实现了他预期的目标。他彻底激怒了宋鸿才，彻底打消了赵虹玉的执念，也让康卫国免于孤独的折磨，最终他一个人承担下了所有。

赵虹玉带着康誉赶到医院的时候，康卫国也赶了过来。佝偻背越发弯曲，黝黑的脸上沟壑好像又深了许多，在看到康誉的一瞬间，他迈着步子冲上来，抬起巴掌就要打下去，却在即将落下的一刻，抓住康誉的胳膊，“你到底跑哪去了！知不知道能把人担心死?！一个消息不留，一个电话不打，你是不是想上房揭瓦！你知不知道我在家有多担心？你知不知道多少人都牵挂着你?”康卫国声嘶力竭，眼泪早已夺眶而出。

康誉见过发怒的康卫国，见过暴跳如雷拿着鞋抽人的康卫国，却从来没见过这一刻老迈脆弱又慌张无助，雷声大雨点小的康卫国。他宁肯康卫国和那天在美食街一样，劈头盖脸打他一顿，用难听至极的话骂他一顿，也不想他像现在这样，一声又一声，明明带着气，却还得小心翼翼，好像生怕他再一次离开。

宋小暖的病情并不严重，普通的发烧，虽然温度偏高，但送得及时，没多久就康复出院了。

那天从医院回到家，康卫国在厨房煮了一碗挂面，卧了两个蛋，撒上葱花，放在康誉面前，“饿坏了吧？赶紧吃吧，吃完好好睡一觉，感冒药在抽屉里。”康誉连面带汤，吃个了干干净净，等待康卫国的盘问，他甚至连怎么回答都想好了，康卫国却什么话都没有说，什么问题都没问，只让他别忘了自己把碗刷干净。好像什么都没发生过。

康誉最后一次见到赵虹玉和宋小暖，是在培训班结课那天。肯德基的店里人来人往，在最里面安静的角落里，点单的时候康誉不知道该点些什么，他看向一旁的宋小暖，只见小暖正盘算着该要儿童套餐里的哪种玩具：“唔，这个我想要，可那个也好好看。”康誉一笑，对着赵虹玉说：“我也要一份儿童套餐。”康誉选了小暖没选的那个，就这样赵虹玉给他和宋小暖各点了一份儿童套餐，小暖如愿以偿得到了两个想要的玩具。

小暖今天很开心，她痛痛快快地和哥哥一起疯了一下午，直到爸爸来接她。赵虹玉让小暖先上车去，小暖一步三回头，对康誉说：“哥哥，开学以后的周末你能来陪我玩吗？”康誉不知道怎么回答，小暖自顾自继续说：“算了，还是放假吧，我们都要好好学习。等一学期结束了，我们再像今年一样一起玩。对，去冒险吧！……噢，哥哥，我还要和你比赛谁的成绩好呢！我要一直比你厉害。”康誉呆呆地看着小暖钻进车里，摇下车窗，冲他招手。

“誉誉，妈妈要搬家了。”

赵虹玉似是酝酿了很久，才终于说出这句话。话一出口，她就有些为难地看向康誉，像是一个食言的人，对自己曾经夸下的海口羞愧难当。她曾经说过，要带儿子走，可这一次，却只能再次抛下他，灰头土脸地离开。赵虹玉恨自己的无能，可她没有别的选择，曾经她为了飞出那片牢笼，拼命地学习，拼命地出走，可最终却在现实的抉择里，放弃学业，投身进入另一个更华丽的牢笼。她曾拥有掌握自由的权力，却在最后依旧活成仰人鼻息的样子。在宋家，她没有话语权，上次的事情之后，宋鸿才留给她两条路走，要么离婚，要么搬家。如今的赵虹玉，再也不像当年面对康卫国的阻碍时，那么勇敢无畏，风风火火，家庭生活蹉跎了她的年华，更消磨掉她的耐心与冲劲，她也不能让女儿再走一遍儿子走过的路。

“对不起，誉誉，真的对不起……”赵虹玉红了眼眶。

“没啥对不起的，你们走了，我和康卫国正好落得清净。”

康誉转过头，看着玻璃窗外的街道，许多人来接放学回家的孩子，所有的家庭，好像都美满和谐，好像都团团圆圆。放在以前，康誉可能会很羡慕，可这一刻，他却只看了一眼，就移开目光，端起面前的热牛奶，喝了一口，“以后搬了家，照顾好小暖，别再被人骗走了。”

康卫国得知赵虹玉再一次要离开后，心里很不是滋味，多年之前的那一幕似乎又要在历史上重演。他征求了一下康誉的意见，问他要不要回老家一趟。康誉想都没想，直接同意了。就这样，在赵虹玉还没走之前，康誉和他父亲，就已经踏上了回老家的路。

大巴上，康誉看着窗外熟悉的高楼渐渐消褪，取而代之的是山峦，是绿地，是河流，那一刻他明白，他已经和赵虹玉背道而驰了。康卫国看着自己的儿子，一阵沉默之后，向康誉道出了当年的实情。

“当初你妈走的时候，不是有意不见你的。是我不想让她见你，办完离婚手续后，我就接着把你带回老家了，你妈想跟你告别，是我破坏了这一切。”

康誉平静地看着父亲，似乎这一切都已经不重要了，就如这次，对于康誉来说，他不也是不辞而别吗，可又有什么关系呢？见又怎样，不见又怎样，该分开的迟早分开，就像康卫国和赵虹玉。该相遇的终究会再相遇，就像他和他的母亲。

“都是过去的事情了，就不要再提了。”

康誉回答道，此刻他依旧看着窗外，一片无垠的天空，漂浮几片自由的云朵。他的嘴角扬起了久违的笑。一只鸟飞过，一切都随风而去了。

结局总是在时间的轮回里不断地重复着，只不过这次有所不同，比起上次的不告而别，最起码多了勇气和机会说再见，而这，又何尝不是一种幸福呢？

第 11 章：你曾留给我的伤，已经结好了痂

赵虹玉和康卫国离婚那年，康誉刚五岁，很早就开始记事的他，关于父母的印象，只有争吵，争吵，永无止境地争吵。尤其每次吃饭，刚开始都还好好的，到最后，就总会爆发一场大战，家里的陶瓷碗，后来全都换成了搪瓷的，没别的原因，就是耐摔。每次赵虹玉和康卫国摔盘子摔碗，康誉总会瑟瑟发抖地站在角落，看着两个人骂着骂着，然后扭打在一起，晚上睡觉的时候，赵虹玉再抱着自己，在黑夜里哭泣，很长一段时间，每次康誉醒来，枕头都是潮湿的。可是到了白天，康卫国出去卖臭豆腐，赵虹玉好像又恢复正常，和其他人的妈妈一样，照顾他，带他出去玩。

就在康誉以为日子会一直这样下去的时候，有一天，接他放学的人，变成了康卫国。甚至回到家，也没有见到赵虹玉。小孩子总是没有耐性的，虽

然知道两个人撞在一起，最终还是会漫无边际地争吵，他依旧没忍住，问康卫国妈妈在哪里。

“你妈走了。”

康卫国抽着烟，一圈圈白烟吐出来，兜兜转转飘散，呛得康誉直咳嗽。

“那她什么时候回来?”康誉问。

康卫国掐灭了烟，又把窗户打开，背对着康誉。

“不回来了，以后再也不回来了。”

那时候康誉还不知道“不回来了”是什么意思，他只知道，奶奶去世的时候，很多人说她去了很远的地方，不会再回来了，所以他问康卫国，“妈妈是死了吗？和奶奶一样。”康卫国愣了一阵，说，“就当她是死了吧。”

那天晚上，康誉难过地哭了好久，眼睛都哭肿了，以为再也不会见到赵虹玉了。直到有一天，康誉从街头巷尾的闲谈和玩伴们的口中得知，赵虹玉不是死了，是和康卫国离婚了。离婚的意思，就是赵虹玉不要他和康卫国了，总有一天，要去做别人的妈妈，做别人的妻子，从此以后和他们再也没有关系了。听到这个消息之后，康誉跑回家问看康卫国，是不是妈妈不要他们了。康卫国放下手里搓洗了一半的衣服，说，“不是她不要我们了，是我们不要她了。”

自那之后，康誉就恨上了康卫国和赵虹玉，也再没有喊过他们爸妈。最开始，康誉恨康卫国，是因为他先不要赵虹玉，才害得自己没有了妈妈；恨赵虹玉，是因为她走得那么果断，那么决然，连一声招呼都不打，就那么猝不及防地突然消失。再后来，康誉一点点长大，早熟的他逐渐明白，康卫国和赵虹玉是注定过不到一起的，整天打打骂骂，摔碟子摔碗，倒不如离婚了干净利索。但他还是恨。恨康卫国怎么就不知道忍让一点，怎么就不能有出息一点，连自己的妻子都留不住，到最后还要在他一个孩子面前打肿脸充胖子，明明是赵虹玉不要他们了，到他嘴里，就变成他康卫国不要赵虹玉了。而对赵虹玉的恨，是在知道她改嫁旁人，还生了一个孩子之后。

赵虹玉改嫁还有了孩子的事情，依旧是康誉从街头巷尾的街坊嘴里听到的。城中村的小门楼里，不像真正的城区那样，一家和一家互不往来，在这里，东家长西家短，夫妻吵架生孩子打娃，就连考试考到第几名，都算不上秘密。所有的消息，都像是自己长了脚一样，不到半天的时间，就能家喻户晓。在那过后没多久，康誉再次见到了时隔多年的赵虹玉，还是印象中的五官，可比印象中胖了不少，也白了不少，整个人脸上挂着笑，看起来年轻又温和。在赵虹玉不要他们的那几年里，康誉梦到过好多次赵虹玉回来找自己，给自己开家长会。可不管他做过多少次梦，始终没能见到真正的赵虹玉。现在他逐渐接受了赵虹玉的离开，以及从自己生命里彻底的消失，她却又出现在自己的面前。

“你有了新的孩子，为什么还要来找我？”康誉低头踢着脚下的石子，没有看赵虹玉，“你不是不要我和康卫国了吗？还回来干什么？”

赵虹玉似乎没有想到，只有八岁的康誉，会说出这样的话来，当她依旧拿他当小孩子看待的时候，他已经用一句又一句的刻意回怼，表达着自己洞悉一切后的不满。理解，但不接受。话不投机半句多，最终赵虹玉塞给康誉一些钱和一张纸，“这些零花钱你拿着，给自己买好吃的。纸上是妈妈的电话和现在住的地方，有事可以给妈妈打电话。对了，你的妹妹叫小暖，宋小暖。誉誉，不管怎样，你要记得，妈妈一直都是爱你的，哪怕有了小暖，你也依旧是妈妈的孩子。”

那一张纸，康誉在书里夹了很久很久，纸上的电话和地址，已经倒背如流，但他一次都没有找过赵虹玉。他的确讨厌康卫国，但更害怕康卫国知道他去找赵虹玉而伤心。赵虹玉能狠下心，不要他和康卫国，可他不能。康卫国只有他一个人了，他不能再丢下康卫国不管。所以哪怕后来赵虹玉又来找了他好几次，问他愿不愿意去她和宋叔叔全家一起生活，康誉都很果断地摇头拒绝，“康卫国离不开我，我也舍不得康卫国。”虽然他没什么文化，虽然他只会做臭豆腐，虽然他臭脾气又窝囊，但他依旧是我的爸爸。

第一次主动去找赵虹玉，是因为学校里的同学实在叫嚣得凶，康誉放学后一气之下跑出校门，等反应过来的时候，人已经出现在赵虹玉家门口。也是那一次，隔着黑色的厚重的雕花栅栏，他看到了赵虹玉和那个男人在一起的样子，看到她和宋小暖在一起的样子。印象里那个每天都会歇斯底里喊叫，和康卫国互相摔盘子扯头发打架，每天都会抱着自己颤抖着哭出声的人，原来也可以在阳光下笑得那么开心，笑得那么灿烂。在笑声里长大的宋小暖，就像是康誉的另一面，拥有着他所不能奢望的一切。

那一刻，康誉忽然觉得，自己和康卫国，根本就是赵虹玉的累赘。他也从赵虹玉和康卫国无数次的争吵中，感受到了赵虹玉的不幸。为了给自己的弟弟结婚换彩礼，赵虹玉就这样被母亲做主嫁给了康卫国。委屈，愤怒和不甘从此成了她婚姻生命中的底色，可以说自从她和康卫国结婚后，想要逃离这个地方的心就一天比一天坚定。这个破败的家庭就像是条捆绑在鸟儿爪子上的链条，束缚了她一年又一年，直到有一天，那只鸟儿奋力一搏，终于挣脱一切牢笼，逃离那沉重的枷锁，找到了适合自己飞翔的天空。

第12章：生命，早在不经意间长大

在老家待了两天后，康誉和父亲就返程了。坐了一天的车，康誉累得只

想回家上床好好睡一觉。可当他推开卧室的门后，着实被眼前的景象惊呆了。康誉床上那些皱皱巴巴的床单被罩早已不见了，取而代之的是崭新的被子和褥子。桌子，橱子，玻璃都收拾得干干净净的，就连衣橱里面的衣服都被重新洗了一遍，叠得整整齐齐。康誉一时间竟不知道说什么了，他想冲出去问一下父亲，可是他明白，父亲这几天一直和他在一起，根本不可能完成这些工作。能做的只有一个人，那就是赵虹玉，那个他日夜思念，叫做母亲的女人。

初三开学前的那个晚上，康卫国罕见地没有出摊，割了二斤肉，回家又是包肉包子，又是炒菜，过年似的做了一桌子菜。父子二人对坐在桌前，康卫国拿出放了好久舍不得喝的酒，吃菜吃肉，三杯两盏下肚，开始说起了胡话。

“……其实我老早就知道，这地方困不住你妈，她是个有大抱负的人，是注定要飞出这个土鸡窝变成凤凰鸟的。她说得没错，我就是个窝囊废，没文化，也没本事，除了卖臭豆腐，啥都不会做，也教不了你什么……谁都看不起我，誉誉，你说，其实你也看不起我，是不是?”

“你喝多了。”

康誉抬手去拿康卫国手里的酒杯，却被他一下子躲开，又灌了一口。

“我没喝多！誉誉，我清醒着呢……誉誉，你怎么就不跟你妈走呢？她比我有钱，也比我体面，跟着她，你再也不会丢面儿了……跟着我能有啥么，啥都没有，还累带着你被人笑话……”

康卫国越说声音越低，到最后像个老小孩似的，捂着脸哇哇地哭了起来。

昏黄的灯光下，四十多岁的男人，一眼看过去，倒像是六十岁的老头子，嘴里迷迷糊糊喊着“誉誉”。康誉从来没有像今天这样，认真地打量过眼前这个男人，胡茬似的短发，近乎一半染上霜白。康誉曾不止一次提醒他去染个发，每次康卫国都哈哈一笑，说何必白白浪费钱，有一次干脆剃了个光头，说这样黑了白了都瞧不见了。那满脸的褶皱，是什么时候变多的呢？还有那挺拔的腰背，怎么就变得这样弯曲？赵虹玉走后第一年，没人照顾康誉，幼儿园放学的时候，康卫国总会找个布兜，直接把康誉绑在身上，有些时候挂在他身前，有些时候背在背上。那时候，许多小孩都羡慕康誉可以每天骑大马，但只有他自己知道，被勒得有多难受。可他喜欢隔着衣物，感受从康卫国身上传来的那份安心。

就在康卫国还在啜泣的时候，他的手机响了。他下意识地接通了电话，瞬间停止了哭泣，张大嘴巴，睁大眼睛看着康誉。

“你妈来了，就在门口。”

康誉放下手中的筷子，急忙跑了出去，康卫国擦了擦脸也接着跟了出去。那条狭窄的小巷子里，赵虹玉一个人站着，显得有些凄凉。

“我不是给你留了一把钥匙，来了直接上去不就好了。”

看到赵虹玉，康卫国有些喏喏地说着。

康誉恍然大悟，原来，是康卫国给赵虹玉留了钥匙，怪不得他的卧室会变得那么干净，整洁。这样，一切都说得通了。

“你怎么来了。”

康誉有些惊喜，又尽量克制自己，使自己看起来平静一些。

其实，他更想问的是小暖怎么没有来，但是，他似乎知道了答案。

“誉誉，你不是要开学了吗，我来给你送点生活用品和学习用品，初三这一年很关键，你一定要好好把握，我们都会支持你的。”

赵虹玉边说着，丝毫没有提小暖的事情，可能是光线太暗了，康誉都没注意到她的手里拿了那么多东西。

康誉接过了东西，还没开口，话就被康卫国抢了过去。

“来都来了，还没吃饭呢吧？正好，我们刚做好了饭，一块上去吃点吧？”

此时此刻，康誉感到，康卫国说话从没有让自己这么舒服过。是啊，留下吃顿饭吧，他心里的话，都被父亲说了出来。

上去后，康誉嘱咐康卫国急忙去炸了一份臭豆腐，小暖爱吃，等一会让赵虹玉给她捎回去。

这时，赵虹玉从包里拿出来了一幅画，画面中间是一个女人，旁边还有两个小人，一大一小，小的那个头顶画着辫子，显然是个女孩，大的那个一定就是他了。

康誉知道，这一定是宋小暖的杰作。

饭后，康誉和康卫国送赵虹玉出来，赵虹玉拎着那份满满当当的臭豆腐朝前走去，昏黄的路灯下，康誉努力地睁大自己的眼睛，想要记住赵虹玉此时此刻的模样，因为他不知道，再次相见时，将会是何年何月。

书里总是说，人的成长总是在一瞬间。

总会在那个瞬间，他们从叛逆无知、不懂疾苦的少年，忽然不得不扛起生活的重担，不管情愿不情愿，一切兜头砸下，连准备的机会都没有。一夜之间，快速成长，快速蜕变。

多年以后，每当康誉回顾自己曾经的成长，总是将自己的蜕变，归结为那一夜所看到的康卫国的脆弱，但或许在更早之前，在那无数个陪伴康卫国摆摊的日子里，在目睹康卫国为了他的不懂事赔笑道歉的日子里，甚至在那个暑期，那场少年一时起意，同时也蓄谋已久的绑架游戏里，他就已经完成了蜕变前的蛰伏与准备。

他已经不再惧怕黑夜与干涸，生命的源泉已经与他的根部相连，那是野火总也烧不尽的根，纵有凋零的时候，他想自己也一定会等着春风催生，当一切稚嫩在生活的洗刷下脱落时，只等着在最后的那一刻，体悟不易，走向成熟。

康卫国在二楼门口站着，康誉送赵虹玉下了楼梯，赵虹玉往前走了走，突然又停了下来，她和康誉两个人的影子被旁边的路灯投在了墙上。

赵虹玉似乎在等着什么，康誉好像也在等着什么。

一场闹剧后，康誉已经很难相信赵虹玉不爱自己了，只不过是缺少母爱的康誉已经麻木了，有些爱，不是片言只语就能感受到的。而此时，他已经感受到了母亲的爱和温柔，就像当年赵虹玉每次在夜晚掉眼泪也仍然拥他入怀时一样。

“妈妈，你好好的，我已经长大了，以后我会保护你的！”

康誉冲着赵虹玉说了一句，声音不大，但却格外有力量。

赵虹玉回过头来，早已泪流满面，她狠狠地点了点头。这是儿子对一个母亲的承诺，赵虹玉没有忘，康誉更没有忘。也许她不想让儿子看到一个母亲的软弱，于是背过身去，掩面痛哭起来。

康誉看着母亲颤抖的背影，眼泪掉了下来，他慢慢张开双臂，想要抱住她，给她一些安慰，但他始终没有走上前去。

他看着旁边的白墙，看着那两个一高一低的背影，康誉将手臂慢慢接近妈妈，就这样，白墙上儿子的影子轻轻抱着妈妈的影子，康誉看着墙上的这一幕，就已经足够了。他永远也不会想到，不远处的背后，父亲在模仿着儿子，做出了一模一样的动作，只是黑夜隐藏了这一切，没有人看到他们。只是那轮圆月会永远记得。

那一夜，康誉睡得格外香甜，窗外的月光分外皎洁。

当太阳升起的时候，每一个生命都将回到正轨，在这茫茫人海中，奋力向前，拥抱下一次遇见，奔赴下一场山海。

参考文献

[1] 维特根斯坦. 汉译世界学术名著丛书　逻辑哲学论[M]. 郭英，译. 北京：商务印书馆，1985.

[2] 路易丝·卡茨. 批判性思维与说服性写作：独立思考者的精进技巧[M]. 刘丰瑜，译. 北京：新华出版社，2021.

[3] 黑格尔. 美学　第1卷[M]. 朱光潜，译. 北京：商务印书馆，2020.

[4] 克劳斯·迈因策尔. 复杂性中的思维：物质、精神和人类的复杂动力学[M]. 曾国屏，译. 北京：中央编译出版社，1999.

[5] 弗拉基米尔·雅科夫列维奇·普罗普. 故事形态学[M]. 贾放，译. 北京：中华书局，2006.

[6] 列夫·维果茨基. 思维与语言[M]. 李维，译. 北京：北京大学出版社，2010.

[7] 福楼拜. 包法利夫人[M]. 李健吾，译. 南昌：江西教育出版社，2016.

[8] 伯格. 与社会学同游[M]. 何道宽，译. 北京：北京大学出版社，2014.

[9] 欧内斯特·海明威. 老人与海[M]. 黄源深，译. 南京：译林出版社，2010.

[10] 加里·R·卡比，杰弗里·R·古德帕斯特. 思维：批判性和创造性思维的跨学科研究[M]. 韩广忠，译. 北京：中国人民大学出版社，2010.

[11] 鲁道夫·阿恩海姆. 视觉思维[M]. 滕守尧，译. 北京：光明日报出版社，1987.

[12] C. 赖特·米尔斯. 社会学的想象力[M]. 陈强，张永强，译. 北京：生活·读书·新知三联书店，2016.

[13] 斯蒂芬·金. 写作这回事：创作生涯回忆录[M]. 张坤，译. 北京：人民文学出版社，2018.

[14] 约翰·杜威. 我们如何思维[M]. 伍中友，译. 北京：新华出版社，2015.

[15] 奥尔罕·帕慕克. 我的名字叫红[M]. 沈志兴，译. 上海：上海人民

出版社,2018.

[16] 艾米·布兰.教练的大脑:基于神经科学的思维训练[M].龙红明,译.北京:人民邮电出版社,2018.

[17] 安德鲁·本尼特,尼古拉·罗伊尔.关键词:文学、批评与理论导论[M].汪正龙,李永新,译.桂林:广西师范大学出版社,2007.

[18] 东尼·博赞.唤醒创造天才的10种方法[M].周作宇,张学文,译.北京:外语教学与研究出版社,2005.

[19] 怀特海.教育的目的[M].庄莲平,王立中,译.上海:文汇出版社,2012.

[20] 曹雪芹.红楼梦[M].济南:齐鲁书社,2008.

[21] 曾玲娟,李红云.心理学基础[M].北京:北京师范大学出版社,2015.

[22] 陈平原.千古文人侠客梦[M].北京:北京大学出版社,2018.

[23] 陈望道.修辞学发凡[M].上海:上海文艺出版社,1962.

[24] 段建军,李伟.新编写作思维学教程[M].上海:复旦大学出版社,2008.

[25] 高尔基.论写作[M].北京:人民文学出版社,1955.

[26] 韩永昌.心理学[M].上海:华东师范大学出版社,2009.

[27] 胡经之,王岳川.文艺学美学方法论[M].北京:北京大学出版社,1994.

[28] 老舍.老舍谈写作[M].南昌:百花洲文艺出版社,2019.

[29] 老舍.四世同堂[M].北京:中国文联出版社,2019.

[30] 林建法.文学谈话录:想象中国的方法[M].沈阳:辽宁人民出版社,2014.

[31] 鲁迅.鲁迅全集[M].北京:人民文学出版社,1981.

[32] 鲁迅.鲁迅选集[M].北京:人民文学出版社,1995.

[33] 梅锦荣.神经心理学[M].北京:中国人民大学出版社,2011.

[34] 美国《巴黎评论》编辑部.巴黎评论·作家访谈1[M].黄昱宁,译.上海:上海文艺出版社,2015.

[35] 莫雷.心理学[M].北京:北京师范大学出版社,2014.

[36] 莫言.檀香刑[M].北京:作家出版社,2013.

[37] 宁可,郝春文.敦煌的历史和文化[M].北京:中国书籍出版社,2014.

[38] 彭聃龄.普通心理学[M].北京:北京师范大学出版社,2012.

[39] 钱旭红.大学思维：批判与创造[M].上海：华东师范大学出版社，2020.

[40] 孙正聿.简明哲学通论[M].北京：高等教育出版社，2000.

[41] 覃可霖.写作思维学[M].南宁：广西人民出版社，2002.

[42] 谭群辉，谭铁斐.逻辑思维训练教程[M].上海：上海财经大学出版社，2019.

[43] 唐孝威，何洁.思维研究[M].杭州：浙江大学出版社，2014.

[44] 田洪鋆.批判性思维与写作[M].北京：北京大学出版社，2021.

[45] 童庆炳.文学理论教程[M].北京：高等教育出版社，2008.

[46] 汪曾祺.汪曾祺小品[M].上海：上海三联书店，2018.

[47] 王小章，陈宗仕.社会学思维[M].杭州：浙江大学出版社，2018.

[48] 许道军，葛红兵.创意写作：基础理论与训练[M].桂林：广西师范大学出版社，2012.

[49] 张爱玲.张爱玲文集[M].合肥：安徽文艺出版社，1992.

[50] 赵毅衡.广义叙述学[M].成都：四川大学出版社，2013.

[51] 赵仲牧.赵仲牧文集[M].昆明：云南大学出版社，2014.

后　记

经过几年的努力，本教材终于付梓，感谢高等教育出版社、中国写作学会的大力支持，感谢刘自挥、张晶晶、叶也琦等诸位编辑的辛勤付出。同时，也感谢西北大学教务处、西北大学文学院长期以来对创意写作学科全方位的帮助和照顾。更要感谢伴随着创意写作学科一路走来的各位学界同仁和勇敢选择创意写作专业的各位同学。本书在编写过程中，汲取和借鉴了中外众多学者的研究成果，在此并致谢忱。在创意写作从蹒跚学步的幼弱婴儿，到长成尽情绽放的青春少年的过程中，所有人、所有帮助都像空气和水一样，变得不可或缺、无法替代。

本教材也是如此。全书共 12 章，由思维与创意思维理论、创意思维训练方法和写作指导，以及习作成稿三部分构成。徐瑞皓主要完成了第四、七、八、九、十章以及习作的定稿；史美垚主要完成了第三、五、六、十一、十二章以及习作的定稿；相欣雨主要完成了第九、十章以及习作的初稿；鲁星语主要完成了第十一、十二章及习作的初稿；岳贤龙完成了习作的定稿，并通校全文；陈晓辉主要完成教材的思路设计和框架搭建，以及第一、二章的定稿，最后通读并审定全文。

中国创意写作已经进入深耕期，我们梦想编出一部能够融理论性、实践性、系统性和创新性于一体的创意思维训练教材，也竭尽全力去为这一梦想而努力工作，但借用一句网络用语来说，“理想很丰满，现实很骨感。”由于本教材涉及的知识面广，可供借鉴的资料有限，加上编写者水平有限，错漏之处在所难免，恭请各位读者多提宝贵意见。今后定当尽心修订，以飨读者。

编　者

2023 年 10 月

教学资源服务指南

扫描下方二维码，关注微信公众号“高教社极简通识”，学生可学习名校通识课，教师可学习教师培训课程、免费申请课件和样书、观看直播回放等。

名校通识课

点击导航栏中的“名校通识”，点击子菜单中的“课程专栏”，即可选择相应课程进行学习。

教师培训

点击导航栏中的“教师培训”，点击子菜单中的“培训课程”，即可选择相应课程进行学习。

教学资源服务指南

课件申请

点击导航栏中的“教学服务”，点击子菜单中的“资源下载”，注册并填写相关信息即可申请课件。

样书申请

点击导航栏中的“教学服务”，点击子菜单中的“免费样书”，填写相关信息即可免费申请样书。